U0686789

中國史學基本典籍叢刊

聖武親征録

（新校本）

賈敬顏　校注
陳曉偉　整理

中華書局

圖書在版編目(CIP)數據

聖武親征録:新校本/賈敬顔校注;陳曉偉整理. —北京:中華書局,2020.1(2021.7 重印)
(中國史學基本典籍叢刊)
ISBN 978-7-101-14209-9

Ⅰ.聖… Ⅱ.①賈…②陳… Ⅲ.①中國歷史-古代史-史料-元代②成吉思汗(1162~1127)-人物研究
Ⅳ.①K247.06②K827=47

中國版本圖書館 CIP 數據核字(2019)第 237836 號

封面題簽:聞 宥
責任編輯:胡 珂

中國史學基本典籍叢刊
聖武親征録(新校本)
賈敬顔 校注
陳曉偉 整理
*
中華書局出版發行
(北京市豐臺區太平橋西里 38 號 100073)
http://www.zhbc.com.cn
E-mail:zhbc@zhbc.com.cn
北京瑞古冠中印刷廠印刷
*
850×1168 毫米 1/32・13¾印張・2 插頁・225 千字
2020 年 1 月北京第 1 版 2021 年 7 月北京第 2 次印刷
印數:3001-5000 册 定價:48.00 元

ISBN 978-7-101-14209-9

目録

整理説明

賈敬顔先生自一九五六年校勘聖武親征録，歷經二十餘年完成初稿聖武親征録斠本，約一九七七年以三册油印本形式印發，流傳於學界。此後，賈敬顔在該油印本基礎上增補大量内容，或隨文批注，或黏貼便條，並且對部分内容有所删改，可惜未及出版。

此次整理即以賈敬顔最終遺留下的增訂稿爲準，並參考其手寫稿，説明如下：

一、重新核查底本國家圖書館藏鄭傑鈔本，以及繆本、趙本、翁本、鈕本、張本、浙本、涵本、傅本、史本、袁刊何本、王國維校注本十一種參校本。

二、書稿原本採用（　）、［　］兩種符號分别表示底本訛字、校正文字，今正文中一律使用校改文字，具體改動情況則於校注中予以説明。

三、逐條覆核本書引據文獻及學術論著，校正文字錯訛，並且統一規範書名、篇名、卷次及引文，等等。

四、儘量維持油印本校注原貌，僅作格式上的調整，因新增内容而適當改動，一般置於句末或於文中特别注明「顔按」二字，以便貼近作者修訂之本意。

五、書稿原爲詞後出校注，以致一句話割裂數處，爲保持文義連貫通暢，今大多改作句末注釋。

六、對原來的分段、標點酌情調整。

七、陳桱通鑑續編卷一九丙寅年至卷二一辛丑年紀元太祖、太宗兩朝事，史料價值獨到，亦有助於校勘聖武親征録，此次整理引據該書作爲參校文獻。

八、輯録關於聖武親征録的題跋等列爲本書附録。

自二〇一五年一月，我開始著手整理這部遺稿，歷時三年半終於完成了。限於學力，肯定仍有不少疏漏，期待學界的檢驗和指正。曹金成博士幫助通校文稿，烏蘭老師、党寶海老師給予重要指導，以及劉正寅老師當初鼓勵我攬下這樁差事。在此謹致謝忱。

最後鄭重感謝唐三太先生及中華書局的信任！

整理者陳曉偉

二〇一八年八月八日

綴言

一、親征録一書，冠以聖武之名，兼備英文之事，與波斯人剌失德丁著史集記太祖、太宗兩朝事蹟，頗多類似處；以之方車，並駕齊驅，同一轍軌，固不止於箱輪鸞轡之仿佛也。説者乃謂，兩者源流既同，其皆濫觴於秘府之金册乎？

一、四庫全書總目提要於親征録，疑王鶚奏請延訪太祖事蹟宣付史館，時之人所撰述。見元史世祖紀第二卷中統四年四月戊寅紀事。但同卷中統三年八月：敕王鶚集廷臣商榷史事，鶚等乞以先朝事蹟録付史館。金史卷一三衛紹王紀贊語，言及中統三年，翰林學士承旨王鶚有志論著，求大安、崇慶事不可得，采摭當時詔令，并及於金僚吏女官諸人。則倡其議者，世祖也。鄭傑亦以爲出之鶚輩之筆。觀書中用典故處，縱非鶚所自寫，亦相與儔之一老師宿儒也。撰者於蒙古諸語非所諳習，故名稱前後歧異。然屬辭比事，則多用經史語。

一、錢大昕首據烈祖、太祖謚號以謂親征録必成於至元三年以後，伯希和復以亦集乃之初稱亦即納，又謂其必成於至元二十二年以前。書中言及愛不花駙馬。考愛不花主汪古部，似在憲宗壬子年（即一二五二年）至世祖至元十六年（一二七九年）。稱宣德州爲宣德府，中統四年改府，舊爲州；稱衛州爲衛輝，中統元年升路。是親征録成書又必局限在至元三年至至元十六年中間。王國維先生則據千頃堂書目斷定親征録與開天記爲二書。瞿世瑛清吟閣書目卷一，有吴騫跋影元鈔本察罕撰聖武開天記，一卷一本。是其書猶有傳本，惜乎今不可得見矣。且開天記成於仁宗時，而親征録則世祖初所著書。前輩讀書，處處留心，其縝密不苟，誠不可及。

一、親征録今所見本，以陶宗儀説郛所收者爲最古，説郛有楊維楨（一二九六—一三七〇年）所爲序言，知當成於元末。但洪武二年宋濂等人修元史，已徵引之。太祖紀泰半取資於親征録，石抹明安傳亦次取親征録之文。稍後，明、清人論宋、元之交事，復多所取資，中經錢氏爲之鼓吹宣揚，百餘年來，中外人之治理蒙古歷史者，無不傾注心血矣。

一、親征録先有何秋濤本行世，自王氏校説郛本出而何本乃廢，然所見猶未爲廣；那珂通世詮釋此書，與王校兩不相知；伯希和譯注本乃未竟之業。不足全書三之一。多幸神州重光，大陸解放，名家庋藏，匯聚都下，江海朝宗，蔚然鉅觀。肉鬣龍鱗，羈絆廄櫪，盡可奮翅騰驤，馳騁萬里；吾之呵凍揮汗、不避寒暑者，無它，總期與諸同道共睹善本耳。

一、余初獲陳毅藏本，取與汪本對勘，無大差異。旋於翰文齋韓估處，見香傳閣雜録本，詫爲奇瑰，舉凡王校所不備而久久縈繞於吾人心中者，宛然皆具，於是乃有重校親征録之議。及見北京圖書館善本室目録出刊，明鈔説郛多至七部。其中三種，即明滹南書舍鈔本、綿紙紅格明鈔本及别一明鈔本，闕失親征録。而徐松鈔本，鄭傑注本，或名聞已久，或並名稱而無所知，今皆展列窗下，快何如之？珠生合浦，魏人取以照車；璧在邯鄲，秦王請以華國。天下之寶，自應與天下共之。

一、鄭氏校此書於乾隆四十三年戊戌，揚鞭先驅，底本當取之四庫館，而館本則汪啟淑所呈覲也。以向未刊刻，故不爲世人所知。此係原稿本。據後記：謂以庫本爲正，而參校明鈔説郛本，又以續綱目、續通鑑、元史類編等條疏惑誤，訂正外諱云云。檢浙江省第四次汪啟淑家呈送書目及浙江採集遺書總録簡目，各有寫本皇元聖武親征記一卷，一本。（見吴慰祖校訂之四庫採進書目，九十九頁、二百四十八頁）鄭本題親征記，不曰親征録，與浙江二目合，與四庫提要及四庫未收書目異。提要、未收目所本者，兩淮鹽政採進本也。鄭本出之汪啟淑家，亦可以論定矣。今既抄録鄭本，並及校語，一以披露其文，而尤在表彰其人焉。

一、參次取校諸本計二十種。校語或曰諸本，或曰衆本，或曰他本，皆總括言之。茲臚列其行款鑑藏如後：

（一）繆荃孫藏本。稱皇元聖武親征記，不稱「録」，與鄭本同，且文字略勝鄭本，右上方鈐「藝風堂藏書」陽文方印，與蕭洵故宫遺録、彭大雅著徐霆疏黑韃事略、王惲承華事略合抄作二册裝，繆氏並有硃筆校字，藝風堂藏書續記著録。今在浙江圖書館。簡稱繆本。

（二）明弘治庚申年鈔説郛本。該本説郛，卷二十四下有「弘治庚申依本録」七字，爲鈔寫人紀年。它卷有天啟乙丑年李日華題記，有吴郡趙氏、阮元文選樓，張蓉鏡、徐鐵彝、趙元修、衛去疾、翁斌孫及常熟舍莊楊氏善慶堂、周鏨齋削漢劍魏尉斗主人各印識、題記。吴郡趙氏，未悉即寒山小宛堂主人趙宧光、趙均父子否？校記中簡稱趙本。

（三）翁斌孫舊藏本。北京圖書館善本書目定爲清鈔本，實係明鈔説郛散佚之册。藍格竹紙，象鼻處填寫書名。此本與趙本剥蝕闕裂處全同，如非相互傳鈔，則兩者同出一源，而彼本亦有殘失也。簡稱翁本。

（四）明鈕石溪世學樓鈔説郛本。該説郛歷經何焯、陳揆收藏。陳氏藏書多屬錢謙益舊物，述古堂書目載，説郛百卷，二十二種。當即是也。邵亭知見傳本書目朱學勤眉批：「常熟陳子正有殘鈔本説郛。」亦此本也。子正，揆字。此本同於趙、翁二本，而訛略多。簡稱鈕本。

（五）清汪季青古香樓舊藏。藍格棉紙，明鈔説郛本，殘存二十六册，卷帙有割裂，卷一至五十五，實存四十卷，各册鈐有「古香樓」陽文圓印，及「休寧汪季青家藏書籍」陽文方印。案：季青，名文柏，一字柯庭，桐鄉人，官北城兵馬司正指揮，有柯庭餘習、古香樓吟稿等著述。詳葉昌熾藏書紀事詩卷四。簡稱浙本。

（六）張元濟舊藏説郛本。有涵芬樓及張元濟考藏印。此本近於上述三本，但譌誤最多，其善者與三本同，而京本、傳本、涉園本之差謬，亦淵源於此。簡稱張本。

（七）香傳閣鈔本雜録本。雜録彙集宋、元雜史七種，即南爐紀聞、竊憤録及續録、阿計替傳、燕北録、虜廷事實、庚申外史并此聖武親征録七種。親征録及燕北録、虜廷事實，皆明鈔説郛（以與陶珽刻本説郛相區别）僅見之書，故知雜録者，亦録之於説郛也。書衣有乾隆己酉季春李北苑題識，言借金檀家鈔本重校，訂訛補漏。則書中硃筆校字，蓋出之李氏手。據文瑞樓書目卷五，有説郛一部。是李借自金者，亦説郛本也。雜録曾入吴志忠家，見藏園群書題記所收志忠跋靖康野史彙編四種一文，後再入潘介祉家，有印鑑可驗。介祉，遵祁之侄，吴縣人。簡稱潘本。

（八）涵芬樓重排印明鈔説郛本。據民國壬戌冬張宗祥所作校勘後記：重排印時，乃據三種明鈔本彙集而成。一、京師圖書館藏隆、萬間寫本（祇三、四、二十三至三十二各卷）；二、涵芬樓藏本，似萬曆間鈔寫，缺末數卷；三、江安傅增湘藏本，但傅氏本，乃書賈挖填割裂首尾、湊足卷數者，實則凡以三種明鈔殘本匹配而成。有王綬珊及傅氏收藏之印記，自卷一至三十五爲吴寬叢書堂鈔本，卷二十六至二十八及卷五十八至一百爲弘農楊氏鈔本，餘則傅氏定爲弘治時寫本者，見所撰雙鑑樓珍藏秘笈目録。然此重排説郛本親征録，既不與王國維所校而伯希和所載之傅本相同，亦不類似張本，文字優劣處，乃在兩者間，究竟何所出？疑霧一團，今人憒悶。簡稱涵本。

（九）傅增湘舊藏明鈔説郛本。此卷煩顧廷龍先生攝影郵寄，收藏源流不詳。

它日去滬，當逐卷檢其圖書題記。簡稱傳本。

（十）京師圖書館傳鈔明鈔説郛本。紙用「京師圖書館鈔」書紙，所據不詳。簡稱京本。

（十一）史夢蛟借樹山房舊藏明鈔説郛本。史氏以刊刻全祖望鮚埼亭全集著名於世。此本此卷，有曉鉦氏眉批，及借觀款識，云欲取與太祖紀對看，署丁巳年重九日。丁巳乃嘉慶二年。説郛所收親征録，諸本雖字句整齊不一，然無大出入，此本則不然，異於諸本而同於太祖本紀，爲説郛中獨放異彩之本。考絳雲樓書目陳景雲注引葉盛水東日記第六卷之言：「近聞説郛百卷，尚存其家，有九成塗改去取處，不知如何，其亦未成之書歟？」此卷非出之陶氏改訂之本，則未知名之某氏，反據元史以改親征録，無疑也。簡稱史本。

（十二）汪憲家舊藏鈔本。原本在南京圖書館，爲丁丙善本書室舊物。北京圖書館有王國維傭工轉鈔本，王氏並校傅藏所謂弘治説郛本於此之上。簡稱汪本。

（十三）陳毅舊藏鈔本。卷末有同治甲子五月九日姜渭（字璜溪）題記，言得之淮南。中經陳毅（士可）及濟南人王廷采收藏。王氏以之校何秋濤本，寫有短識。簡稱陳本。

間，往往見徐氏校語（據元史），而爲後來張、何兩家所借鑑。歷經湘潭袁芳瑛、金谿熊子建、建德周暹所收藏。

（十四）徐松手鈔本。張穆稱，徐本相傳爲錢大昕藏本而輾轉鈔寫者。書眉、行格間，往往見徐氏校語（據元史），而爲後來張、何兩家所借鑑。徐本即何本所祖出，而徐、何兩本又近汪、陳兩本而稍拙惡。

（十五）何秋濤校注本。通行者，乃光緒三十五年袁昶小漚巢刻本，先一年尚有蓮池書院刻本。袁刊本多脱誤，但附李文田、沈曾植、文廷式諸人識語，爲蓮池本所不具。後龍鳳鑣别刻，何本及沈、李諸氏簽注，入知服齋叢書中。那珂通世增注本，以知服爲根基，而王國維校注本，乃據袁刊何本。

（十六）王校何本之一。王校傅本於袁刊何本之上。稱王校一本。

（十七）王校何本之二。王校涉園陶湘藏明萬曆鈔説郛本於日本明治三十四年文求堂重排袁刊何本之上，文求本有脱文，王並補之。稱王校二本。

（十八）王氏校注本。先收入王著蒙古史料四種中，後羅振玉及趙萬里輯録王氏遺書，亦分别重印。但清華本印刷錯誤，兩遺書本仍其舊。

（十九）日本那珂通世增注本。以知服齋叢書本爲底本，間有校語，亦可取。收入那珂通世遺書中。王忠慤公遺墨所印致神田喜一郎尺牘，王氏自言：「弟所撰親征録校注甚爲草率，但志在介紹一説郛本耳，故不獨不知有那珂博士校注本，即知服齋本亦未得見。此書印刷垂成已發見當增訂之處不止三四。」

（二十）法國伯希和譯注本。題曰："*Histoire des Campagnes de Gengis Khan: Cheng-wou Ts'in-tcheng Lou, Traduit et Annoté*, par P. Pelliot et L. Hambis, Leiden, 1951。未了之作，僅至答闌捏木兒哥思之戰而止。

以上（一）、（五）爲浙江圖書館藏書，（二）、（三）、（四）、（六）、（八）、（十）、（十一）、（十四）、（十六）、（十七）各種皆北京圖書館藏書，（九）爲上海圖書館藏書，（七）爲余代中央民族學院圖書館購置，（十二）在南京圖書館及北京圖書館，（十三）則寒齋所有也，餘者皆習見之書。

一、洪鈞於此書原有注釋。見元史譯文證補卷一太祖本紀證補。必以波斯、阿拉伯著作家之書證漢籍，其本恐已不在人間矣。沈氏有親征録校注一卷。校説郛本者，沈在王之前。今所存者序文一篇而已。見王蘧常編沈寐叟年譜所附著述目録之下。

一、親征録向來傳寫，事蹟罕迷，稱謂多惑。且又訛誤觸目，脱落滿紙，甚者文不達理，字不具形，而讀者復鑿空附會，强作解人；或以它書妄改原本，或出蠡測誣枉昔人。桃萊難悟，見後漢書馮衍傳上卷及章懷注。柳卯本同。詳吴志虞翻傳裴松之注引虞翻别傳。通人大師，尚且不免，况謬種流傳，此書爲甚，以言校讎，廬山真面豈易見哉！

一、雖然，邢邵有「日思誤書」之譏，見北史本傳。顧廣圻以校書成家，反邢氏意，取「思適」以名齋。見本集卷六思適寓齋圖自記。古書不校勘，則難以盡讀。今此新校，不足以言善美，但爬羅剔抉，補苴罅漏，視舊本差可讀矣。舍此而取其次，羅列同異，任人擇採，見仁見智，亦猶有望於餉學之諸君。

一、語云：看菜吃飯，量體裁衣。今此校本，但訂正文字，不疏證名物史事；但名物史事之疏證間有助於文字之訂正者，亦簡要著之。以言注釋，此書涉及之知識，極深極廣，非蒙一人才力之所能逮。古書不勝其校，則顯見易明之錯簡舛文、暨乎通假、異體、簡字、别字，概予省略。

一、余之校勘親征録，發軔於一九五六年，旋作旋輟，稿凡數易。其間，鍼膏肓，起廢疾，師友之功居多。諸君法眼匠心，決疑發覆；自唯駑駘劣質，愧對造父之望，奔驟效駕，但知戮力而已。

一、此書之成，小兒析與有力焉。然死於毒癌，享年不永，臨終猶頻頻相囑；每念及此，五内俱焚，淚爲之涔涔下。今稿既殺青，聊爲清羞之奠，庶可告慰亡靈於九泉，悲夫！

伯顏識於癸未清明後一日

皇元聖武親征記〔一〕

壬戌以前〔二〕

烈祖神元皇帝〔三〕，諱也速該〔四〕，初征塔塔兒部〔五〕，獲其部長帖木真斡怯〔六〕、忽魯不花輩，還，駐軍跌里温盤陀山〔七〕。時我太祖聖武皇帝始生〔八〕，右手握凝血〔九〕，長而神異，以獲帖木真，故命爲上名〔一〇〕。

校勘記

〔一〕鄭傑原校：陶本作「録」。以下但稱「原校」，而不出鄭傑姓氏。

顏按：繆本題名同於此本。竹垞行笈書目人字號、述古堂藏書目雜史類及元史類編卷首引用書目之著録、稱引此書，無不曰「記」。日下舊聞考卷九二郊坰西二引此書，亦曰聖武親征記。也是園藏書目卷二史部雜史類玄元聖武親征記一卷。翁、汪、陳、徐、何五本題皇元聖武親征録。沈本聖武親征録下只有「皇元」二字。浙、趙二本題聖武親征録，下書「一卷全」。鈕本題聖武親征録，側書「一篇全」，下一「元」字。浙本、張本題聖武親征録，側書「一卷全」，下「皇元」二字。京、傅、涵三本題聖武親征録，側書「一卷」，下「皇元」二字。雜録本但題聖武親征録而已。（據本書綴言，雜録本即潘本——整理者。）王國維曰：「書題下有『皇元』字者，緣説郛中所收各書，皆於本書下題唐厶厶撰，宋厶厶撰，或皇元厶厶撰。此録不知何人所撰，故但題『皇元』而闕其撰人姓名，後人移『皇元』二字於書名之上，殊非其舊，今行世本皆然，可知其皆出説郛本也。」

〔二〕係整理者所擬。

〔三〕「神元」，趙、翁、鈕、張四本誤「神光」，浙、京、涵、傅四本誤「神堯」，沈、史二本祇一「神」字，汪、陳二本誤「烈神祖先」。王校：「元史祭祀志，世祖至元三年，命平章趙璧等集議尊謚廟號，定爲八室，烈祖神元皇帝第一室，太祖聖武皇帝第二室。」

〔四〕趙、翁、鈕、張四本「也」作「葉」。本書後文亦數書葉速該拔都或葉速該可汗，皆回改未浄者，舊本當作「葉」，不作「也」。「葉」本入聲字，中原音韻雖改去聲，但八思巴字譯寫漢語，「葉」仍讀 ŋe，而「也」讀 je。按陳桱通鑑續編（以下簡稱續編）作「葉速垓」。

〔五〕王曰：塔塔兒即唐、五代時之達怛、達靼，遼之阻卜，金之阻轐也。詳所撰韃靼考。見觀堂集林卷十四。

〔六〕「帖」，潘、史二本作「鐵」。傳本作帖木貞。「斡」原誤「幹」，沈、浙、繆、傅同誤。依趙、翁、潘、袁刊何本及繆校（繆荃孫鈔本校改者，皆稱繆校）改正，何校可參。案：剌失德釋「斡怯」含義爲莽夫、强盜與勇士，如折里麥又名 Jelme-uxe。塔塔志有 Q(a)rā-m(u)nk(a)tū-aūheh，東方所本 ahmeh，貝書 aūheh(uxa)。伯氏説，此詞最初似因緣於柔然人，中世突厥語之 ügä（或 ögä？），義爲「聰明的」，後乃演變爲一美稱。太宗名窩闊台，元史卷一〇九諸公主表有斡可真公主，皆「斡怯」之屬格形式。木華黎傳及石焕中附傳：石天應子焕中，别名斡可。「斡可」乃「斡怯」别譯。

〔七〕涵、京、傅三本「跌」作「鐵」，繆校作「鉄」，誤。剌失德丁史集成吉思汗傳俄譯新本一卷二册七十五頁。以下簡稱帝紀。作 Dilūn-būldāq，元朝秘史（以下簡稱秘史）第五十九、九十七兩節作迭里温孛勒答黑義爲迭里温孤山，云在斡難河邊。皆可證也。

〔八〕徐、何二本無「始」字，汪、陳二本誤「姓」字。

〔九〕元史世祖紀四至元八年十一月乙亥建國號詔，有「我太祖聖武皇帝握乾符而起朔土」之語。握乾符，正謂此握凝血也。秘史第五十九節：「太祖生時，右手握著髀石般一塊血，生了。」第七十八節亦曰：「初生時，手里握著黑血塊生來。」史集帝紀：「右手掌中握著一小塊凝血，有如一塊乾癟的肝臟。」義猶明顯。

〔一〇〕原校：按此太祖名帖木真，蒙韃備録作忒没真，元史、續綱目、續通鑑、元史類編作鐵木真。

潘、史二本亦作鐵木真。傅本作鐵木貞。术外尼書 TMRJYN（Temür jin），但B,C二本應讀如 TMWJYN，此名的詞源是 Temür「鐵」，意指「鐵匠」，正如此之故，盧不魯克將成吉思汗説成實際是鐵匠。顏按：蒙古風俗，婦女分娩後，即以其最先所見之人或物以名所生之嬰兒。

初族人泰赤烏部居别林〔一〕，舊無怨於我，後因其主〔二〕阿丹可汗二子塔兒忽台〔三〕、忽憐拔都有憾〔四〕，遂絶〔五〕。烈祖早世〔六〕，上時幼沖〔七〕，部衆多歸泰赤烏，上聞近侍脱端火而真亦將叛〔八〕，自泣留之。脱端曰：「今清潭已涸〔九〕，啖石已碎〔一〇〕，留復何爲？」遂去。上母月倫太后麾旗將兵〔一一〕，躬自追叛者，大半還。宿將察剌海背中鎗〔一二〕，創甚，上親視勞慰，察剌海曰：「自先君登遐〔一三〕，部人多叛，臣不勝忿怒〔一四〕，遠追苦戰，以致然也。」上感泣而出。

校勘記

〔一〕汪、陳、徐、何四本及繆校「居」作「長」，誤。史集部族志烏思、帖良兀、克失的迷三部志，言泰赤烏乃森林部落，以其營地在蒙古人、乞力吉思人與八兒忽人之國之間也。乞力吉思志言謙謙州一邊界，與泰赤烏諸部所在之薛良葛河銜接。帝紀與此録相當章節，謂泰赤烏人中部分屬「槐因亦兒堅」（Hūīn-īrkān），即林木中百姓，因其營盤坐落在森林之中。又帝紀敘及成吉思汗，在不峏罕山（Burqan-qaldun）爲自己選擇葬地時，亦云沿此山所出諸河流，有衆多之樹木與森林。不峏罕哈勒敦爲成吉思汗之大禁地（Yeke Qoruq），成吉思汗皇后大斡耳朵仍置於此處。四大斡耳朵及其他五斡耳朵，其數爲九。該處無人得至。在此森林中住著泰赤烏部。如是，則别林者，别處之山林也。下文「弟哈撒兒居别所」、王可汗子「亦剌合居别所」，均略同此例，猶言居别處之住所也。如「長」字爲是，則别林乃人名矣。王校以相昆必勒格當之，殊誤。

〔二〕「主」字原誤「子」，據取校衆本改正。

〔三〕「忽」，原校：陶本、元史俱作「不」。沈、浙、京、涵、傅、史、汪、陳、徐、何十本亦作「不」，誤。秘史第七十二節塔兒忽台乞鄰秃黑、史集 Tarkutai-kiriltuk 皆可證。剌失德且解 Kiriltuk 之義爲「嫉妒者」。王校已改。又，潘本作「答」，亦誤。

〔四〕浙、潘、傅、汪、陳、徐、何七本「忽」誤「忍」。李文田校何本已加勘正。趙、翁、鈕、潘、史、汪、陳、徐八本「隣」作「憐」。史集作 Kuril-bahadur。

〔五〕潘本作「遂生嫌隙，絶不與通」，與元史太祖紀（以下簡稱太祖紀）同，疑係後人所改。

〔六〕「早」，浙、沈、傅三本作「蚤」。

〔七〕原校：陶本作「沖幼」。趙、翁、鈕、張、浙、京、傅、汪、陳、徐、何各本亦作「沖幼」，而「上時」作「時上」，涵本、涉園本「沖幼」同，但脱「時」字，繆、沈、史三本作「時上幼沖」，爲太祖紀所本，潘本作「帝方幼沖」，則似依太祖紀後改。案：「幼沖」之典，出書大誥，後漢書孝殤帝紀載皇太后詔：「皇帝幼沖，承統鴻業。」卷五孝安帝紀永初三年三月壬辰詔：「朕以幼沖，奉承鴻業。」沖猶幼也，沖人即幼人，古稱「沖子」。但古書用「沖幼」亦夥矣，見魏書道武帝紀、資治通鑑卷九二明帝太寧元年、卷九四成帝咸和六年、卷九五咸和七年各紀事。晉書卷一〇三劉曜載記，曜曰：「義光雖先已樹立，然沖幼儒謹，恐難乎爲今世之儲貳也。」案義光，曜世子熙之字。固不必拘泥於一經也。

〔八〕「而」，原校：陶本、元史俱作「兒」。

繆本同此，餘本皆作「兒」。趙、翁、鈕無「真」字，「亦」作「赤」。傅本作「火兒真」。張本作「火兒亦」，「亦」乃「赤」之誤，浙本作「火兒真赤將叛」。餘本同此，「亦」當改「赤」，而删「真」也。史集作 Ta[o][dūn]-hūrčī，可證。元史卷八〇輿服志三，譯火兒赤爲「佩櫜鞬侍衛者」，或「殿内侍衛者」；卷九九兵志二，稱「主弓矢之事者」，卷一一九塔察兒傳：「火兒赤者，佩櫜鞬侍左右者也。」尤明白。南齊書卷五七魏虜傳：國中呼帶仗人爲「胡洛真」即此。

〔九〕「已」，原校：陶本作「既」。

繆、何二本同此本外，餘本概作「既」。又史、沈二本「清潭」作「深潭」。

〔一〇〕「餤」，原校：陶本、元史作「堅」。

趙、翁、鈕、張、繆五本同此本，餘本作「堅」。按：二語詞意決絶，蓋舊諺也。秘史第七十二節與録相當之句，作「深水乾了，明石碎了」。但一百四十七節，者別對成吉思汗語：「我願出氣力，將深水可以横斷，堅石可以衝碎。」第二百九節，成吉思汗謂忽必來等曰：「凡教去處，將堅石撞碎，……深水横斷。」深水，即清潭或深潭。明石即堅石，亦即餤石，並蒙古語「超堅」（Čäügän）之異譯，義爲燦爛、光明奪目。參海涅士*Woerterbuch zu monghol un niuca tobca'an*，Caogan一辭。

〔一一〕王曰：元史后妃表：烈祖宣懿皇后諱月倫，秘史第七十二節作訶額侖。顔按：史集作Aūālūn、Yö'elün。又元史泰定帝紀二：泰定三年七月甲辰，遼王脱脱請復太母月也倫宫守兵及女直屯户。月也倫，即月倫。

〔一二〕汪、陳二本誤「宿」爲「俗」，徐、何二本改「部」，潘本脱「背」。張、潘、傅三本誤「皆」，何本脱。

〔三〕汪、陳二本作「自君登遐」，徐、何二本又訛「君」爲「居」。京、傅二本奪一「自」字，而王本誤從之。

〔四〕繆本同，諸本俱無「怒」字。

時上麾下搠只塔兒馬剌〔一〕，别居薩里川〔二〕，札答蘭氏札木合部人秃台察兒居玉律哥泉〔三〕，衆來薩里川掠搠只牧馬〔四〕，搠只麾左右匿群馬中射殺之。札木合以是爲隙，遂與泰赤烏〔五〕、亦乞剌思〔六〕、兀魯吾〔七〕、那也勤〔八〕、八魯剌思〔九〕、霸隣諸部合謀，以衆三萬來戰。

校勘記

〔一〕鈕本「兒」作「而」。其人屬札剌兒部，見部族志該部項下，照烈志亦見其人，作Jūjī-t(a)rm(a)leh。

〔二〕原校：「川」，陶本、元史俱作「河」，下同。沈、浙、京、史、傅、汪、陳、徐、何九本亦作「河」，同下。按：作「河」者誤。史集曰 Sareh-khr，秘史第一百二十八節曰撒阿里客額兒，元史明宗紀天曆二年六月辛丑、金幼孜北征録及明太宗實録卷一五二永樂十二年六月甲辰皆曰撒里怯兒，俗稱雙泉海。雙泉者，其一泉，則元史太祖紀太祖崩處之薩里川哈老徒行宮之哈老圖，清人名噶老台泊，自康熙皇輿全圖以下，無不著録之；別一泉，清人稱滚泊，而元人記載曰君腦兒，見大元至元辨僞録卷三，或作軍腦兒，見元史卷三憲宗紀三年秋及七年秋，又祭祀志一及兵志三。Khr 或「客額兒」，譯川原、曠野、草地，見海涅士 *Woerterbuch*，Keʾer 一辭。

〔三〕涵本「蘭」作「闌」。札木合，「木」原作「本」，今據諸本改。浙本無「哥」字，趙、翁、鈕、張、潘五本無「泉」字。禿台察兒，照烈志作 Tagudačar，秘史第一百二十八節相應者作「迭兀」，即「弟」，疑係將蒙古文「弟」字譯入人名之内。考秘史第一百二十八節稱斡列該不剌合，史集稱 Ūlākāi-būlaq，「不剌合」或 būlaq，即源泉。參海涅士 *Woerterbuch*，Bulah 一辭。

〔四〕「彔」字乃是「泉」之舛譌，此本及其餘各本有「彔」者，反屬衍文，繆本即作「來薩里川掠撋只牧馬」。何據類編於「彔」上增「舉」字，王本從之，皆不可信。繆校更增「舉彔」二字，亦誤。

〔五〕傅本「泰」作「太」。

〔六〕沈、史二本奪「亦」字。張本誤「爾」。潘本奪「思」字。

〔七〕沈、張、史、傅、汪、陳、徐、何八本「兀」訛「元」，何校已改，王本從之。又張本誤「吾」爲「居」。

〔八〕沈、張二本「那」誤「群」，涵、京、傅、史、汪、陳、徐、何八本再誤「郡」。「勤」原誤「勒」，繆、浙二本同誤，依趙、翁、鈕三本及王校改。

〔九〕「魯」字原脱，繆本同脱，繆校已改，據餘本增。鈕本「八魯」二字倒置。伯希和之説：此適可校正史集之作 Qūralās 亦即火魯剌思之誤。

上時駐軍塔蘭版朱思之野〔一〕。亦乞剌部人〔二〕捏群之子孛徒〔三〕，先在麾下，至是自曲隣居山遣卜欒台〔四〕、慕哥二人〔五〕，逾阿剌烏〔六〕、秃剌烏二山來告變〔七〕。上集諸部戒嚴，凡十有二翼〔八〕：月倫太后暨上諸昆弟爲一翼〔九〕；三哈初來〔一〇〕之子奔打出拔都〔一一〕、秃不哥速敦〔一二〕、木忽兒好蘭等統阿答兒斤〔一三〕、察忽蘭、火魯剌諸部〔一四〕，及鮮昆那顔之子迭良孩〔一五〕，火力台〔一六〕、不答合輩爲一翼〔一七〕；札剌兒及阿答部爲一翼〔一八〕；兀忽出之子忽都、阿而黨吉爲一翼〔一九〕；蒙哥都吉顔之子長壽及㝵古兒拜要烏部爲一翼〔二〇〕；答里台〔二一〕、火察兒二人及朵忽蘭〔二二〕、揑古思〔二三〕、火魯罕〔二四〕、撒合夷〔二五〕、嫩真諸部爲一翼〔二六〕；忽都徒忙納兒〔二七〕之子蒙哥怯只兒哥爲一翼〔二八〕；忽都剌可汗之子搠只可汗爲一翼〔二九〕；按壇爲一翼〔三〇〕；忽蘭〔三一〕、脱端二人爲一翼〔三二〕；興吉牙部〔三三〕塔降吉拔都〔三四〕統雪干〔三五〕、札剌吾思爲一翼〔三六〕；建都赤納〔三七〕、玉烈真赤剌二部爲一翼〔三八〕；軍成，大戰於塔蘭班朱思之野〔三九〕，札木合敗走。彼軍初越二山，半途爲七十二竈，烹狼爲食〔四〇〕。

校勘記

〔一〕諸本「塔」作「答」。史本「蘭」作「闌」。趙、翁、鈕、張、潘五本「版」作「班」。張本「朱」誤「米」。續編作答闌班朱思。王説：據秘史，地近斡難河。

〔二〕「乞」字原脱，今據衆本補。沈、張、京、傅、史、汪、陳、徐、何九本「乞剌」誤「迄判」，涵、潘二本衹誤「剌」爲「判」，張穆校及何氏校均已改正。繆校反改「乞」爲

「迄」。

〔三〕「揑群」原作「揑辟」，浙、史、汪、陳、徐、何六本同誤，涉園、京二本作「揑郡」，亦誤，繆、沈、趙、翁、鈕、張、涵、傅、潘九本作「揑群」，是。王本用何説及傅本並類編所引者，先已校正。張、京、涵、傅、汪、陳、徐、何八本「孛」誤「字」，繆本誤「索」，繆校已改。趙本「徒」誤「從」。何校、王校亦均改正。

〔四〕張、涵二本「居」作「君」，趙、翁二本「山」上衍「子」字。「卜欒」原作「卜奕」，繆、浙、趙、翁、潘、汪、陳、徐、何九本同。鈕本作「小奕」，京、涵、傅三本爲「卜亦」。當依諸家之説，改「奕」爲「欒」。元史孛秃傳作波欒歹，一證也。顔按：史集部族志火魯剌思，云有 Qūrlāūt-ūgmāqut 部 Abūkān 那顔之子 Būrūnktāi 那顔，未悉相當此人否？

〔五〕「二」原作「三」。原校：陶本作「二」。諸本皆作「二人」，今據改。

〔六〕「烏」字原奪。原校：陶本有「烏」字。

〔七〕「二」原作「干」。原校：陶本作「二」字。繆本作「阿剌秃剌烏干山」，繆校「干」作「二」。餘本並有「烏」字，「干」作

「二山」，但潘本「山」字誤作「人」字。浙本即作「阿剌烏、禿剌烏二山」。秘史第一百二十九節阿剌兀惕土兒合兀惕嶺。史集帝紀作 Ālāūʼt-Tūrāūʼt。今據改。

〔八〕原校：「十二翼」是。陶本及元史、續綱目、續通鑑、元史類編諸書俱誤作「十三翼」，觀下文可見。

此本同繆、趙、翁、鈕、潘五本。張本此處有脱句。涵、京、傅三本奪「十」字。沈、史、汪、陳、徐、何六本「二」作「三」。袁刊何本倒作「凡有十三翼」。史本改作「凡分十有三翼」。

〔九〕王本遺「諸」字。汪、陳、徐、何四本遺「一」字。史集太后暨上諸昆弟各爲一翼。

〔一〇〕徐、何二本「三」字誤置於上句「翼」字上。

〔一一〕「打」，原校：陶本作「答」。

趙、翁、潘、涵、浙、京、傅、史八本作「塔」，汪、陳、徐、何四本作「搭」，鈕本作「答」。繆本作奔出拔都，校增「塔」字。涵、京、傅、史四本「拔都」誤「拔相」，汪、陳、徐、何四本再誤「扳相」，何校及王本已改。下文「拔都」之訛「拔相」者，更不復一一出校。

〔一二〕鈕本凡「哥」字盡作「歌」。以下從略。傅、京、涵、史、汪、陳、徐、何八本「速」皆誤

「逸」。

〔一三〕「木忽兒」原作「木兒忽」，繆、汪、陳、徐、何五本同誤，據餘本改。袁刊何本「蘭」作「闌」。王本脱「等」字。京、涵、傅三本「答」作「塔」，繆校亦改「答」爲「塔」。

〔一四〕王本從洪鈞説，於察忽蘭下增「統」字。「火」，京、涵、傅、徐、何五本誤「大」。何校、王本已訂正。趙、翁、鈕三本「剌」下有「師」字，應是「思」之訛。

〔一五〕「鮮」下，原校：陶本有「明」字。「那」，原校：陶本作「邪」。

趙、翁、鈕、繆四本同此。潘、浙、京、涵、傅、史六本有「明」字，爲衍文。汪、陳、徐、何四本「那」亦誤「邪」。何校及王本亦已訂正，下文「那」誤「邪」，不復校。下文王可汗子亦剌合又作亦剌合鮮昆。「垓」字，王校引涉園本誤「坑」，浙、京、涵三本誤「坑」，史、傅、何三本誤「統」，繆校亦作「統」。汪、陳、徐三本誤「琉」。

〔一六〕潘本「火」誤「大」。傅、京、涵三本「台」誤「白」。

〔一七〕「答」原作「花」。原校：陶本作「答」。

繆、浙本亦作「答」，餘本無不誤「花」者，王本從沈曾植説改作「不答安」。

按：三哈初來以下，相當史集第三翼。曰：屬諸克烈一支，合不勒汗之兄 Sām-qačūlāī 第三輩中 Būltajū-bāhādūr 率領以 Mut[q]ūr-qūrān 爲首領之尼倫部

Hādārqīn 人，與以 Jamuqa 爲首領之答兒列斤部 Quralas 人。考 Sām-qačūlāī 自是録之三哈初來，而秘史第四十八節曰撏薛赤列或寫作撏薛出列，第四十五節作合赤温，南村輟耕録卷一大元宗室世系及元史卷一〇七宗室世系表乃作葛赤渾。Bültaǰū-bāhādūr 自是録之奔塔出拔都，而秘史第四十八節撏薛赤列之子不勒帖出把阿禿兒。其餘，Mūt[q]ūr-qūrān 之與木忽兒好蘭，Hādārqīn 之與阿答兒斤，Quralas 之與火魯剌思，兩兩相配，吻切極矣。唯禿不哥速敦或曰禿不哥逸敦者，難於比附，洪鈞、屠寄及王氏皆主係「禿不哥克烈亦敦」之脱訛，一説亦即秘史禿别干客列亦惕之所有格形式。參第一百五十、第一百七十、第一百七十一、第一百八十七、第二百八各節，或曰土綿土别干。蓋禿别干乃克烈分族，故元史卷一二〇肖乃台傳，稱禿伯怯烈氏。伯氏進而發揮三家之説：「禿不」誠爲肖乃台傳之禿伯，亦即本書下文之土伯夷，舊史曰土别燕氏，在輟耕録卷一氏族稱禿别歹，錢大昕著元史氏族表，以按札兒系出之拓跋氏，實則屬諸禿别之異書。其説亦不爲無據。「哥逸敦」當脱「烈」字，或「列」字。此與秘史第一百三十四節之「格列亦敦」，猶言克烈的，書法相似，皆撰稿人誤將屬格詞尾 touen(-dün) 殘存者。俄譯新本之 Jamuqa，顯誤，伯氏引剌失德書，乃作

Jaūrqa，並謂應讀 Cāūrqa＝Ča'ūrqa，其爲録之察忽蘭，無可置疑。蓋録之作者，每以蒙古文之-'-譯-q-，而「蘭」與-rqa-之區別，錯在兩書所本原文，增減一鈎之差而已。又按：鮮昆那顔以下，相當史集第四翼。曰 Sūrqdū-nūyān 諸子 Darāngī 並其弟 Qūrīdāī，出自尼倫與乞牙惕部，彼與同屬尼倫之 Būdāt 部在一處焉。考 Darāngī 等諸迭良垓，Qūrīdāī 等諸火力台，Būdāt 等諸不答合，皆不煩贅言者。祇 Sūrqdu-nūyān 何以號鮮昆那顔，不得其理。

〔一八〕「答」，原校：陶本作「哈」。

趙、翁、鈕三本作「合」，浙、京、涵、傅、史、汪、陳、徐、何九本乃作「哈」，潘本更作「嗒」。張本自「上集諸部」「部」字以下至此「阿答部」「部」字以前，全失。按：史集五、六兩翼連書，曰：Sōrkūktū-yūrgī 諸子，Sača-bekī 與其叔之一子 Tāīčū，以及札剌兒諸部。考 Sōrkūktū-yūrgī 乃秘史第一百二十二、第一百三十九兩節之莎兒合禿主兒乞，而第四十九節稱忽秃黑秃禹兒乞。Sača-bekī 及 Tāīčū，則本書數見之月兒斤部首領薛徹別吉與太出也；然彼等何以稱阿答部，或阿哈部、阿合部與阿嗒部。則不詳。阿合部即月兒斤部，以其出於長帳，故舉部爲兄——「阿合」。

〔一九〕繆本同此，趙、翁、鈕、潘、浙五本「而」作「兒」。餘本少此一翼。按：史集七翼曰：Ūtujükūdü 諸子與乞牙惕部中之 Ardikī，以及隸屬彼等之人。考 Ūtūjükūdü 即録之兀忽出、忽都父子，但錯作一人，且 h 訛 t。伯氏説：Ardikī 須讀 Ardānkī，亦與録之阿而黨吉暗合。

〔二〇〕餘本復少此翼。「及」字原無，趙、翁、鈕、潘、浙五本「長壽」下有「及」字，當是。瓮古兒，浙本「瓮」作「甕」；「古」原誤作「吉」，繆、浙二本同誤。按：史集八翼曰：帝之堂兄弟 Mūng[ad]ū-kiyān 之子 Čanšīūt 與其諸兄弟，以及答兒列斤部中以 Aūnkkūr 爲領袖之拜要烏部。考 Mūng[ad]ū-kiyān 爲録之蒙哥都吉顔，秘史第五十節曰忙格秃乞顔，第一百二十、第二百十三兩節曰蒙格秃乞顔，輟耕録大元宗室世系及元史宗室世系表作蒙哥睹黑顔。Čanšīūt 即録之長壽，而秘史第一百二十、第二百十三兩節之敞失兀惕，然誤作種姓。元史以長壽名者五人，兩人高姓，三人蒙古籍，此長壽，豈亦漢語耶？ Aūnkkūr 乃録之瓮古兒。「吉」應改「古」。其人，即下文乙亥年檢視中都帑藏之瓮古兒寶兒赤，秘史第一百二十節曰翁古兒，第一百二十四、第二百十三兩節曰汪古兒或汪古兒保兀兒赤。瓮古兒，據部族志乃 Kehkhr-ūn Bāyāūt 即平川拜要烏部之首領；此平川，其指金北京路而元大寧路武平縣，遺址在今敖漢旗白塔子村太形城。以北之折連川歟？折連川又曰折連怯兒、者連怯耶兒、折連怯呆兒，譯作黄羊川。伯氏有詳説，可觀覽焉。拜要烏俗稱伯牙吾、伯要，參錢氏元史氏族表卷二該兩表及欽察一表。

〔一一〕「里」原作「聖」。當從沈、王及那珂通世三家之説，並參考下文，改「聖」爲「里」。

〔一二〕何本「朵忽」倒作「忽朵」。袁刊何本又誤「朵」爲「都」。浙、張、傅、京、涵、史六本「蘭」作「闌」，鈕本此字錯在火魯罕「火」字下。

〔一三〕鈕本「捏」誤「控」，潘本誤「揑」。張本「古」誤「右」。

〔一四〕京、傅二本誤「火」爲「大」。

〔一五〕趙、翁、張、浙四本誤「撒」爲「撤」。

〔一六〕趙、翁二本誤「嫩」爲「潄」，鈕本誤「瀨」，汪、陳、徐、何四本闕。潘、張、京、涵、傅、史、汪、陳、徐、何十本「真」並誤「直」。趙、翁、鈕三本幷「諸」爲「都」。按：史集九翼，乃帝之叔父答里台斡赤斤及捏坤太石之子火察兒。尚有屬於尼倫部之 Dūklāt，而秘史第四十六節之朵豁剌歹，本録之朵忽蘭。Nehgūs 即捏古思，屬答兒列斤，參錢氏氏族表捏古台項下。Qorhān 即火魯罕，亦屬答兒列斤，部族志明言彼等原非蒙古人,十三翼戰後始歸於成吉思汗。Saqāit 即撒合夷,部族志亦言原非蒙古人而爲一克烈部落,卻寫作 Sūkāit,亦此戰役後來降於帝者。Nunǰin 即嫩真,秘史第一百二十二節曰温真,亦本克烈人。

〔二七〕「兒」原作「而」。原校:陶本作「兒」。此同繆本,餘本均作「兒」,今改正。潘、張、京、涵、傅、史、汪、陳、徐、何十本「都」字訛「相」。

〔二八〕「哥」原脱。原校:陶本有「哥」字。繆本同此。趙、翁、鈕三本「兒哥」作「哥兒」,張、潘、浙、京、涵、傅、史、汪、陳、徐、何十一本作「兒哥」,今補。沈校:忽都徒忙納兒是秘史第四十八、五十兩節之忽秃黑秃蒙古兒,而第一百四十節作忽秃黑秃蒙列兒,輟耕録大元宗室世系及元史宗室世系表之忽都魯咩聶兒。「魯」應爲「都」字之訛。史集無此一翼,故蒙哥怯只兒哥或「哥兒」。無所攷定也。

〔二九〕潘、張、涵、傅四本誤「都」爲「相」。汪、陳、徐、何四本誤「都剌」爲「蘭脱」。王本已訂正。又繆本誤「搠只」爲「納只」。按:史集十翼 Qutula-hān 即此忽都剌可汗,秘史第四十八、五十、五十八節忽圖剌合罕,第一百二十二、一百七十九、二百〇六各節忽秃剌皇帝，第五十三、五十七兩節衹曰忽圖剌，輟耕録大元宗室世系及元史宗室世系表忽魯剌罕。亦「都」字之訛。帝之叔Jōčī-hān，即此搠只可汗，秘史第五十一節之拙赤。

〔三〇〕史集十一翼：Āltān 率其部人，彼亦忽都剌可汗之子。何云：與後文按攤或按攤折温是一人。

〔三一〕張、浙、京、涵、傅五本「蘭」作「闌」。

〔三二〕史集無此翼，豈篡入它翼耶？忽蘭見秘史第四十八節，第五十一節作忽闌把阿秃兒。脱端，秘史第五十一節曰脱朵延，第四十八節曰脱朵延斡惕赤斤。輟耕録大元宗室世系及元史宗室世系表二人名作忽闌八都兒、掇端斡赤斤。

〔三三〕「吉」，原譌「士口」二字，繆本同訛，依趙、翁、鈕、潘、京、涵、傅七本改。但潘、京、涵、傅四本及史本乃誤「興」爲「洪」。史本倒「吉牙」爲「牙吉」。

〔三四〕「塔」，趙、翁、鈕、浙四本作「答」。「拔」原誤「投」，據諸本改。潘、京、涵、傅四本誤「都」爲「相」。

〔三五〕「雪」本誤「雷」，繆本同誤，據諸本改。

〔三六〕趙、翁二本「吾思」作「思吾」。張、汪、陳、徐、何五本闕此一翼。此一翼，史集屬第十二，曰：尼倫所屬 Qinggiyāt Dagī-bahadur 及同屬尼倫部之 Sūgān。按：Qinggiyāt 之爲興吉牙部，Dagī-bahadur 之爲答吉拔都，「降」字必衍；Sūgān 必爲雪干，本書後文曰雪也垓，又曰梭哥台，王氏、伯氏所考，皆極精審。檢秘史第一百二十節，謂輕吉牙歹爲斡勒忽人，第二百〇二節九十五功臣名中有輕吉牙歹，則以部名爲人名矣。輕吉牙即此興吉牙。屠寄説：秘史第一百二十節塔乞，第一百二十四、一百二十六、一百七十七、二百〇二、二百〇七各節之塔孩或塔該，第一百五十一、一百八十六兩節之塔孩把阿禿兒，均可當此答吉拔都，見蒙兀兒史記卷二頁十七上，然以爲速勒都思人，即遜都思人。又曰管領阿答兒斤部。若彼説可取，則答吉拔都者，必爲本書後文與雪也垓一同招徠王可汗之塔海也。自洪鈞始，即疑雪干或雪也垓、梭哥台乃秘史之速客客，見元史譯文證補卷一上太祖本紀譯證上頁十二上，屠、王、伯三氏復發揮其未盡，蓋其人又譯速客該，或雪客該焉。札剌吾思或作「思吾」。一詞，令人困惑，伯氏試一解之，謂或出諸誤譯，原則言之，等諸 *Jala'us 或 *Jara'us，亦即 Jala'ui 譯「後生」或譯青年人。之複數，推敲本義，蓋言雪干部之青年人。備一説而已。

〔三七〕張、京、涵、傅四本誤「建」爲「達」，汪、陳、徐、何四本誤「走」。潘、張、京、涵、傅、汪、陳、徐、何九本誤「都」爲「相」。汪等四本且誤「納」爲「紬」。潘本「納」下衍「工納」二字。

〔三八〕「玉」原誤「王」，繆本同誤。據趙、翁、潘、張、浙、京、涵、傅、史、汪、陳、徐、何十三本改。「烈」字，京、涵、傅三本作「列」。「真」，張本誤「妻」，京、涵、傅三本作「貞」。汪、陳、徐、何四本「真赤剌」三字皆脱，且舛「部」字爲「郎」。按：史集十三翼曰：「Čaraka-lingum 諸子中之 Gandu-čineẖ 與 Ulugčin-čineẖ」，且釋之曰：彼等雖名爲捏古思，但非舊有之捏古思，而皆已爲尼倫人矣。考 Čaraka-lingum 者，秘史第四十七節之察剌孩領忽，而輟耕録大元宗室世系之察剌罕寧兒、元史宗室世系表之察剌哈寧昆也。宗室世系表曰：「察剌哈寧昆收兄拜姓忽兒妻，生一子直拏斯，今大丑兀禿，其子孫也。」可與部族志泰赤烏相印證。大丑兀禿，泰赤烏也，直拏斯，赤那複數，又爲捏古思別稱焉。秘史第四十七節言：泰亦赤兀惕乃察剌孩領忽孫想昆必勒格子俺巴孩後裔，而部族志乃謂想昆必勒格別稱 Sūrkakdu-čineẖ。那珂説，直拏斯，即實指此 Sūrkakdu-čineẖ。拜姓忽兒子敦必乃，本書後文稱統必乃。敦必乃二子即建都赤那與玉烈真赤那。凡此，皆示人以帝所出之孛兒只斤氏，與塔兒忽台等所出之泰赤烏氏，皆以「赤那」爲號，而「赤那」或 Činеh，「狼」也。又考秘史第二百〇七節，言成吉思汗降旨與豁兒赤：將阿答兒乞的赤那思種人、脱斡劣思種人、帖良古惕種人合併爲萬户管轄。帖良古惕，本書後文之帖良兀。脱斡劣思，部族志之 Tūlās 或 Tūālas。二部皆森林部落，則赤那之一部或大部，亦當屬森林部落，可知矣。此與泰赤烏之原本森林中人，又暗合焉。

〔三九〕「班」，原校：上作「版」，陶本同。史、汪、陳、徐、何五本亦作「版」，浙本作「坂」。「塔」，此同繆本，餘本皆作「答」。「蘭」，趙、翁、張、浙、傅、史六本作「闌」。王、陳誤作「闡」。

〔四〇〕史集云：該處河岸多林木，帝屯駐其地，下令採薪燃火，以七十鍋活煮叛者。秘史第一百二十九節乃言：札木合戰勝，將赤那思子弟用七十鍋都煮了。二説不同。録直譯赤那思即直拏斯，亦即第十二翼之兩赤那爲「狼」，昧本義矣。

是時，泰赤烏部地廣民衆〔一〕，而内無統紀。其族昭烈部與我近〔二〕，常獵斡禪札刺馬思之野〔三〕，上時亦獵圍，陣偶相屬〔四〕。既而夕合〔五〕，上曰：「可同宿於此乎？」彼曰：「獵騎四百，糗糧不具，已遣半還。」上曰：「命給助同宿者於此乎。」〔六〕越明日，再合圍〔七〕。上賓之，使驅獸近彼陣，讓多獲，以厭其心，彼衆感〔八〕，相語曰〔九〕：「泰赤烏與我雖昆弟〔一〇〕，常〔一一〕攘我車馬〔一二〕，奪我飲食，後恤我者〔一三〕，其此人乎？」大稱羨而歸〔一四〕。

校勘記

〔一〕「泰」，傅本作「太」。

〔二〕「昭」，原校：元史作「照」，下同。浙、京、涵、傅、史、汪、陳、徐、何九本即作「照」，下同。張本誤「胎」，且錯在「烈」字下。「近」，史本作「遠」，且其上增「相」字。

〔三〕「常」，趙、翁、鈕三本作「嘗」。按：二字相通假。「斡」原誤「幹」，據繆、趙、翁、鈕四本改。「禪」字本脱，依諸本增。繆本誤「禪」爲「彈」，繆校已改。張本誤「禪」爲「祥」，而汪等四本重誤爲「幹」。史集作 Ūjal-jlmk，似誤。彼書言是一草原之崗阜。攷 Jalama 乃祈禱、念咒之義，見海涅士 *Woerterbuch*。秘史第一百二十八節，札剌麻山位於斡列該不剌合即玉律哥泉之後，距撒阿里客額兒即撒里川不甚遠處。考元史兵志三馬政門，有斡川札馬一地，敘列於火羅罕、稱海、黄兀兒不剌之前，可資旁證。參大元馬政記一書。

〔四〕浙本無「亦」字。史、汪、陳、徐、何五本「偶」作「隅」。張本誤「禺」。

〔五〕趙、翁、鈕三本「合」作「答」。按：「答」亦「合」也。史、沈二本「合」上有「夕」字，今據補。

〔六〕「於此乎」三字原脱，今據史本補。史本下句無「越」字。

〔七〕潘本作「再圍合」，趙、翁、鈕三本作「合，再圍」，兩句讀。

〔八〕「感」原作「咸」，今據繆、趙、翁、鈕、張五本校改。太祖紀亦曰：「其衆感之。」

〔九〕「語」，原校：陶本作「告」。汪、陳、徐、何四本即作「告」。

〔一〇〕潘本亦作「昆弟」。餘本作「兄弟」。張本「昆」譌「鼠」。

〔一一〕趙、翁、鈕三本「常」作「嘗」。

〔一二〕「車」原作「軍」。原校：陶本、元史俱作「車」。繆本同此本，餘本均作「車」，是也。今據改。

〔三〕「後」，原校：陶本作「憂」。繆、張本同作「後」。浙、京、涵、傅四本及繆校作「厚」，汪、陳、徐、何四本作「憂」，史本改「優」。

〔四〕沈、史二本作「人皆稱羨而歸」。

上因遣使告之曰〔一〕：「可來結盟否？」昭烈之長玉律拔都〔二〕相謀〔三〕於族長馬兀牙答納〔四〕，對曰：「泰赤烏何惡於我？彼以爲昆弟〔五〕，何遽降之？」不從〔六〕。玉律拔都遂與塔海答魯領所部來歸〔七〕，謂上曰：「如我屬〔八〕，將有無夫之婦，無牧之馬而來〔九〕，以泰赤烏長母之子討殺故也〔一〇〕。我誓當棄親從義而招之。」〔一一〕上曰：「如我熟寐〔一二〕，捽髪而悟之，兀坐，掀髯而起之〔一三〕。汝之言，我素心也〔一四〕。汝兵車所至〔一五〕，余悉力而助也。」〔一六〕既盟，後二人食言，叛歸。其族人忽敦忽兒章怨塔海答魯反側〔一七〕，遂殺之。昭烈部亡矣〔一八〕。

校勘記

〔一〕「使」字原脱，諸本皆脱，今據繆本補。

〔二〕繆校改「昭」爲「照」，校「律」爲「列」。浙本作「照」。張、京、涵、傅、汪、陳、徐、何八本「拔都」訛「拔相」。玉律拔都，史集部族志照烈作 Ulug-bahadur。

〔三〕原校：陶本無「相」字。

繆本亦見相謀「相」字，餘本皆無「相」字。

〔四〕史集部族志照烈作 Yadagana。

〔五〕史本遺「彼」字。翁、浙、史、汪、陳、徐、何七本「昆弟」作「兄弟」。袁刊何本「以爲」誤「亦爲」。

〔六〕原校：陶本作「不之從」。

張、京、涵、傅、史五本作「不之從」。

〔七〕浙本作塔海塔魯，下文仍作塔海答魯。史集部族志照烈作 Tagai-dalu。

〔八〕浙本「如」作「於」。趙、翁、鈕三本無「如我屬」三字。

〔九〕繆本脱「馬」字，繆校已補。

〔一〇〕史集作「諸哈敦之衆子」。按：檢部族志塔塔兒，忽都忽那顔稱帝爲 Ečige，而稱孛兒帖夫人爲 Terigün-eke，Ečige 即父，而 Terigün-eke 爲長母。Terigün 者，契丹語之「膩俚蹇」也。遼史后妃傳敘：「遼因突厥，稱皇后曰可敦，國語謂之膩俚蹇。」國語解作「忒里蹇」，則又本於王鼎焚椒録。Terigün，義爲「第一的」、「爲首的」、「長者」。考泰赤烏初祖俺巴孩，乃孛端察兒嫡妻所生，故其裔孫，得稱「長母之子」。而昭烈部，據史集部族志，此部落出自屯必乃合罕第七子Durbaian（都兒伯顔），彼等又稱爲Jajirat。則孛端察兒所納媵者（Injä）爲妾生子沼兀列歹（或沼兀里耶歹）之後，雖屬昆弟輩，而地位常低。涉園本及袁刊何本「故」作「我」，王校從之，不可信。

〔一一〕史本同此本，餘本「誓」作「擔」。那珂校與二本同。

〔一二〕「我」，原校：陶本、元史俱作「我方」。

此本與趙、翁、鈕、張四本同，餘本多「方」字。既言熟寐，不得復言「方」也。浙本並作「我方」，原校「我」作「我方」，當亦無「如」字。

〔一三〕下「之」字原脱，據諸本補。史本改「之」爲「曰」。

〔一四〕趙、翁、鈕、潘、張五本作「素我心也」。

〔一五〕「車」原作「軍」。原校：陶本作「車」。

繆本同此，校改作「車」。餘本亦無不作「車」，今據改。

〔一六〕「余」原作「餘」。原校：陶本作「余」。

繆本同此，校改作「余」。趙、翁、鈕、潘、浙、史、汪、陳、徐、何十本亦作「余」，今據改。而，以也。訓見經傳釋詞。

〔七〕「忽敦忽兒章」，「敦」原誤「數」，繆本同誤，據趙、翁、鈕、潘、浙五本改。浙本誤「章」爲「輩」。下文亦見忽敦忽兒章其人。部族志滅里乞，忽敦忽兒章乃滅里乞一首領。史本無「其」字，則「歸」字當下屬。

〔八〕繆本同此。餘本「亡」上有「已」字，史本作「亦」。

泰赤烏部衆苦其長非法，相告曰〔一〕：「太子謂太祖也〔二〕。衣人以己衣〔三〕，乘人以肥馬〔四〕，安民定國，必此人也。」因悉來歸。赤剌温拔都〔五〕、哲別二人〔六〕，實泰赤烏之族脱脱哥家人〔七〕，亦來歸〔八〕。初〔九〕，上嘗爲塔兒忽台所執，赤剌温拔都父梭魯罕失剌密釋之〔一〇〕，是以歸我〔一一〕；哲別之來，實以力窮故也〔一二〕。失里哥都也不干〔一三〕執阿忽赤拔都〔一四〕、塔兒忽台二人來〔一五〕，至忽都渾野，復從之去〔一六〕，只將己子乃牙、阿剌二人來歸〔一七〕。後搠只鈔魯罕二人〔一八〕率朵郎吉札剌兒部〔一九〕，及荽萊勝和率忙兀部亦來歸〔二〇〕。

校勘記

〔一〕「相告」上翁本有「共」字。趙、鈕舛「共」爲「其」。

〔二〕「謂太祖也」句上原有「原注」二字，諸本皆無，當係鄭傑鈔書時所加，今删。下同。

〔三〕「以」字原脱，繆本及餘本並有，當補。

〔四〕「肥」，原校：陶本及續綱目、續通鑑俱作「已」。繆本亦作「肥」，餘本乃作「已」。「已」蓋「肥」之壞體。按續編作「衣人以己衣，乘人以己馬。」則與此文相合。

〔五〕「剌」，原校：陶本、元史俱作「老」。下同。浙、史及汪等四本亦作「老」。下同。

〔六〕原校：按「哲别」，元史作「遮别」，本書下文又作「哲伯」。

〔七〕原校：陶本無「之」字。沈、浙、張、京、涵、傅、史七本亦無「之」字。張本誤兩「脱」字爲兩「脕」字。

〔八〕京、傅二本誤「來」爲「東」。

〔九〕趙、翁、鈕三本無「初」字。

〔一〇〕「赤剌温拔都」，「剌」，沈、浙二本作「老」。哲别以下至赤剌温拔都三十三字，何本脱落，王校已補。

〔一一〕「以」，汪、陳、徐、何四本誤「時」，王校已改。

〔一二〕「實」字原脱，從諸本補。

〔一三〕「都」，原校：陶本無「都」字。「干」下，原校：陶本有「手」字。浙、京、傅、史、汪、陳、徐、何八本亦無「都」字。繆本同此，餘本及繆校「執」字上有「手」字，惟浙本誤「乎」，「手」蓋因「干」而衍。又浙、京、涵、傅、史、汪、陳、徐、何九本「里」作「力」。王氏、那珂、伯氏無不言，其人即元史伯顔傳伯顔曾祖述律哥圖也。

〔一四〕「都」原作「相」。原校：疑作「都」字。「相」字依趙、翁、鈕、潘四本及何校改「都」。又汪、陳、徐、何四本「赤」作「失」。「阿忽」二字原作「忽阿」，各本均同，從王校乙轉。參下文。

〔一五〕潘、史二本「塔」仍作「答」。

〔一六〕「從」，原校：疑作「縱」字。趙、翁、鈕、潘、浙五本即作「縱」，史本誤「蹤」。何校已改。案：「從」、「縱」古今字，不必改。

〔一七〕沈、繆、浙三本「只」作「止」，亦古今字。

〔一八〕「鈔魯」原作「魯鈔」，從沈、王二校改，史集曰 Joči-jāūrqeh 可證。搠只塔兒馬剌之弟，元史卷一三一奧魯赤傳，祖朔魯罕，札剌兒氏。亦即其人。那珂、伯氏皆有考證。

〔一九〕「朵郎吉」原作「朵郎君吉」。「郎」，原校：陶本作「即」。「君」，原校：陶本無「君」字。

繆本同。汪、陳、徐、何四本亦誤「即」，何校已改。「君」字衍，當删。部族志札剌亦兒，札剌兒計十支，而朵郎吉居第八。

〔二〇〕「萊」字原脱。原校：陶本有「萊」字。

「萎」當改「妥」。「萊」，繆本缺，浙本誤「莱」，鈕、史及汪等四本誤「菜」，京、涉二本誤「蕐」，傅本誤「葉」。史集：當此之際，札剌兒一支朵郎吉首領搠只鈔魯罕亦降，來至一處名爲 Tūrāgut-sinkut 之地，向帝稱臣。則以爲地名，且不言爲忙兀部首領。

日後，上同月倫太后暨哈撒兒〔一〕、斡真那顔〔二〕諸昆弟及族人薛徹〔三〕、大丑等〔四〕，各以旄車載湩酪大會於斡難河林木間〔五〕。會中〔六〕，太后暨上諸族人薛徹別吉〔七〕及其母〔八〕忽兒真哈敦共置馬湩一革囊〔九〕，其次母〔一〇〕葉別該前獨置一革囊〔一一〕，忽兒真哈敦怒曰〔一二〕：「今不尊我而貴葉別該乎？」遂笞主饍者失丘兒〔一三〕。失丘兒泣曰〔一四〕：「蓋以揑群太石〔一五〕、葉速該拔都二君去世〔一六〕，我專爲他人所辱至此。」因大哭。

校勘記

〔一〕「撒」，浙本作「散」。

〔二〕「斡」原誤「幹」，繆、浙本同誤，從趙、翁、史三本及王校改。王曰：元史宗室世系表：烈祖五子，次二搠只哈撒兒王，次四鐵木哥斡赤斤，所謂皇太弟國王斡嗔那顔者也。

〔三〕「及」、「人」原脱，繆本亦無此二字，據趙、翁、鈕、浙四本補。史本改「及族人」爲「諸族」。

〔四〕趙、翁、鈕、張、潘、涵六本作太出，下同。下文各本皆作大丑，是。則作「大出」者乃壞字也。按薛徹、大丑二人父忽禿黑禿主兒乞，其父名斡勤巴兒合黑，祖即合不勒罕，於成吉思汗爲曾祖，合不勒罕長子乃斡勤巴兒合黑也，故以主兒乞爲姓。主兒乞，本書稱月兒斤。參見秘史第四十八、四十九節。秘史第一百四十節謂阿合斡勤巴兒合黑勇猛的子孫，最闡明問題。顏按：秘史一百三十九節拙兒乞篾思(Jörkimäs)——「無人能敵」。伯希和説：蒙古時代的蒙古文獻中Yorči 意爲「出征」、「前進」，突厥語 yori-與之同義，但古典蒙古語則只作 Jorči，突厥語後綴 mäs 係否定動詞的後綴。故 Jörkimäs 有「無人能敵」之義。此一説也。另一説，斡勤巴兒合黑之子已用莎兒哈禿主兒乞爲名，即「有痣的主兒乞」，根據姓氏來源於祖宗名稱的這一通例，主兒乞源自其先祖的這一特殊名號。故謂之爲「阿合部」，可譯作「長支」的一部。Sōrkūktū-yūrgī(莎兒合禿主兒乞)與札剌兒合爲一翼，不如録之繫札剌兒於阿合部，説明札剌兒是阿合部屬部。史集合不勒汗紀正文稱斡勤巴兒合黑之子名 Qutuqtu-yürkī，而合不勒諸子世系表中乃作 Surqat-yürkī。十三翼之戰，帝之五、六兩翼也有 Surqatu-yürkī，大黃金史與秘史忽禿黑禿禹兒乞(Qutuqtu-yürkī)相當處，乃作 Jorqatuyürki（羅桑丹津書 11/9），儘管這個形式有些變異，但它是同莎兒哈禿主兒乞接近的，説明「忽禿黑禿」是一種錯誤形式。伯希和説：這是明初譯人誤將 s-、q-混而爲一。伯氏引貝烈津本史集乃作 Surqatu，或許俄譯新本作者斯密爾諾娃牽就了秘史「忽禿黑禿」的錯誤，反譌作 Qutuqtu，以牽就之。見元秘史舊蒙文中的一段訛誤。參見郝時遠主兒乞部及幾點問題的探討。

〔五〕「斡」原誤「幹」，繆、浙二本亦誤，從趙、翁、涵、史、何五本及繆校改。

〔六〕「會中」二字原闕，據諸本補。

〔七〕「薛徹」下原衍「撒」字，原校：陶本、元史無「撒」字。

繆本同衍，已校删。餘本皆不衍「撒」字。即上文薛徹，下文即作薛徹別吉。史本「諸」作「同」。

〔八〕原校：別吉母也。

〔九〕「馬」，原校：陶本作「酒」字，又注云「音馬」。

汪、陳二本作「酒酪湩」，徐、何二本作「酪湩」，皆誤。諸本亦無「音馬」之注。

〔一〇〕原校：別吉次母也。

〔一〕「葉」，原校：陶本、元史俱作「野」。下同。

浙、京、涵、傅、汪、陳、徐、何八本亦作「野」。袁刊何本此處乃作「也」。下同。

〔二〕史本上文及此處兩「真」字並作「貞」。

〔三〕「丘」原避孔丘聖諱作「邱」，今回改。

浙、繆二本「丘」誤作「立」，繆校已改。

〔四〕失丘兒名原闕，繆本亦闕，依趙、翁、鈕三本補。

〔五〕「群」原誤「碎」，依繆、趙、翁、張、潘五本改。「石」原誤「后」，浙本亦作「后」，依張本及太祖紀改。繆本作「子」，最精當。下文亦曰「揑群太石」，此秘史第一百三十節之揑坤太子，而史集之 Nekūn-tāyšī，南村輟耕録大元宗室世系及元史宗室世系表皆作「聶昆大司」。太石或 Tāyšī，源於漢語「太師」，但秘史訛作「太子」，不足取。三朝北盟會編卷五八、九七記西遼大石林牙爲耶律太師，是其證。

〔六〕「該」下，原校：陶本有「命」字。「拔」原作「授」。原校：陶本作「拔」。

張、潘、京、涵、傅、汪、陳、徐、何九本亦衍「命」，何校已删。「拔」字，諸本無誤「授」者，今據改。

是時，別里古台那顔〔一〕掌上乞列思事，係禁外繫馬所〔二〕。親控上馬，播里掌薛徹別吉乞列思事〔三〕。播里從者因盜我馬靷〔四〕，別里古台執之，播里怒〔五〕，斫別里古台背傷，左右欲鬭〔六〕。別里古台止之，曰：「此讎汝等欲即報乎？我傷不甚也，姑待之，不可由我致隙。」其衆不聽，各執馬乳潼〔七〕，斫木枝疾鬭，我衆勝之，乃奪忽而真〔八〕、火里真二哈敦留麾下，于是絶好。

校勘記

〔一〕原校：太祖弟也。
史本別里古台名上有「皇弟」二字。

〔二〕趙、翁、鈕、張、潘、浙六本「思」作「司」。史本重「乞列思」三字，並有「華言禁外繫馬所也」八字，仍作正文。按：史集Kiriās，秘史「乞魯額薛」譯「下馬處」或「聚馬處」，見一百三十一、二百二十九、二百四十五各節，請參海涅士*Woerter-buch*，Kiru'e、Kiru'ese兩辭。元史太宗紀六年夏五月所諭條令之一：「凡來會，用善馬五十匹爲一羈，守者五人，飼羸馬三人，守乞烈思三人。但盜馬一二者，即論死。諸人馬不應絆於乞烈思内者，輒没與畜虎豹人。」一二四五年G.P.Carpini蒙古行紀對乞列思有所論述，曰：「馬牧於二箭距離以外之地，諸領袖在衆親隨衛護下到來，領袖外任何人不得靠近馬，有人想從馬中間走過，即遭毒打。」元史卷一一七别里古台傳稱「乞列思」爲從馬。曰：「幼從太祖平諸部落，掌從馬。國法：常以腹心遇敗則牽從馬。……嘗從太祖宴諸部族，或潛圖害别里古台，以刀斫其臂，傷甚。帝大怒，欲索而誅之。别里古台曰：『今將舉大事於天下，其可以臣故而生釁隙哉！且臣雖傷甚，幸不至死，請勿治。』帝尤賢之。」傳文述此事，似亦從親征録中來。

〔三〕「乞列思」，浙本「思」作「司」。

〔四〕「馬靷」，浙本無「馬」字。

〔五〕播里，忽秃黑秃蒙古兒之子，而成吉思汗之堂叔也。

〔六〕趙、翁、鈕、張、潘五本「欲」作「爲」。浙本「欲爲」二字並俱。爲，猶「將」也。

〔七〕原校：陶本、元史俱作「橦」。史本同原校，京、傅、汪、陳、徐、何六本作「撞」。史集：互相衝撞，彼此以樹枝廝打。秘史第一百三十二節：將樹枝折折，又抽出撞馬乳的木椎廝打。木椎，稱「亦秃格孫·不列兀惕」（Itügäs-ün bülä'üt）或稱「皮桶的撞馬乳椎」，請參海涅士*Woerterbuch*, Bule'ur 一辭。按：顔氏家訓勉學篇引漢書禮樂志曰：「給太官挏馬酒，李奇注：『以馬乳爲酒也，揰挏乃成』，二字並從手，揰，都統反。挏，達孔反。此謂撞擣挺挏之，今爲酪酒亦然。」又案：説文：「撞，凡擣也。」段玉裁注：「凡，疾也。」此字此處蓋由動詞而變名詞者。「撞」字疑是。

〔八〕「而」，原校：上作「兒」，陶本、元史同。趙、翁、鈕、繆四本作「而」，上句忽兒真哈敦之名，亦皆作「而」。餘本作「兒」。

後復議和，遣二哈敦歸。行成之際，塔塔兒部長滅兀真笑里徒背金約〔一〕，金主遣丞相完顔襄帥兵逐塔塔兒北走〔二〕。上聞之，遂起兵〔三〕，發自斡難河迎討之〔四〕，仍諭月兒斤來助〔五〕，候六日不至。上以麾下兵與戰納剌秃失圖、忽速秃失圖之野〔六〕，盡虜其車馬糧餉，殺滅兀真笑里徒，又獲大珠衾〔七〕、銀绷車各一〔八〕。金兵回，金主因我滅塔塔兒，就拜上爲察兀忽魯，若今招討使也〔九〕。亦册克烈部長脱憐爲王〔一〇〕。

校勘記

〔一〕「滅」，原校：陶本、元史俱作「蔑」。

趙、翁、張、潘、涵五本同此本。鈕本作「喊」。京、傅二本脱此字，浙、史、汪、陳、徐、何六本作「蔑」。古本「滅」字，俗本多改「蔑」。下同。又，史本塔塔兒名上有「會」字。滅兀真笑里徒，史集部族志塔塔兒作 Mūjīn-s(au)ltū，其中 C、L 本作 Mūhīn，I 本作 Sktūr。

〔二〕趙、翁、鈕、張、潘五本但言「丞相某」。史集部族志塔塔兒及帝紀相應處，又敘王可汗經歷處，俱言 Jīnksānk，皆「丞相」寫音也。秘史第一百三十二節渾言王京丞相，王京，完顔異譯也。清太祖武皇帝實録稱完顔爲王家，而重修、三修之清太祖高皇帝實録及滿洲實録乃改王甲，蓋完顔氏自認遠祖淵源於高麗王氏皇室也。作「丞相某」者乃舊本。

〔三〕「起」下本有「近」字，繆本同，趙、翁、鈕、潘四本無，當因「起」而衍者，今删。

〔四〕「發」上重「兵」字，從諸本删。「斡」本誤「幹」，繆、浙二本同誤，據趙、翁、京、涵、史五本及繆校、何校改。

〔五〕月兒斤，秘史第一百三十三節作主兒勤或主兒乞，蒙古語結尾音-n不穩定所致。元史宗室世系表作岳里斤，輟耕録大元宗室世系有岳斯斤，爲岳里斤之刊訛，而同書氏族蒙古七十二種中另有「木里乞」，「木」必「朮」之譌書也。元史卷一一九博爾朮傳作要兒斤，史集 Yūrkīn，蓋蒙古語 j、y 不甚分別也。

〔六〕「麾下兵」，繆本無「下」字。「速」字本譌「剌」，繆、浙二本同誤，依趙、翁、鈕三本改。潘、京、傅三本闕「忽速秃失圖」五字，餘本雖具，但皆譌「速」爲「剌」。據史集及秘史第一百三十三節，二地近 Ūljā 即浯勒札河。此河，宋會要輯稿蕃夷契丹一之三七稱骨歷札國（河），金史完顏襄傳作斡里札河，今鄂嫩、克魯倫二河間之烏勒吉河。

〔七〕原校：類編引作「金」。京、傅二本又作「含」。蓋「衾」舛「含」，「含」又舛「金」也。大珠，古謂之北珠，近世曰東珠。見王氏蒙古札記「塔納」條，載觀堂集林卷十六，頁二十二上至二十四上。

〔八〕「綳」，「繃」之或體。顏師古注漢書宣帝紀「襁褓」之「襁」字曰：「即今之小兒綳也。」張謂三日岐王宅詩：「綳子繡初成。」趙叔向肯綮録謂之「繃𦄕」，而事物異名録服飾門引趙書乃作「綳褯」。又考元史速不台傳：征滅里吉，戒阿里出曰：「汝止宿必載嬰兒具以行。」嬰兒具者，正謂此綳車也。

〔九〕「忽」，原校：續通鑑、類編俱作「秃」。

浙、史二本無「就」字。趙、翁、京、傅四本「今」作「金」。金、元兩代並有招討使之設，此自係就當代職官設譬喻，「今」字當是。史集作 Jaūt-qūri 秘史第一百三十四節作「札兀惕忽里」。按，續編曰：「以功授太祖皇帝爲察兀秃魯，猶中國之招討使也。」余疑「察兀」爲乣軍之「乣」，ut 或兀惕乃複數詞。而「忽魯」即金史卷五五百官志一敘「統數部者曰忽魯」之「忽魯」。遺山先生文集卷二八臨淄縣令完顏公神道碑：「守英官胡魯。」宋人名汪古首領曰小胡魯、小斛禄、小骨碌、小葫蘆；詳下文。汪古部主阿剌忽思號的乞火力，乃蠻將有迪吉火力，兩「火力」，猶此「忽魯」也。火力(Qūri)，乃一古突厥語詞，謂統率數部之長，金志蓋源於此。

〔一〇〕脱憐，原校：元史及類編俱作脱里，即下汪罕之名也。

張本「憐」作「隣」。汪罕，史集部族志札剌亦兒作 Aūnk-khān，馬可波羅謂之 Aung-khan，Unc-can。

時我衆居哈連徒澤間，爲乃蠻部人所掠，上遣人求助於月兒斤，月兒斤殺十人〔一〕，褫五十人衣而歸之〔二〕。上怒曰：「曩者〔三〕，別里古台爲彼所傷，我舍釁議和而不聽，今何乃乘敵勢凌我？」因發兵於大川〔四〕，至朶欒盤陀山，大擄月兒斤部，惟薛徹、大丑僅以妻孥數人脱走〔五〕。

校勘記

〔一〕月兒斤之名原脱，據趙、翁、鈕、潘四本補。

〔二〕「五」下意增「十」字。太祖紀言：「殺其十人，去五十人衣而歸之。」史集、秘史第一百三十六節亦皆言，褫去衣服者五十人。又張、浙、京、涵、傅、史、汪、陳、徐、何十本「上遣人」以下二十三字盡脱。

〔三〕「曩者」二字原脱，據諸本補。

〔四〕大川，大平野也。史集：取道草原，向月兒斤進發。太祖紀：「帥兵踰沙磧攻之。」義亦近似。

〔五〕浙本「大丑」作「太丑」。又趙、翁、鈕、張、潘五本「妻孥」作「妻子」。

上時軍塔剌速之野〔一〕，有克烈部汪可汗〔二〕弟札阿紺孛來歸〔三〕，適滅里乞部與我會戰〔四〕。上與札阿紺孛迎敵之，其衆散走〔五〕。是時有土滿土伯夷、董哀諸部〔六〕，乃克烈敗散之衆〔七〕，亦來降。

校勘記

〔一〕「軍」，原校：陶本作「居」。此同繆本，諸本皆作「居」。又「塔剌速」原作「塔剁剌」，繆、汪、陳、徐、何五本同，趙、翁、鈕、潘四本作「塔刹速」，張、涵、京、史、傅、涉六本作「塔剁速」。那珂曰：下文太祖責王汗語中有塔剌速野，即此。「剁」字衍，又據別本增「速」字。史集作 Qūrbān-tlāsūt，秘史第一百七十七節作忽兒班帖列速惕，第一百五十節祇作帖兒速惕。續編作塔剌速之野。

〔二〕趙、翁、鈕、潘、京、涵、傅七本作王可汗，張本作王可漢。繆本作王罕可汗，浙、史、汪、陳、徐、何七本作汪罕可汗。袁刊何本改「罕」爲「汗」。

〔三〕原校：類編作「卜」。

〔四〕「滅」，原校：陶本、元史及類編俱作「蔑」。下同。浙本作「蔑」。

〔五〕繆、浙、何三本「散」作「敗」，是也。

〔六〕土滿土伯夷即萬姓土伯夷，俗稱土別燕，參十二翼之戰秃不哥逸敦項下注解。董哀，部族志之 Tüngqāit，秘史第一百五十節之董合亦惕。金史卷六八訛古乃傳北部中之勇者爲「同瓜」，當是此董哀也。

〔七〕「乃」，繆本作「及」，義長。「敗」字原闕，據諸本補。

汪可汗〔一〕始與葉速該可汗和好〔二〕，相稱「按答」，交物之友〔三〕。所以然者，由初汪罕可汗〔四〕父忽兒札忽思盃禄可汗既崩〔五〕，汪可汗殺戮昆弟〔六〕，其叔菊兒可汗率兵與汪可汗戰〔七〕，逼汪可汗于哈剌溫隘，敗之，僅以百餘騎脱走，奔葉速該可汗〔八〕，葉速該可汗親將兵逐菊兒可汗走西夏〔九〕，復奪部衆歸之〔一〇〕，汪可汗感德，遂盟「按答」。

校勘記

〔一〕趙、翁、鈕、張、潘、涵六本作王可汗，繆本作王罕可汗，浙、史、汪、陳、徐、何六本仍作汪罕可汗。京、傅二本衹一「汪」字。

〔二〕原校：按葉速該當作也速該，烈祖名也。下同。潘、徐、何三本「葉」作「也」。

〔三〕原校：元史同，陶本「交物」作「交好」。「相稱」者，互稱也。有作「交好」者，誤。「按答」淵源，王氏有考，見觀堂集林卷十六蒙古札記，頁二十五下至二十六上。

〔四〕繆、史二本同此本，趙、翁、鈕、潘、京、涵、傅七本作王可汗，浙、汪、陳、徐、何五本作汪可汗。

〔五〕「忽兒札忽思」，末「忽」字，原校：元史作「胡」。浙、京、傅、史、汪、陳、徐、何八本即作「胡」。又趙、翁、鈕三本「兒」字作「而」字。浙、史二本「崩」作「卒」。

〔六〕繆、浙、傅、汪、陳、徐、何七本同此本，趙、翁、鈕、張、潘、涵六本作王可汗，史本作汪罕可汗。以下俱同。史本「殺戮」上有「多」字。

〔七〕「其叔」二字下，原校：陶本有「父」字。浙、京、涵、傅、史、汪、陳、徐、何九本皆有「父」字。

〔八〕潘、史、汪、陳、徐、何六本「葉」作「也」。

〔九〕趙、翁、京、傅、汪、陳、徐、何八本不重葉速該可汗名，脱落。潘、史二本「葉」仍作「也」。鈕本衹脱葉速該名，尚餘「可汗」二字。

〔一〇〕浙本「部」下有「ヽヽ」，似重其字者。

後汪可汗弟也力可哈刺者，以其多殺昆弟，叛歸乃蠻部，立〔一〕亦難赤可汗〔二〕。亦難赤可汗發兵伐汪可汗〔三〕，盡奪克烈部衆與也力可哈刺，汪可汗脱身歷走三城〔四〕，奔赴契丹主菊律可汗〔五〕。既而復叛之，涉畏吾兒、西夏諸城邑，中道糧絶，遺乳羊五頭〔六〕，以繩禁羊口〔七〕，奪其乳爲飲，刺橐駝血，煮爲食，困甚，僅至曲薛兀兒澤〔八〕。上聞之，以其初與先君按答之故，乃遣近侍塔海、雪也垓二人往，招之來，上自怯祿連河〔九〕親迎撫勞〔一〇〕，安置軍中，大賑給之〔一一〕。

校勘記

〔一〕潘、史二本無「立」字，與何校合。何本已删。

〔二〕「亦難赤」原作「亦難亦」。下「亦」字，原校：陶本、元史俱作「赤」。下同。繆本同此，餘本及續編皆作「亦難赤」。下同。趙、翁二本此處倒置「難赤」爲「赤難」，但下句不誤。何曰：後甲子年作亦年可汗。

〔三〕「亦難赤」原作「亦難亦」。繆本後一「亦」字作「赤」，不誤，今據諸本改。又史本此上有「乃蠻長」三字，「發兵」上有「爲」字。

〔四〕京、傅二本此處亦是王可汗，顯係塗改未盡者。按續編此處作王可汗。

〔五〕汪、陳、徐三本誤「律」爲「津」，何底本作「兒」，校改「律」字，王本仍用「兒」。云：西遼末主直魯古，即此所云菊律可汗。

〔六〕「遺」，繆、浙二本作「遣」，史本作「得」。

〔七〕趙、翁、鈕、浙四本「繩」作「乂」。張、京、涵、傅四本作「又」，史本誤「艾」，潘本誤「義」。蓋「義」爲「乂」之正體，其餘「又」、「艾」均「乂」之舛訛也。

〔八〕「曲薛兀兒澤」原作「曲薩兀兒城」。「薩」，原校：陶本作「薛」。「城」，原校：陶本作「澤」。

此同繆本，餘本皆作曲薛兀兒澤，今據改。何校、秘史第一百五十一節作古泄兀兒海子。那珂曰：下文太祖責汪可汗語，又作曲笑兒澤。

〔九〕「禄」，原校：元史及類編俱作「緑」。傅、何二本及續編作「緑」。李曰：怯禄連河，即今克魯倫河。李文田元史地名考。

〔一〇〕「親迎」二字上，原校：陶本有「遂」字。汪、陳、徐、何四本即有「遂」字。

〔一一〕「賑」，原校：元史作「振」。

後秋〔一〕，上同汪可汗會土兀剌河上黑林間〔二〕，結爲父子禮。

校勘記

〔一〕繆本無「秋」字。洪鈞云：「『後秋』，蓋是秋後之義，非謂次年秋。」洪鈞元史譯文證補卷一上太祖本紀譯證上。顔按：漢書卷三六楚元王傳「毋後人有天下」，後人，猶言後於人，作時間介詞用，與此同義。

〔二〕「會」下，原校：陶本有「于」字。浙、史、傅三本「會」下亦有「于」字。那珂：土兀剌河，今土拉河。

是年冬，月兒斤部先脱走者薛徹、大丑，追至帖列徒隘〔一〕，滅之。

校勘記

〔一〕「兒斤」原倒爲「斤兒」，依上文及諸本乙。史本「列」作「烈」。史、何二本「隘」上有「之」字。

次年秋〔一〕，上發兵于哈剌哈河〔二〕，伐滅里乞部主脱脱〔三〕，戰于莫那察山〔四〕，遂掠兀都夷、滅里乞二部〔五〕，收其衆〔六〕，上盡以所獲給汪可汗。其後部衆稍集，不約我軍，自侵滅里乞部〔七〕。至補兀剌川〔八〕，殺脱脱之子土居思別吉〔九〕，虜忽都台〔一〇〕、察勒渾二哈敦〔一一〕，及招脱脱次子和都、赤剌溫二人〔一二〕，領部衆而來，所奪不以秋毫與我，脱脱奔八兒忽真之隘〔三〕。

校勘記

〔一〕「秋」字原闕，據諸本補。

〔二〕前一「哈」字原作「跲」。原校：陶本作「哈」。繆、趙、翁、鈕、浙、汪、陳、徐、何九本作哈剌哈河，據此改「跲」爲「哈」。潘本誤「嗒」。張、涵、史三本曰哈剌河，則與史集之稱 Qrās-mūrās 爲近。京、傅二本祇稱哈河，亦誤。王氏考證，乃會鄂爾渾河入色楞格河之哈剌河，既非入貝爾湖之哈拉哈河，亦非入土拉河之喀老哈河。

〔三〕史本作「伐蔑里乞部，與部主脱脱」云云，則「脱脱」屬下句。

〔四〕「那」原作「耶」。原校：陶本、元史俱作「那」。繆本亦誤「耶」。作「那」者是，浙、京、傅、史、汪、陳、徐、何八本皆若此。王氏、伯氏、那珂並言：即後文太祖責王可汗語中之木那叉笑力之野，史集之Mūn[a]jā，秘史第一百七十七節之木魯徹薛兀勒。

〔五〕沈曰：「二部」語誤。顏按：滅里乞，又稱兀都夷滅里乞，非各自爲部落也。參前文。又可參秘史第一百二節及部族志滅里乞；帝紀亦明言，兀都夷滅里乞乃滅里乞之一支。

〔六〕趙、翁、鈕、潘四本「衆」作「田」。張、京二本作「曰」，傅本作「日」，且下有「衆」字，「日」、「日」皆「田」之譌。秘史第一百七十七節云：「佔領蔑兒乞惕，擄其百姓與衆馬群、宮室而收其田禾，即『塔里牙惕』（Tarïyat）。」太祖紀亦云「掠其資財、田禾」。續編云：「掠其貲財。」皆足證舊本作「田」之爲是。

〔七〕浙本「滅」作「蔑」。

〔八〕「補」，原校：陶本作「捕」，類編作「於」。張、潘、京、涵、傅五本亦作「捕」，汪、陳、徐、何四本闕此字。何曰：後作不剌川，譯語偶殊。

〔九〕史集部族志滅里乞：脱脱六子，Tukūz 居長。

〔一〇〕「虜」原作「應」。原校：陶本作「虜」。諸本並作「虜」，「應」乃「虜」之筆誤。今據改。

〔一一〕「二」原作「三」，據諸本及文義改。何曰：後作察魯渾。顏按：部族志滅兒乞名

Qīlaūn，秘史第一百五十七節名察阿倫，互不相協，必有一是。

〔二〕王曰：和都，下文别作火都。顔按：部族志滅兒乞，和都，脱脱第三子，赤剌温，脱脱第四子，其母爲王可汗女。

〔三〕即秘史巴兒忽真脱窟木或巴兒忽真脱古木，第一百五十七、第一百七十七兩節。簡稱巴兒忽真。第一百九、一百七十七、二百四十四各節。又第八節曰闊勒巴兒忽真脱古木，義爲低窪的巴兒忽真之隘。第二百三十九節曰巴兒渾。史集作 Bargūǰin-tōgūm，又曰 Bargūǰin，謂爲 Bargūt 人生息之地。今爲一河名，名 Bargugin，在貝加爾湖東；序言 B(a)rquǰin-tukūm，其後文又作 B(a)rgučin-tukūm，可能即今貝加爾湖的主要支流巴爾古津及其著名的巴爾古津草原。而八兒忽真之隘，則指此河南部河口狹谷之地，色楞格河即經此河口而注入 Barguǰin。元史太祖紀：納真以入贅八剌忽民家，故不及於母莫拏倫及六兒之難。元史卷一三五徹里傳：成宗時，奉命同客省使拔都兒等往八兒胡之地。伯氏説：Bargūt 人，或爲鄂爾渾碑銘中之 Bayïrgu，而唐人記或譯拔曳固者。

後上與汪可汗征盃禄可汗〔一〕，至黑辛八石之野〔二〕，盡虜其民。盃禄可汗先遣也的脱不魯領百騎爲前鋒〔三〕，我軍逼之，走據高山，其馬鞍轉墜〔四〕，擒之。

校勘記

〔一〕原校：續通鑑同。元史作不魯欲罕，類編作卜魯欲可汗，以爲音相近也。

〔二〕「辛」原作「卒」。原校：元史及類編俱作「辛」。繆、趙、翁、鈕、浙、張、潘、史、汪、陳、徐、何十二本作「辛」，京、涵、傅三本訛作「新」。又趙、翁、鈕、張、潘五本無「之野」，二字當屬衍文。李、王、那珂皆曰此乃今烏倫古河所潴之赫薩爾巴什泊。顔按：突厥語 Qïsïlbaš，赤頭也，湖有赤頭魚，因以爲名。那珂實録：西使記乞則里八寺海。顔按：元史卷一四九郭德海并其父其子三傳著録西征地名，全沿襲劉郁書，作乞則里八海，遺「寺」字。

〔三〕「也的脱不魯」，「不」字，原校：陶本、元史俱作「孛」。趙、翁、鈕、張、潘五本及類編作「不」，而京、涵、傅、史、汪、陳、徐、何八本作「孛」。秘史第一百五十八節也迪土卜魯黑，史集帝紀及部族志乃蠻 Iditūqlūk",誤。剌失德説:"Idï-tūqlūk",「七旗」也,彼人取名涵義,突厥語:掌管七旗之人。伯氏説:此屬誤解,當以録及秘史爲正,"Idï-tūblūk",言有「七首級」也,非突厥語詞。

〔四〕「鞍」,原校:類編引作「騎」。

冬,上與乃蠻部將曲薛吾撒八剌二人〔一〕遇於拜答剌邊只兒之野〔二〕,日暮,列陣對宿,期明日戰。是夜,汪可汗多燃火於所陣地〔三〕,使人不疑,潛移衆〔四〕于哈薛兀里河上〔五〕。時札木合在幙下〔六〕,日出,望見汪可汗立旗幟非舊處,馳往問之,曰:「王知之否〔七〕?我昆弟如野鳥依人〔八〕,終必飛去,余猶白翎雀也〔九〕,栖息幙上,寧肯去乎?我常言之矣。」〔一〇〕部將曲隣拔都聞之〔一一〕,嘆曰:「至愛昆弟之間,何爲此言也?」和都、赤剌温因是亦叛汪可汗,歸其父脱脱所居。上見汪可汗移去,曰:「此輩無乃異志乎?」即解陣去,駐撒里川〔一二〕。

校勘記

〔一〕「薛」原作「薩」。原校：陶本、元史俱作「薛」。下同。

繆本同。餘本俱作「薛」。史集帝紀、部族志克烈均作 Kūksū-sabrāq，乃蠻志作 Kūkusūli-sprāk，略誤。但德黑蘭、倫敦、列寧格勒三本及貝烈津書作 Kūksāū，東方所本作 Kūksāū。且釋之曰，取義於「胸口疼」，謂彼有雷鳴般之聲音。秘史可克薛兀撒卜剌黑，第一百六十三節蒙古文「兀」作「古」。國朝名臣事略卷一木華黎事略引元明善東平王世家曲薛窟撒不剌，亦皆用「薛」字。王氏、那珂均言：「二人」誤譯。

〔二〕趙、鈕、張、潘四本「遇」作「過」。或說：今杭愛山南麓之拜達利克河谷。

〔三〕京、傅二本此處亦作王可汗。又「燃」字原誤「撚」，據衆本改。

〔四〕史本「衆」上有「部」字。

〔五〕「薛」原作「薩」。原校：陶本作「薛」。

繆本同此，餘本均是「薛」字，惟何校、類編作「薩」。李說：「哈」下當脱「剌」字，秘史第一百五十九節曰合剌泄兀泐或合剌泄兀勒、第一百七十七節合剌洩兀勒，可證。

〔六〕繆本同，餘本俱無「合」字，張校已增於何本之上。「幙」，趙、翁、鈕、潘、浙五本作「麾」，張、京、涵、傅四本誤「聖」，史本同，且衍「起視」二字。

〔七〕「之」，原校：陶本作「衆」。

此本同趙、翁、鈕三本，餘本作「衆」。蓋「之」譌「衆」，又作「衆」也，張本誤「中」。

〔八〕「依」本誤「衣」。據諸本改。

〔九〕「余猶」原作「餘皆」，繆本誤作「餘有」，據趙、翁、鈕、浙、潘五本及王校改。張、京、涵、傅四本譌「余有」或「予有」，汪、陳、徐、何四本誤同此本，史本改「余是」，皆非也。「雀」原作「鵲」，繆、浙二本同，依史、王二本改。徐本原作「雀」，後改「鵲」。

〔一〇〕趙、翁、潘、張、史、何六本「常」作「嘗」。鈕本誤「當」。兩字通假，詳前。

〔一一〕「隣」，原校：陶本作「憐」。

繆本同此，餘本並作「憐」。部族志克烈稱其人曰 Ubčarītai Kūrīn-bahadur，剌失德釋 Ubčarītai 義爲「紅果」，云：蒙古地方紅面龐人，常被擬如「紅果」，而此人似之。

〔一二〕原校：元史作薩里河。

諸本皆爲撒里川，適可旁證前文此本及他本作薩里河者之譌。

汪可汗至土兀剌河〔一〕，其子亦剌合鮮昆〔二〕及札阿紺孛自也迭兒按臺河來會父軍〔三〕，曲薛吾撒八剌乘其不備〔四〕，虜其部衆〔五〕，又掠汪可汗所居邊民牛馬輜重而還〔六〕。亦剌合、札阿紺孛僅以身免〔七〕，奔汪可汗〔八〕。汪可汗命亦剌合將己兵往追之〔九〕，且遣使來告曰：「乃蠻爲不道〔一〇〕，掠我人民，太子有良將四人，能假我雪怨復人民乎？」〔一一〕上釋前憾，遂遣博兒朮那顏〔一二〕、木華黎國王〔一三〕、博羅渾那顏〔一四〕、赤老温拔都四將帥兵往救之〔一五〕。比我軍至〔一六〕，亦剌合先與其將迪吉火力、亦秃兒干盞塔兀等〔一七〕二人〔一八〕追至忽剌河胡山〔一九〕，曲薛吾撒八剌迎敵〔二〇〕，擒迪吉火力〔二一〕、亦秃兒干盞塔兀二人〔二二〕，流矢中亦剌合馬跨〔二三〕，幾爲所獲。須臾，四將兵亦至，救亦剌合，大敗其衆，盡掠所奪〔二四〕，歸之汪可汗。汪可汗深感上德，謝曰：「曩以困乏來歸，荷太子切切存撫〔二五〕，今已亡之國，又奪歸之，知將何以報也？」〔二六〕

校勘記

〔一〕以上三處汪可汗名，京、傅二本皆作王可汗。又史本「至」上有「亦還」二字。

〔二〕原校：按亦剌合，此本及陶本或作「赤剌合」、「亦剌合」不一，今據元史及類編所引，俱作「亦剌合」。

此本同繆、徐、何三本，餘本「其子」作「其弟」。何本據徐校改，徐底本亦作「弟」，不作「子」也。史集與録相當章節，亦以二人爲王可汗之弟。部族志克烈等，亦剌合鮮昆爲王可汗子，而札阿紺孛則弟也。

〔三〕「自」原作「息」。原校：陶本作「自」。

京、涵、傅三本作「白」。「白」、「息」皆「自」字之譌。繆本及餘本「自」字不誤。後文甲子年伐乃蠻，太陽可汗至自按臺，亦謂此也迭兒按臺河。舊説多以色楞格河一大支流厄得兒當之，那珂別著成吉思汗実録，即秘史日文譯注本。疑其方位不符；屠氏蒙兀兒史記卷二成吉思汗紀頁十六下，乃以烏里雅蘇臺城東南之鄂疊爾河當之，於地理亦未合。考之元史世祖紀一中統元年四月紀事，阿里不哥僭號於和林城西按坦河。國朝文類卷二三閻復撰駙馬高唐忠獻王碑，記愛不花敗叛將闊不花於按擅火爾歡之地。參元史卷一一八阿剌兀思剔吉忽里傳。「火爾歡」，蒙古語 Qoroqan，小河、溪流之謂也。和林本乃鑾舊壤，是役也，適當乃鑾境内，也迭兒按臺河之與按坦河、按擅火爾歡。一地歟？二地歟？抑三地歟？

〔四〕「薛」原作「薩」，繆本同誤，依衆本改。又趙、翁、鈕、張、潘五本無「其」字。

〔五〕「虜」，原校：類編引作「鹵」。

〔六〕「又掠」原作「及」。原校：陶本作「又掠」。

繆本同誤。餘本並作「又掠」，今據改。輜重，即奥魯也。

〔七〕此本同於繆、汪、陳、徐、何五本，餘本無「僅」字。

〔八〕「奔」下，原校：陶本有「告」字。

浙本有。繆、趙、翁、鈕、張、潘六本同此本，亦無「告」字。

〔九〕「汪」字原脱，繆、史二本同。依京、傅、汪、陳、徐、何六本增。趙、翁、鈕、涵四本仍是「王」字。張、潘二本不重汪可汗名，作三字空格，當脱去。

〔一〇〕「爲」字原脱。原校：陶本有「爲」字。

繆本同此，餘本皆有「爲」字，今據補。

〔一一〕「怨」，原校：元史及類編作「耻」。

〔二〕「兒」，原校：陶本及元史諸書俱作「爾」。京、涵、傅、史、汪、陳、徐、何八本「兒」亦作「爾」。「朮」，繆、浙二本作「木」，繆校改作「朮」，趙、翁、鈕、張、潘五本作「朱」。「那」原作「赤」，繆、浙二本同，據何、王二本改。博兒朮，史集部族志雪你惕作 Būğūrjīn 那顏。

〔三〕趙、翁、鈕、潘四本「木華黎」作「木花里」。張本作「木答里」。木華黎國王，史集部族志札剌亦兒作札惕人 Mūq(a) lī-kūiānk，札剌亦兒部分十个大支，札惕(jāt)其一也。

〔四〕原校：元史本紀同，列傳作博爾忽，續綱目作博兒忽，本書下文又作博羅桓。趙、翁、鈕三本此處作博羅恒，張、涵二本「羅恒」誤「兒垣」，潘本誤「兒坦」。京本作博羅温，傅本「博」誤「惲」。此本同於史、汪、陳、徐、何五本。

〔五〕原校：四將，時號爲「掇里班曲律」。「老」，趙、翁、張、潘、涵五本作「剌」，與前後文同。鈕本脱「剌」字。

〔六〕史本作「未至」。太祖紀亦言：「師未至。」

〔七〕史本無「等」字。

〔八〕「二人」原作「三人」。原校：陶本作「二」。

趙、翁、鈕三本無此兩字，其有者，作「二」不作「三」也。繆本同此本作「三人」，但下文卻作「二人」，知作「三」者誤文也。

〔一九〕原校：陶本無「胡」字。「河」應是「阿」之譌。汪、陳、徐、何四本亦闕「胡」字，繆本有，而繆校刪此字。那珂、王氏皆明指即秘史第一百六十三、一百七十七兩節之忽剌安忽惕地面。

〔二〇〕「薛」原作「薩」，繆本同，仍依諸本改「薛」。史、徐、何、王四本同此作「吾」，餘本作「兀」。王從何本，何從徐本，但徐氏底本仍作「兀」也。

〔二一〕「擒」下，原校：陶本有「之」字。何校刪「之」字，與此本同，諸本有「之」者，衍文也。

〔二二〕「二」原作「三」。原校：陶本亦作「二」。諸本皆作「二」，不作「三」。今據改。

〔二三〕原校：元史作「胯」。浙、京、涵、傅、史、汪、陳、徐、何九本亦作「胯」。案：「跨」、「胯」互通。

〔二四〕繆、史二本作「盡奪所掠」，義長。太祖紀：「盡奪所掠歸汪罕。」續編亦云：「遂盡奪其所掠。」

〔二五〕「存撫」，繆本作「撫存」。

〔二六〕繆本無「知」字。

時聞脱脱復出八兒忽真隘〔一〕，居統烈澤，上率兵復討之。後上與弟哈撒兒討乃蠻部，至忽蘭盞側山〔二〕，大敗之。盡殺諸部種〔三〕，積其尸焉〔四〕。于是申號令還軍〔五〕，時見乃蠻勢弱〔六〕，不足慮矣〔七〕。

校勘記

〔一〕「聞」原誤「間」，「出」字原闕，均依諸本改補。諸本「八」訛「入」，且奪「兒」字，此與繆本俱佳，惟「隘」下仍當脱「之」字。

〔二〕「忽」字原脱。原校：陶本、元史俱有「忽」字。「蘭」，元史作「闌」。繆本同此本，餘本皆有「忽」字，當補。趙、翁、張三本同太祖紀作「闌」。

〔三〕原校：陶本作「衆」。

繆本同此，餘本皆作「衆」。史本「部衆」上有「將」字。

〔四〕「積」，原校：陶本作「聚」。此本同趙、翁、鈕三本，太祖紀亦言「積屍以爲京觀。」餘本作「聚其尸焉」。

〔五〕繆本無「申」字。

〔六〕繆本原作「將」，校改作「時」。「將」字義長。

〔七〕趙、翁、鈕、張、潘、浙、京、涵、傅、史十本「慮」作「念」，義長。

上會汪可汗於薩里川不魯吉崖〔一〕，發兵征泰赤烏部〔二〕，與其長兀忽阿忽出〔三〕、忽憐〔四〕、忽都答兒等〔五〕，大戰於斡難河上〔六〕，敗之。襲帖泥忽都徒思月哥察兒別吉〔七〕、塔兒忽台希憐禿〔八〕、忽都答兒，至月良兀禿剌思之野〔九〕，擒之。阿忽兀忽出、忽敦忽兒章走八兒忽真隘，忽憐奔乃蠻部。

校勘記

〔一〕浙、京、傅、汪、陳、徐、何七本仍誤作「川」爲「河」。那珂説：此秘史第九十六、一百七兩節之不兒吉額兒吉，第一百七十七節之不峏吉額峏吉。「額兒吉」或「額峏吉」(ärji)，崖岸也。尚可參同書第七十五節。位於克魯倫河源處。

〔二〕「發」原誤「登」，依諸本改。趙、翁、張、潘、浙、汪、陳、徐八本「泰」作「太」。鈕、傅二本作「大」。

〔三〕原校：「兀」，元史作「沆」。京、傅、史三本及繆校即作「沆」，續編作亢思。汪、陳、徐、何四本誤「流」，張校據太祖紀已改。本紀但稱其人爲沆忽。下「忽」字，京、涵、傅三本及繆校誤「蠻」。其人，即前出之阿忽赤拔都，而後文稱阿忽兀忽出，或曰阿忽出拔都。秘史第一百四十一節作阿兀出把阿禿兒，史集作 Ankū-qhākūǰū。列寧格勒本作 Ankā-qūhūkūǰū。剌失德釋其義爲「擁有衆多侍從之人」。

〔四〕「僯」原作「隣」。原校：陶本作「僯」。繆本同。諸本及繆校皆是「僯」字，此本下文亦作「僯」。其人即前出之忽僯拔都也。今據改。

〔五〕趙本及袁刊何本「答」誤作「塔」，繆本原作「答」，後改爲「塔」，並增「别吉答兒」四字。

〔六〕「斡」原譌「幹」，繆、浙二本同誤，據趙、翁、涵三本改。

〔七〕京、涵、傅三本「帖」作「貼」。潘、京、傅三本「徒」作「從」。京、傅二本「思」作「息」。汪、陳、徐、何四本「月」作「曰」。鈕、潘二本「哥」作「歌」。史本「吉」誤作「古」。十三字無解。伯氏説：「帖泥」或爲「襲」之賓語，即 tani 之誤譯，蒙古文中 tani 即「你們」，與 tāni 之書寫常一致焉。請參海涅士 *Woerterbuch*，ta 一辭。秘史第一百二十五、一百五十四兩節「塔泥」(tani)譯「您行」即您們，作賓格用。

〔八〕「塔」原作「答」，繆本同。據趙、翁、鈕、浙、傅五本及袁刊何本並參照上下文改正。

〔九〕汪、陳、徐、何四本奪「兀」字。陳本倒「剌思」爲「思剌」。浙本「野」作「地」。史集作 Alikūt-tūrās。伯氏説：準確寫法，當是 Älängǖt-tūrās，或 Ülängǖt-tūrās。秘史第一百四十四節有「許列兀愓」、「禿剌思壇」二辭，「許列兀愓」爲「多餘」，譯「禿剌思壇」爲「方牌有的每」。似皆有誤，實則應是 Ülängüt-turas-tur 之訛，tur 乃一與格——方位格詞尾。海涅士 *Woerterbuch* 從舊譯，解 hulegu 爲「剩餘的」，解 tulas 爲「方形盾牌」。

後哈答斤〔一〕、散只兀、朵魯班、塔塔兒、弘吉剌諸部會盟於阿雷泉上〔二〕，腰斬白馬爲誓〔三〕，欲襲我軍及汪可汗。於是弘吉剌部長迭夷遣人來告〔四〕。上聞之，遂與汪可汗發兵〔五〕，自虎圖澤〔六〕逆戰於盃亦剌川〔七〕，大敗之。

校勘記

〔一〕趙、翁、鈕、張、浙、潘、涵七本「答」作「塔」。京本仍作「哈」，亦「塔」之訛。繆校亦於「答」旁注「哈」字。

〔二〕「弘」，鄭氏塗改作「宏」，避清高宗諱也，今回改。下同。阿雷泉，趙、翁、鈕、張、潘、涵六本「阿」誤「河」，京、傅二本「雷」誤「都」。秘史第一百四十一節曰阿勒灰不剌阿，史集闕其名，然從出之哀忒鑾鐵木真一書，乃稱 Arubulack。不剌阿（bulack），泉水也。

〔三〕趙、翁二本「白馬」作「全馬」。鈕、張、潘三本訛「金馬」，餘本同此本。「全」字是，「全馬」，純色馬也。周禮考工記「玉人」：「天子用全。」鄭司農云：「全，純色也。」儀禮士昏禮注云：純，全也。是「全」、「純」互訓。見孫詒讓周禮正義卷八十，頁五下。下文抄兀兒受贈獺色全馬一節可考覽焉。

〔四〕「夷」原作「兒」。原校：元史作「夷」。

諸本皆作「夷」，祗張本誤「事」。當據改。諸家皆曰：帝之岳父特薛禪也。

〔五〕「兵」字原脱，繆本同，據諸本補。

〔六〕趙、翁、鈕三本「圖澤」訛「圖津」。潘本「圖」訛「員」，張本闕此字。史集 Qūtūn (ū?)-nāūūr，刺失德謂在斡難河近處。其説可議也。

〔七〕「刺」，原校：陶本、元史俱作「烈」。

續編同作「刺」。京、傅、史三本即作「烈」。刺失德視此爲 Būir-nāūūr，亦即本書下文盃兒澤，今之貝爾池，然盃兒非「川」，即 khr。其説亦可議也。史本無「川」字，若非奪誤，豈非有鑑於是耶？太祖紀所依與史本同源，仍作盃亦烈川。又趙、翁、鈕、張、京、涵、傅七本「逆」作「遇」。潘本原作「遇」，校書人改「逆」。

冬，汪可汗分兵由怯禄連河指忽八海牙山〔一〕，先發部衆，後成列而進。其弟札阿紺孛以汪可汗反覆不常，遂謀於渾八力、按敦阿速〔二〕、燕火脱兒、延晃火兒四人〔三〕：「我兒無寧處之心〔四〕，屠絶昆弟，常附於契丹〔五〕，觀其心性若此，終不能存我輩，亦不使國安矣。今何計處之？」〔六〕按敦阿速泄是語於汪可汗，汪可汗〔七〕令執燕火脱兒及納憐脱憐二人至帳下〔八〕，解其縛〔九〕，謂燕火脱兒曰：「吾輩由西夏而來〔一〇〕，道路飢困，相誓之語忘之乎〔一一〕？我心非汝心也〔一二〕。」唾其面，座上之人皆起唾之〔一三〕。按敦阿速曰：「余亦與此謀，不忍捨王，所以來告也。」汪可汗屢責札阿紺孛〔一四〕，曰：「汝嘗懷臭肝者〔一五〕。」札阿紺孛不安，後與燕火脱兒、延晃火兒、納憐脱憐〔一六〕、阿憐大石等俱奔乃蠻〔一七〕。

校勘記

〔一〕浙、傅二本缺「怯」字。「禄」，繆、潘二本同，餘本作「録」。京、傅、汪、陳、徐五本誤「緣」，徐校已改。京、涵、傅、史、汪、陳、徐、何八本「連」作「憐」。

〔二〕原校：陶本、元史俱作「述」。下同。

京、傅、史、汪、陳、徐、何七本亦作「述」。下句及癸亥年復見其人，各本皆作按敦阿速，而秘史第一百五十二節曰阿勒屯阿倏黑，史集曰 Altūn-āšūq。

〔三〕史、徐、何三本及王本此下有「曰」字。

〔四〕「兄」下原衍「弟」。原校：陶本無「弟」字。

繆本同此，餘本亦無「弟」字，當删。「寧」字，汪、陳、徐三本闕，何本作「善」。

〔五〕「附」原作「耐」。原校：陶本作「刷」。

繆、張、陳三本作「耐」，汪、徐二本作「刷」，史本改「愧」，何本改「奔」，皆誤。當從餘本作「附」。按：此契丹，謂西遼也。

〔六〕趙、翁、鈕三本作「何處計之」。

〔七〕「汪」字原脱，從京、傅、汪、陳、徐、何六本增。趙、翁、鈕、張、潘、涵六本仍是王可汗，而史本同此本衹作「可汗」。

〔八〕「憐」原作「隣」。原校：陶本作「憐」。下同。

此本同於汪、陳、徐、何四本。但四本倒爲「憐納」，何校已改正。繆本作「納隣」。又「脱憐」原脱，依其餘各本增此二字。史本同此本均作「隣」，請參下文，餘本俱作「憐」。

〔九〕趙、翁、鈕、張、潘五本無「其」字。

〔一〇〕「由」，原校：陶本作「自」。浙、京、涵、傅、史、汪、陳、徐、何九本及王本亦作「自」。

〔一一〕「相誓」下，趙、翁、鈕、張、潘五本無「之」字。汪、陳、徐、何四本無「乎」字。

〔一二〕張、京、涵、傅、汪、陳、徐、何八本及王本闕下「心」字。

〔一三〕「座上之人」，「之」字原脱。原校：陶本有「之」字。繆、京、浙、涵、傅、汪、陳、徐、何九本「人」上亦有「之」字，今據補。史本「起」下有「而」字。

〔一四〕史本此處汪可汗作汪罕。太祖紀同。他處多作汪罕可汗，間有一二處脱漏爲「可汗」者。

〔一五〕「嘗」原作「當」。原校：陶本作「常」。趙、翁、鈕三本作「嘗」，浙、張、潘、史、汪、陳、徐、何八本及繆校作「常」。繆、京、涵、傅四本同此本乃作「當」。「嘗」、「常」互通，「當」字實誤。今據改。又「臭肝」原作「其奸」，據趙、翁、鈕三本及王校改。京、傅二本及繆校作「臭奸」，誤下一字；張本作「具肝」，涵本作「肺肝」，皆誤上一字。餘本同此本，兩字皆誤。史集此語作「有若腐臭之肝臟與屍體。」秘史第一百五十二節作「懷著臭肝」，但以爲諸弟及衆官人譴責王罕心性險惡之語。

〔一六〕兩「憐」字原皆作「隣」，此本同於繆、史二本，當依餘本改二「隣」字。張本上一字，傅本下一字乃作「隣」。

〔一七〕「阿隣」二字原脱，依何校及伯氏説大石上增阿隣名。史集 Alīn-taysī，秘史第一百五十二節仍誤阿鄰太子。

冬，汪可汗居於忽八海牙〔一〕，時上駐于徹徹兒山〔二〕。起兵伐塔塔兒部長〔三〕阿剌忽都兒〔四〕、乞兒哈大石〔五〕、察忽兒〔六〕、斤帖木兒等〔七〕，戰于答蘭捏木哥思之野〔八〕，大敗之。

校勘記

〔一〕史集、秘史第一百四十八節皆言王可汗於 Qūbeh-qīā，或忽八合牙地面住過冬季，則冬非時間用語，原著微誤。

〔二〕「駐」下原衍「兵」字。原校：陶本作「軍」。「徹徹」原作「撒撒」。原校：陶本、元史俱作「徹徹」。

「時」字原誤「兒」，並錯於忽八海牙之下，繆本同此誤，今悉依趙、翁、鈕三本改正。「兵」字，繆本同，浙、京、涵、傅、汪、陳、徐、何、王九本亦作「軍」，趙、翁、鈕、張、潘五本無其字，當據删。「撒撒」，繆本同誤，當依諸本改「徹徹」。續編亦作徹徹兒山。後文或曰徹徹兒運都山。黄金史曰 Tonggur-čekečer。明太祖實録卷二二〇洪武二十五年八月庚申、卷二四五洪武二十九年三月甲子兩日紀事，皆著録徹徹兒山，而涉及之地曰斡難河，曰兀古兒扎河，曰兀者河，曰兀良哈秃城。斡難河，今鄂嫩河。兀古兒扎河，宋會要之骨歷札國（河），金史完顔襄傳之斡里札河，秘史之浯勒札河，今烏勒吉河。兀者河，或以爲今之烏爾遜河。兀良哈秃城，未悉與遼東志卷九外志海西西陸路最末一站之兀良河站，有無關係？此站必在呼倫池東北、額爾古納河左近。同書卷一山川志兀良河在開原城西北三千三百餘里。源出沙漠，南流河州，與洮兒河、腦温江合流，入混同江。則此兀良河似謂額爾古納河與黑龍江上游而言也。王氏定徹徹兒山爲今阿魯科爾沁旗北二百三十里之蘇克蘇魯山。見金界壕考，觀堂集林卷十五，頁二十三上。其説似是。蓋史集明言 Čāqājar 之地屬金源邊境，而哈拉哈河以外之地，固非金人勢力所及也。

〔三〕史本重「部」字，作兩句讀。太祖紀同。

〔四〕「忽」，原校：陶本、元史俱作「兀」。

浙、京、史、汪、陳、徐、何七本及繆校亦作「兀」，似是。傅本誤「元」。史集帝紀 Alāq-ūdūr、部族志塔塔兒 Alāq-aūdūr。

〔五〕史集帝紀 Qīrqān-tāyšī，名誤號不誤。部族志塔塔兒 Qīrqīr 太師。前人係滅兀真笑里徒之子，此則彼之弟也。

〔六〕「兒」字原脱，當从伯説增「兒」字。史集帝紀 Jāqur。

〔七〕史集帝紀 Giltegur。俄譯本作 Qlbgr，倫敦本作 Qlīgr，東方所本作 Qlbg，並誤。伯説：「木」字當是「兀」之訛，備一説。史本「等」下有「來逆」二字，分作二句。太祖紀：阿剌兀都兒等來逆戰，大敗之。亦見此二字。

〔八〕浙本「答」作「塔」。張、浙、潘、京、史五本「蘭」作「闌」。史集帝紀 Dālān-nemūrges。參俄譯新本一卷二册一百一十九頁、二百五十頁。秘史第一百五十三、一百七十三、一百七十五、二百〇五各節作答闌捏木兒格思，亦用「闌」字。在兀勒灰失魯格勒只惕或作浯泐灰濕魯格泐只惕，即今烏拉根郭勒與色野爾集兩河，而昔日連爲一水。以北、哈泐合河即今哈拉哈河。以南。屠敬山、箭内亘均以爲今納墨爾根河流域當之，是也。箭内説，見所撰元代の東蒙古一文。北征記、明太宗實録卷一二九、卷一三〇永樂二十二年四月庚午、六月戊午、庚申、七月戊子各日紀事及李朝實録世宗六年（即永樂二十二年）九月乙未紀事，並曰答蘭納木兒河，而明太宗實録卷七一永樂八年七月癸未紀事，又曰答蘭那木兒哥地面。

時弘吉剌部亦來附〔一〕，上弟哈撒兒居别所，從其麾下哲不哥之計，往掠之，上深切責。於是弘吉剌遂附札木合〔二〕，與亦乞剌思、火魯剌思〔三〕、朵魯班、塔塔兒、哈答斤〔四〕、撒只兀諸部會於犍河〔五〕，共立札木合爲局兒可汗〔六〕。謀欲侵我，盟於秃律别河岸〔七〕，爲誓曰：「凡我同盟，有泄此謀者〔八〕，如岸之摧〔九〕，如林之伐。」言畢，同舉足蹋岸〔一〇〕，揮刀斫林，驅衆馳馬赴我軍〔一一〕。

校勘記

〔一〕史本「亦」下有「欲」字。太祖紀：「時弘吉剌部欲來附。」

〔二〕史本「札木合」下有「部」字。太祖紀：「於是弘吉剌歸札木合部。」

〔三〕「剌」字原脱。原校：陶本、元史俱有「剌」字。

繆、潘二本同此本，餘本不奪「剌」字，今補之。參前後文。史本此部在撒只兀下。王本「魯」誤「羅」。

〔四〕趙、翁、鈕、浙、京、涵、傅七本「答」作「塔」，繆校改「答」爲「塔」。參前後文。

〔五〕「撒」，原校：元史作「散」。下同。

京、傅、史、汪、陳、徐、何七本亦作「散」。趙、翁、鈕、張、潘五本「兀」作「吾」。王本散只兀。又「犍」，鈕本誤「[illegible]」，張本誤「[illegible]」，潘本誤「捷」。京、涵、傅三本誤「揵」，汪、陳、徐三本誤「撻」。何本據太祖紀改，而本紀乃同於史本及趙、翁並此本也。秘史第一百四十一節刊河，史集 Km(Gam)河，元史召烈台抄兀兒傳堅河。今額爾古納河支流根河也。王本揵河。

〔六〕浙本無「共」字。趙、翁、鈕、張、潘、浙、涵七本「局」作「菊」。續編作「菊」。

〔七〕「別」下，原校：陶本、元史俱有「兒」字。「岸」原作「崖」。原校：陶本、元史俱作「岸」。下同。

浙、京、涵、傅、史、汪、陳、徐、何九本亦有「兒」字，乃衍文。「崖」字，繆本同，諸本俱作「岸」，今改。下句「如岸之摧」，此本仍誤「岸」爲「崖」。「舉足蹋岸」，皆可證。元史召烈台抄兀兒傳：「初事太祖，時有哈剌赤、新標點本疑爲哈答斤之誤，是也。散只兒、新本改散只兀，亦是也。朵魯班、塔塔兒、弘吉剌、亦乞列思等，居堅河之濱忽蘭也兒吉之地，謀奉扎木合爲帝，將不利於太祖。」堅河，即録之犍河，明太祖實録卷三八永樂三年十月乙丑，設堅河衛於其地。忽蘭應與此禿律別有關連，然何以彼此歧異，不得其故。「也兒吉」即 ergi，岸也。見秘史第七十五、九十六、一百〇七各節。益知「岸」字之是。王本仍作禿律別兒。

〔八〕徐、何二本「同盟」作「同謀」，而「此謀」乃作「此誓」。王校已改。

〔九〕「如岸之摧」原作「如崖之推」。「推」，原校：元史作「摧」。諸本「崖」仍作「岸」。參上校語改正。汪、陳二本作「推」字，誤同此本。徐底本作「推」，已據太祖紀改「摧」，而何本從之。京、傅、史三本又誤「權」，趙、翁、鈕、張、潘、涵六本作「摧」，不誤。

〔一〇〕此本同於汪、陳、徐、何四本，繆、張、浙、京、涵、傅、史七本「同」下有「共」字，趙、翁、鈕、潘四本作「因共」，語句爲順。

〔一一〕史本「赴」上有「來」字，太祖紀：「驅士卒來侵。」汪、陳、徐、何四本作「悉」。王本

「驅」、「馳」二字倒置。

有塔海哈者〔一〕，時在衆中，上麾下〔二〕昭烈氏〔三〕抄兀兒與之親〔四〕，往視之，偶並驅〔五〕，實不知有是謀。塔海哈以馬鞭築其肋〔六〕，抄兀兒顧〔七〕，見塔海哈目之〔八〕，抄兀兒悟〔九〕，下馬佯旋〔一〇〕。塔海哈因告以河上之盟〔一一〕，曰：「事急矣，汝何往？」抄兀兒驚，即還，過火魯剌氏也速該〔一二〕，言其事，將赴上告之。也速該曰：「我長婦之子〔一三〕，與忽郎不花往來無旦夕，我左右只有幼子及家人火力台耳〔一四〕。」因命與火力台誓而往，乘以蒼驘白馬〔一五〕，囑之曰：「汝至彼，惟見上及太后〔一六〕兼吾婿哈撒兒則言之〔一七〕，苟泄於他人，願斷汝腰，裂汝背。」誓訖乃行。中道，遇忽蘭八都〔一八〕、哈剌滅力吉台軍圍〔一九〕，爲其巡兵所執〔二〇〕，以舊識得解，因贈以獺色全馬〔二一〕，謂曰：「此馬遁可脱身，追可及人，可乘而去。」既又遇氈車白帳之隊〔二二〕，往札木合所者，隊中人出追抄兀兒，抄兀兒乘馬絶馳而脱〔二三〕，至上前，悉告前謀。上即起兵迎之〔二四〕，戰于海剌兒帖尼火魯罕之野〔二五〕，破之。札木合脱走〔二六〕，弘吉剌部來降〔二七〕。

校勘記

〔一〕京、傅二本誤「塔」爲「哈」。

〔二〕史本「上」前有「因」字。

〔三〕可知前文作「昭」者不誤也。張、京、涵、傅、史、汪、陳、徐、何九本「昭」作「照」。繆校作「召」。

〔四〕「兀」，原校：陶本、元史俱作「吾」。下同。京、傅、史、汪、陳、徐、何七本亦作「吾」。張本作「亢」，乃「兀」之譌。王曰：即前出元史立傳之召烈台抄兀兒。

〔五〕史本作：「抄吾兒偶往視之，相迎並驅。」太祖紀：「抄吾兒偶往視之，具知其謀。」

〔六〕此處浙本「哈」作「剌」，但下句不誤。袁刊何本奪「以」字。

〔七〕繆本同，校改「吾」。

〔八〕汪、陳、徐、何四本無「見」字。

〔九〕繆本「晤」，校改「悟」。

〔一〇〕「旋」，趙、翁、鈕三本誤「旅」，潘、京、傅、汪、陳、徐六本誤「施」，浙本誤「拖」，何本誤「臥」。此及繆本乃與張、涵二本及王校合。王曰：「旋，小便也。春秋傳曰：『夷射姑旋焉』。」

〔一一〕張、潘、京、傅、汪、陳、徐、何八本「以」作「之」，誤。史本「目之」以下，「因告之河上之盟」以前，十字遺失。

〔一二〕何本「過」作「遇」，誤。

〔一三〕京、傅二本誤「婦」爲「父」，汪、徐、何三本誤「長」爲「常」，陳本二字並譌，乃作「常父」。王曰：長婦之子，與下幼子對文。顏按：可參前文長母一辭。

〔一四〕「我」上原衍「在」字。原校：陶本無「在」字。繆本同此本，餘本皆無「在」字，今删。

〔一五〕史本「乘」上衍「來」字。又「羸」原作「驢」，繆、浙二本同，據趙、翁、鈕三本改。史集言：耳上生瘡之淺色馬(hing)。

〔一六〕「太」字原脱，此本原同汪、陳、徐、何四本，今從餘本改「太后」。繆校於「后」上增「太」字。

〔一七〕「吾」，原校：陶本作「我」。汪、陳、徐、何四本亦作「我」。「撒」，原譌「撤」，依趙、翁、鈕三本改。繆本作「徹」誤。

〔一八〕趙、翁、張、潘、浙、京、涵、傅、史、涉、汪、陳十二本「蘭」作「闌」。袁刊何本改「八」爲「拔」。趙、翁、鈕三本舛「都」爲「部」。

〔一九〕「滅」，原校：陶本作「蔑」。浙、京、傅、史、汪、陳、徐、何八本亦作「蔑」。「台」字原闕，繆本亦闕，從諸本增。但史本「吉台」誤「台吉」。

〔二〇〕「巡」原誤「延」，依趙、翁、鈕、張、浙、京、涵、傅、史九本改，此本誤同汪、陳、徐三本，何本作「游」。潘本原作「巡」，校者亦改「游」。繆本作「追兵」，亦通。

〔二一〕何本「贈以」誤「贈一」。但袁刊何本不誤。潘本「全馬」誤「金馬」。史本改「全副鞍馬」，强不知爲知。

〔二二〕史本「遇」作「過」。袁刊何本「氈」作「氊」。考李志常長春真人西遊記：太祖十六年辛巳三月五日，「起之東北，四旁遠有人煙，皆黑車白帳，隨水草放牧」云云。黑車白帳，即此氈車白帳。黑車或黑車子，秘史曰「合剌兀台帖兒堅」（Qara'utai tärgä[n]）或「合剌兀台帖兒格」（Qara'utai tärgän）。見秘史第六、五十五、一百、二百四十四各節。唐和解室韋便以黑車子或黑車子室韋命名，詳王氏黑車子室韋考。見觀堂集林卷十四，頁一至三。

〔二三〕史本「兀」仍作「吾」，餘本則否。且不重其名。「乘」下依諸本補「馬」字，此本闕。

〔二四〕袁刊何本脱「兵」字。王校已補。

〔二五〕王本「魯」誤「羅」。元史太祖紀、續編同作海剌兒帖尼火魯罕。史集作 Ildi-qūrqān，與元史召烈台抄兀兒傳之稱海剌兒阿帶亦兒渾者爲近似。「亦」疑爲「火」之訛。王曰：今海拉爾河並其東北一支特諾克河流域之地。

〔二六〕王本「脱走」作「遁走」。

〔二七〕「部」上原脱「剌」字，據各本補齊。請參前文。

壬戌宋理宗景定三年，金章宗泰和二年〔一〕，發兵於兀魯回失連真河〔二〕，伐按赤塔塔兒、察罕塔塔兒。〔三〕夏，頓兵避暑。比戰，先誓衆曰：「苟破敵逐北，見棄遺物〔四〕，慎勿顧〔五〕。軍事畢〔六〕，共分之。」既戰，屢勝。〔七〕族人按攤〔八〕、火察兒〔九〕、答力台三人背約〔一〇〕，上命虎必來〔一一〕、哲別二將盡奪其獲〔一二〕，散軍中〔一三〕。

校勘記

〔一〕原校：「按此注誤。理宗景定三年，爲元世祖忽必烈中統三年，金已亡。此自是太祖帖木真事，當是宋寧宗嘉泰二年壬戌，金章宗泰和二年也。」汪、陳、徐、何四本又誤泰和二年爲泰和三年。徐、張二校與鄭校同。張校且多泰和三年爲泰和二年之辨一段文字。

〔二〕史本「發兵」前多一「上」字。「兀」字，鈕、張、潘三本作「吾」。趙、鈕二本自此以下多有闕失；鈕本既與之略同，以下校語凡不著二本異同者，則係闕文所在，而鈕本佳處，實二本佳處。請參上文答蘭捏木哥思一地校語。金史卷一〇四移剌福僧傳：東北路烏連苦河猛安人。元史卷一二八土土哈傳：至元二十五年，「諸王也只里爲叛王火魯哈孫所攻，遣使告急。復從皇孫即成宗。移師援之，敗諸兀魯灰。還至哈剌温山，夜渡貴烈河，敗叛王哈丹，盡得遼左諸部，置東路萬户府」。參國朝文類卷二六虞集句容郡王世績碑及國朝名臣事略卷三樞密句容武毅王事略引閻復土土哈紀績碑。二碑，爲史傳所據。又伯帖木兒傳：至元二十五年冬，「車駕親征，駐驆兀魯灰河，伯帖木兒以兵從大夫即御史大夫玉速帖木兒。至貴列兒河，哈丹拒王師，伯帖木兒首戰卻之，獲其黨駙馬阿剌渾，帝悦，以所獲賊將兀忽兒妻賜之」。烏連苦河、兀魯灰河即録之兀魯回失連真河。哈剌温山，今大興安嶺。參本録下文癸亥年哈撒兒别居哈剌温只敦山校語。貴烈河，即貴烈兒河，今歸流河。又少保于公奏議卷八所收景泰二年五月十二日兵部爲關隘事一摺中，載遼東三萬衛舍人高能口供：「脱脱將高能等帶到臚駒河一帶趁草住劄，説到五月間，要那去兀魯骨河駐劄，離長安嶺只有十日。」長安嶺即今龍門東南之槍竿嶺。黄金史：烏訥博羅忒王(Ünebolod)殺摩里海王於Olxui。兀魯骨河或Olxui，亦此兀魯回失連真河也。

〔三〕此處秘史第一百五十三節謂：擄了察罕塔塔兒、阿勒赤塔塔兒、都塔兀惕塔塔兒、阿魯孩塔塔兒四種塔塔兒之奧魯。部族志言塔塔兒六種，而按赤塔塔兒、察罕塔塔兒各爲其一。又克烈君主 Sarïg-khān 嘗稱，按赤塔塔兒人中分七十宗支（kolen），蓋大部落也。史本此下有「二部」二字。太祖紀同。

〔四〕此同京、涵、傳、史、汪、陳、徐、何八本，餘本無「物」字。

〔五〕潘本「勿」下有「取」字。「顧」作「願」，屬下讀。

〔六〕史本「軍事」上有「俟」字。太祖紀同。

〔七〕史本分兩句：「既戰，屢戰勝。」今從。

〔八〕「攤」原作「難」。原校：陶本、元史俱作「彈」。下同。

繆校改「難」爲「灘」。「難」爲「攤」之訛，觀下文自明。其人又曰按攤折温，即十二翼戰役中之按壇也。浙、京、傳、史、汪、陳、徐、何八本亦作「彈」，但浙本「彈」下復有一「難」字。下同。

〔九〕十二翼之戰譯名同此。下又曰火察兒別吉。

〔一〇〕十二翼之戰作答里台。下又曰答力台斡赤斤或答力台斡真。

〔一一〕趙、翁、鈕、潘、浙、何六本「命」作「令」。張、京、涵、傳、汪、陳、徐七本作「合」，亦「令」之訛。此只同於史本。

〔二〕袁刊何本「哲」作「折」。

〔三〕史本「獲」上有「所」字，「散」下有「之」字。太祖紀皆同。

是秋，乃蠻盃禄可汗會滅力乞部長脱脱别吉〔一〕、朵魯班、塔塔兒、哈答斤〔二〕、散只兀諸部〔三〕暨阿忽出拔都、忽都花别吉等來犯我軍及汪可汗〔四〕。上先遣騎乘高覘望於捏干貴因都〔五〕、徹徹兒〔六〕、赤忽兒黑諸山，有騎自赤忽兒黑山來告乃蠻漸至〔七〕，上與汪可汗自兀魯回失連真河〔八〕移軍入塞〔九〕。汪可汗子〔一〇〕亦剌合居北邊〔一一〕，後至，據高嶺，方下營。盃禄可汗易之，曰：「彼軍漫散，俟其聚〔一二〕，吾悉捲之。」時阿忽出、火都二部從乃蠻來〔一三〕，與前鋒合，將戰，遥望亦剌合軍〔一四〕，軍勢不可動，遂還。

校勘記

〔一〕京、傅、涉、史、汪、陳、徐、何、王九本「滅」作「蔑」。王本「力」作「兒」。

〔二〕繆本奪「哈」字，繆校已補。京、涵、傅三本「答」作「塔」。

〔三〕「散」原作「撒」，依諸本改。繆本同作「撒」，文則倒作「只撒兀」。趙、翁、鈕、張、潘五本「兀」作「吾」，下同。

〔四〕忽都花别吉，斡亦剌部長，見下文及史集與秘史第一百四十一節。

〔五〕「望」字原脱。原校：陶本有「望」字。繆本同脱，據諸本補。陳本自「乘高」乘字以下至「自赤忽兒黑山」自字以前脱落。捏干貴因都，那珂説：「捏」上或闕「額」字，而「因」爲「列」之訛。秘史第一百四十二節曰額捏堅歸刊秃。史集闕其名。

〔六〕原奪一「徹」字，繆本同誤，依趙、翁、鈕、潘、浙五本及上文增補。

〔七〕「忽兒」原脱，繆本同，依何校及王本增，參上句。

〔八〕此處「兀」字無作「吾」者。參上文。「連」，京、傅、汪、陳、徐、何六本誤「速」，何校已改。但汪、陳、徐三本且誤「失」爲「夫」。

〔九〕「塞」原作「寨」。原校：陶本、元史作「塞」。諸本皆作「塞」，據改。何曰：所謂入塞出塞者，當指阿蘭塞也。

〔一〇〕浙、史二本作「與」。「與」爲「与」之正體，而「与」又「子」之譌文。

〔一一〕諸本「合」作「哈」。何本原作「哈」，貼去改「合」，袁刊何本仍作「哈」，張本誤「答」。

〔二〕「俟」原作「使」。原校：陶本作「候」。趙、翁、鈕、張、潘、浙、涵、涉八本作「候」。京、傅二本作「後」，亦「候」之音訛。繆、史二本作「俟」，似是，今據改。而「候」反爲其形訛，「使」又「俟」之音訛也。

〔三〕「二部」下，原校：陶本有「兵」字。繆本、袁刊何本同此本，餘本皆有「兵」字。蓮池刊何本「二部」誤「一部」。

〔四〕「亦剌合」原作「赤剌」，「亦」誤爲「赤」，並脱「合」字。原校：當作亦剌合。繆、史、何、王四本作亦剌合，今據改。餘本並誤「赤剌」。何據徐，徐底本仍作「赤剌」，已改。

亦剌合尋亦入塞〔一〕，會我軍擬戰〔二〕，置輜重它所〔三〕。上與汪可汗倚阿蘭塞爲壁〔四〕，大戰於闕奕壇之野〔五〕。彼祭風〔六〕，風忽反〔七〕，爲雪所迷，軍亂，顛溝墜塹而還〔八〕。時札木合同盃禄可汗來，中道，札木合引兵回〔九〕，遇立己爲可汗者諸部〔一〇〕，悉討掠之。

校勘記

〔一〕繆、趙、翁、鈕、潘五本「合」作「哈」。趙、翁二本「尋」下衍「所」字，鈕本有「所」字無「亦」字。

〔二〕史本無「會我軍」三字。太祖紀同。「擬戰」作「將戰」。

〔三〕「輜重」，亦謂「奥魯」也。詳上文及下文與滅兒乞劫輜重校語。「它所」上史本有「於」字。太祖紀同。

〔四〕「蘭」，原校：元史作「闌」。史本「上」字在「置輜重」之上。太祖紀同。趙、翁、張、潘、浙、京、涵、傅、汪、陳十本「蘭」作「闌」。

〔五〕「奕」原作「蠻」。原校：元史作「奕」。汪、陳、徐、何四本亦誤「蠻」，徐校亦引元史太祖紀爲説。浙、京、傅三本作「亦」，餘本作「奕」，據改。史集帝紀名阿蘭塞爲Ārāl邊塞，猶言一島之邊塞。王氏審此塞乃金源界壕鶴五河堡子之一段，説極精審。見金界壕考，觀堂集林卷十五，頁二十一至二十二。黄溍金華黄先生文集卷二四也速觧兒神道碑、也速觧兒乃速不台兄忽魯渾之孫。王惲秋澗先生大全集卷五〇兀良哈氏先廟碑銘速不台系出兀良哈氏。及元史速不台傳，皆稱阿蘭塞爲長城，稱闕奕壇之野爲闊亦檀山。金源界壕俗名長城，蒙韃備録諸書顯明言之。史集帝紀：Küitan之地，因寒氣凜冽，乃蠻盃禄可汗及聯盟各蒙古部落凍裂其手足。云云。則闕奕壇者，蒙古語Küiten，即寒冷也。參秘史第二百〇七、二百十三兩節，漢字作「闊亦田」，亦參海涅士*Woerterbuch*。王氏以今札魯特旗以南之盔騰嶺或灰騰山當之，或是也。

〔六〕即巫術「札答」也。元史太祖紀：「乃蠻使神巫祭風雪，欲因其勢進攻。」按：梁書卷五四芮芮傳：「其國能以術祭天而致風雪，前對皎日，後則泥潦横流，故其戰敗莫能追及。或於中夏爲之，則曀而不雨。問其故，以㬉云。」此漢籍記「札答」之始。俄譯新本史集一卷二册注釋，謂「札答」一詞源於突厥語動詞Jādāmaq(yādāmaq)，用札答或牙答石使雨、雪與暴風雨吹向某人或某物。蓋不然也。其語亦當本之於柔然。案：曀，天陰沈也；㬉，通「暖」。周書卷五〇突厥傳：突厥之祖，「泥師都既别感異氣，能徵召風雨」。又舊唐書卷一九五回紇傳：白元光與迴紇共破吐蕃，「迴紇使巫師便致風雪。及遲明戰，吐蕃盡寒凍，弓矢皆廢，披氈徐進」云云。酉陽雜俎前集卷一四諾皋記上：天寶初，王天運伐小勃律，「勃律中有術者言：將軍無義，不祥，天將大風雪矣。行數百里，忽驚風四起，雪花如翼，風激小海水成冰柱，起而復摧。經半日，小海漲湧，四萬人一時凍死，唯蕃漢各一人得還。具奏，玄宗大驚異。」顏按：徵召風雨，即謂「札答」也。彭大雅黑韃事略記蒙古行軍之法：「戰宜極寒，無雪則磨石而禱天。」楊瑀山居新語：「蒙古人有能祈雨者，輒以石子數枚浸於水盆中玩弄，口念咒語，多獲應驗。石子名曰『鮓答』，乃走獸腹中之石，大者如雞子，小者不一，但得牛馬者爲貴。恐亦是牛黄、狗寶之類。」南村輟耕録卷四禱雨條：「往往見蒙古人之禱雨者，非若方士然。至於印令、旗劍、符圖、氣訣之類，一無所用。惟取净水一盆，浸石子數枚而已。其大者若鷄卵，小者不等。然後默持密呪，將石子淘漉玩弄，如此良久，輒有雨。豈其静定之功已成，特假此以愚人耶。抑果異物耶，石子名曰『鮓答』，乃走獸腹中所産，獨牛馬者最妙，恐亦是牛黄狗寶之屬耳。」史集：巫術以各色石子施行。行此術者乃一康里人。

〔七〕史本空一字格，無「忽」字。太祖紀：「既而反風，逆擊其陣。」

〔八〕「顛」，原校：陶本作「填」。京、涵、史、汪、陳、徐、何七本亦作「填」，當是。

〔九〕此數語，史本作「時札木合部起兵援乃蠻，行未中道，見其敗，即引回」。太祖紀作：「是時札木合部起兵援乃蠻，見其敗，即還。」

〔一〇〕「諸部」二字原脱，依諸本增。

冬，上出塞，駐於阿不札闕忒哥兒之山〔一〕，汪可汗居於別里怯沙陀中〔二〕。是時，上與太子朮赤〔三〕求聘汪可汗〔四〕抄兒伯姬〔五〕，汪可汗之孫〔六〕禿撒合〔七〕亦求上公主火阿真伯姬〔八〕，俱不諧，自是稍疏。

校勘記

〔一〕「忒」原誤「惑」，依趙、翁、鈕、浙、史五本改。潘本誤「或」，餘本皆訛「惑」。秘史第一百八十七節阿卜只阿闊迭格兒，第一百九十一節阿卜只合闊帖格兒。史集各本皆微有差誤，俄譯新本改 Abjïqeh-qūtqr。一卷二册一百二十二頁。剌失德言：其地嘗屬弘吉剌部，日後世祖與阿里不哥爭位，交兵於此，其地乃一無水沙磧(čöl)，居民飲雪止渴，位於帖蔑延客額兒即本録後文之帖木垓川。與合勒合河之間。是時，帝及王可汗並於此駐冬焉。王氏考證，帖蔑延客額兒乃元史特薛禪傳之迭蔑可兒，與可木兒温都兒、今蝦蟆兒嶺。答兒腦兒今達里泊。爲近鄰，則阿不札闕忒哥兒山必在今烏珠穆沁東界矣。顔按：帝既出阿蘭塞而於此駐兵，則距鶴五河堡子一段界壕必不遠。王氏金界壕考，用屠氏説，鶴五河即科爾沁右翼中旗北二百六十里之鶴午河，東南流入左翼前旗界會榆河，即海拉蘇台河，榆河東南流，乃會歸流河。見觀堂集林卷十五，頁二十上至二十一上。伯希和謂其地近Khalkha附近的大興安嶺山區。J. A. Boyle 英譯本史集忽必烈汗紀：世祖與阿里不哥戰於Shimultai na'ur（析木臺）旁名爲Abjiya-Köteger（阿不札闕忒哥兒）之地。雙溪醉隱集卷二析木臺小注云：「弄兵取敗之戰所也。」「上親擊敗西北弄兵藩王于上都之北地，析木臺之西。」

〔二〕繆校及傳本作「却」，續編及餘本與此本同作「怯」。

〔三〕趙、翁、鈕、張、潘五本無朮赤名，乃舊本。

〔四〕「汪可汗」下，史本有「女」字。太祖紀同。王本亦據文義增「女」字。

〔五〕「伯」原作「百」。原校：陶本、元史俱作「伯」。鈕、浙、史、涉、汪、陳、徐、何八本作「伯」，今據改。趙、翁二本作「別」。繆、張、潘、京、涵、傳六本乃同此本作「百」，皆誤。

〔六〕原校：元史作「子」。史本亦作「子」。太祖紀同誤。

〔七〕此本同於史、何二本。雖然秘史其名同於本録，但史集帝紀曰 Tūs-būqā，疑是。

〔八〕「伯」原作「百」。原校：陶本、元史俱作「伯」。繆本同作「百」，諸本皆作「伯」，今據改。王曰：後適亦乞列思人孛徒，元史孛秃傳作火臣別吉。元史諸公主表同。

札木合聞之，往説亦剌合曰〔一〕：「吾『按答』謂太祖也。〔二〕常遣使通信於乃蠻太陽可汗〔三〕，時將不利於君〔四〕；今若能加兵，我當從旁協助〔五〕。」時亦剌合居別所〔六〕，來會父汪可汗。上族人答力台斡真斤〔七〕、按攤〔八〕、火察兒〔九〕、塔海忽剌海〔一〇〕、阿答兒斤〔一一〕、木忽兒哈檀〔一二〕、札木哈等背我還〔一三〕，且説亦剌合，説之曰：「吾等願爲汝效力〔一四〕，若討月倫太后諸子〔一五〕。」亦剌合信之。車帳相間，頓兵共謀〔一六〕，遣塞罕脱脱干言之於汪可汗。汪可汗曰：「札木合，巧言寡信人也，不足信。」亦剌合曰〔一七〕：「彼言者有口有舌〔一八〕，何爲不信？」屢遣人言之〔一九〕。汪可汗曰：「吾禁汝〔二〇〕，汝輩不從，吾身存立〔二一〕，實賴於彼，垂老遺骸，冀得安寢〔二二〕；今喋喋不已，汝曹自能爲之〔二三〕，毋遺吾憂〔二四〕。」既而有異志，悉燒我牧地〔二五〕。

校勘記

〔一〕「合」，繆本及續編作「哈」。

〔二〕繆、趙、翁、鈕、涵、史六本同於此本。但鈕本奪「祖」字。餘本此注篡入正文。張校已改正。

〔三〕繆、趙、翁、鈕、史五本「常」作「嘗」。

〔四〕史本無「時」字。太祖紀同。

〔五〕徐、何二本脱「當」字，王校已增補。

〔六〕浙本「合」作「哈」。

〔七〕「斡」，本訛「幹」，依趙、翁、鈕、涉、浙五本改。袁刊何本改「真」爲「赤」。王本同之。

〔八〕「攤」，本訛「難」，繆本同訛。當依趙、翁、鈕三本及上下文改。涉、史、汪、陳、徐、何、王七本仍作「彈」，餘本並誤「難」。

〔九〕繆本作火赤兒。

〔一〇〕浙、史、汪、陳、徐、何六本「塔」作「答」。袁刊何本奪「海」字，王校已補。前文之近侍塔海也，忙兀部人。

〔一一〕「阿」原作「剌」，從趙、翁、鈕、潘、浙五本改。王本以「剌」字屬上讀，誤。鈕本「答」誤「塔」。參上十二翼之戰阿答兒斤部校語。

〔一二〕鈕、張二本「檀」作「擅」，當誤。王校：前文之木忽兒好蘭。史集帝紀：尼倫人中Hadargin領袖Mūqūr-qūran，可證也。

〔一三〕繆、浙二本「合」作「哈」。浙本「背」上有「皆」字。「還」，涵本作「逃」，張、京、傅三本作「迢」，汪、陳、徐、何、涉五本作「追」，皆誤。史本改「歸」，刪「且説」二字，屬下句。太祖紀「會答力台、火察兒、按彈等叛歸亦剌合」云云。

〔一四〕原校：陶本無「汝」字。京、涵、傅、汪、陳、徐、何七本亦無「汝」字。張本誤「汝」爲「之改」二字。史本改「君」字，太祖紀同。何本誤「效」爲「功」，王校已改。

〔一五〕潘本校者改「若」爲「共」。史本删此字。何本依元史太祖紀於「若」上增「佐」字，王本從之。太祖紀云：「我等願佐君討宣懿太后諸子也。」

〔一六〕徐、何二本「頓」作「爲」，王校已改。

〔一七〕「合」，浙本作「哈」。

〔一八〕鈕本作「有舌有口」。趙、翁二本作「舌有口」，脱一「有」字。

〔一九〕王本訛「遺」爲「使」。

〔二〇〕繆本同此，餘本「吾」作「我」。又「汝」字原脱，據諸本補。

〔二一〕史本作「吾身之存」。太祖紀全同。張、涵二本「存立」作「有立」，王本誤「成立」。

〔二二〕何本「冀」作「莫」。張本作「魚」，亦「冀」之譌也。餘本俱作「冀」字。王校已改。

〔二三〕「自能爲之」四字原闕，依諸本增。浙、史、汪、陳、徐、何六本「曹」作「當」。王本倒此句作「汝當能自爲之」。

〔二四〕元史太祖紀改「遺」爲「貽」，是也。汪、陳、徐、何四本「吾」作「我」。王本從之。

〔二五〕袁刊何本脱「有」字，譌「地」字爲「也」字，王氏校本均已補正之。繆本「我」作「吾」。

癸亥春〔一〕，汪可汗爲詐計曰〔二〕：「彼前者嘗求婚於我〔三〕，我不從〔四〕。今宜許之，候其來宴定約〔五〕，必擒之。」遂遣不花台乞察來請〔六〕。上率麾下十騎往赴之，宿於滅里也赤哥帳中〔七〕。越明日〔八〕，與滅力也赤哥謀〔九〕，使回汪可汗〔一〇〕，語曰〔一一〕：「我牧群羸弱，方滋息之〔一二〕，今命一人往赴宴足矣〔一三〕。」既遣使，上即還〔一四〕。

校勘記

〔一〕史本作「癸亥年」。

〔二〕「計」原作「訐」。原校：陶本作「計」。諸本皆作「計」。趙本誤「詐」。詐計，即詐謀，詐數。

〔三〕「前」下原有「來」字，從諸本刪。繆、張、潘、京、涵、傅六本「嘗」作「常」。

〔四〕涉本及袁刊何本皆不重「我」，王校已增。

〔五〕此本同於張、涵二本，汪、陳、徐三本「候」誤「後」，餘本作「俟」。但京、傅二本誤「矣」。「定約」，元史太祖紀：「請來飲布渾察兒。」原注：「布渾察兒，華言許親酒也。」史集帝紀作 būlǰr，秘史第一百六十八節作「不兀勒札兒」（Bu'ulǰar），譯「許婚筵席」、「許嫁筵席」或「定婚筵席」。參海涅士 *Woerterbuch* 一書，Bu'ulǰar 一辭。元曲拜月亭步步嬌曲：「把這盞許親酒又不敢慢俄延。」沿其制焉。

〔六〕史集帝紀 Būqada(i)-qïjat，與録相當，秘史第一百六十八節不合台、乞剌台，各爲一人，疑誤。京、傅二本「請」下有「上」字。王校及繆校補。

〔七〕「滅」，原校：蜀按「陶」字舛也。本作「蔑」。下同。浙、京、傅、史、汪、陳、徐、何八本亦作「蔑」。下同。「也赤」原脱，當據下句及王校增此二字。諸家考證，無不以爲即元史伯八傳，伯八之祖明里也赤哥也。其人，察剌海之子，而帖卜騰格里之父，晃合丹氏。

〔八〕史本無「越」字。

〔九〕徐、何二本「與」誤「有」。此作「力」而彼作「里」，必有一誤。

〔一〇〕史本「使」上有「遣」字。

〔一一〕王本脱「語」字。

〔一二〕繆本同作「滋」，餘本作「從」。「從」、「縱」古今字。「息」，張、京、涵、傅、汪、陳、徐、何八本誤「思」。王氏未校。

〔一三〕原校：「今」，陶本作「合」。此同繆、潘二本，趙、翁、鈕三本無「今」字，是也。餘本亦作「合」，皆「命」之衍文。「往」原作「彼」，從趙、翁、鈕、潘四本改。史本乃删此字。顏案：「今命一人，彼赴宴足矣。」二句讀，亦可通，且較順。

〔一四〕王本「還」作「回」。

時汪罕可汗近侍也可察合闌者〔一〕，聞徒圖上謀〔二〕，歸語其妻，因曰〔三〕：「人若有泄此言于上〔四〕，當何如哉〔五〕？」其子亦剌罕止之曰：「此無據之言〔六〕，恐他人以爲實。」也可察合闌牧馬者乞失力供馬湩適至〔七〕，微有聞〔八〕，問其弟把帶曰〔九〕：「適所議者何事？汝知否〔一〇〕？」把帶曰：「不知。」察合闌次子納隣坐帳外〔一一〕，方礪鏃，聞之，罵曰：「割舌者，適我不言乎？今事已然〔一二〕，當禁誰口也？」〔一三〕把帶謂乞失力曰：「我今已知矣〔一四〕，可因赴上言之〔一五〕。」遂入己帳治行〔一六〕，止有一羔，殺之，拆臥榻煮熟〔一七〕，夜馳見上，告其謀曰：「汪可汗將圖太子，其計定矣。」

校勘記

〔一〕此本惟是處王可汗稱呼與史本同，但繆本仍是汪可汗，則「罕」爲旁注字之混入者。鈕、徐、何三本「闌」作「蘭」。下同。

〔二〕「徒」，諸本皆無此字，疑衍。

〔三〕「因歸語其妻曰」，繆本如此，尤順。

〔四〕「人若有」，王本倒作「若有人」。「泄此言」，張、潘、涵、史、汪、陳、徐、何、王九本作「言泄此」。京、傅二本同，且倒「於」字在「此」字上。「于上」原作「于王」，從諸本改。

〔五〕何本「當」誤「賞」，京本誤「書」。汪、陳、徐、何四本「如」作「我」，並錯在「何」字上，餘本「何如」並作「如何」。王校即改作「如何哉」。此本同翁本。趙、鈕二本闕「如哉」二字。

〔六〕原校：陶本作「言之」。汪、陳、徐、何四本亦作「言之」。

〔七〕張、潘、京、涵、傅、汪、陳、徐、何九本「力」誤「月」。京、涵、傅三本並「者」字失之。汪等四本有「者」字，無「乞」字。徐校據元史太祖紀增「乞力」於「失」字上，「月」字遂屬下句矣。何本一如徐本。不知太祖紀源於史本，既倒「失力」爲「力失」，又改「月」字爲「日」字。凡此王校均已改正。續編同此本作乞失力。史集帝紀 Qïšlïq，术外尼世界征服者傳：KSLK（或 KŠLK），國朝文類卷二五劉敏中哈剌哈孫碑：「其族爲斡羅那氏，襲號『答剌罕』，曾祖考諱啟昔禮。」參元史卷一三六哈剌哈孫傳。哈剌哈孫，於世祖與阿里不哥爭位時，站在世祖一邊。長春真人西遊記吉息利，秘史第五十一節乞失黎黑、第一百六十九、一百七十、一百八十七、二百二、二百一十九各節乞失里黑，請參王氏校語。

〔八〕汪、陳、徐、何、王五本「聞」上有「所」字。

〔九〕何曰：元史木華黎傳作拔台，秘史第一百六十九節作巴歹。續編作拔歹，术外尼世界征服者傳作 Bada。顏按：元史世祖紀辛亥年曰「邢州有兩答剌罕」、中統三年四月庚寅曰「命怯烈門、安撫張耕分邢州户隸兩答剌罕」，謂此乞失力、把帶。擁戴忽必烈之兩答剌罕亦此二人。

〔一〇〕張、京、涵、傅、史、汪、陳、徐、何、王十本「汝」作「該」，誤。

〔一一〕「闌」，鈕、汪、陳、徐、何五本作「蘭」。袁刊何本及王本作「闌」，與此及別本同。

〔一二〕「隣」，鈕、潘、京、涵、傅、汪、陳、徐、何、王十本作「憐」。

〔二〕史本改「然」爲「泄」。

〔三〕秘史第一百六十九節:「恰纔咱説的話,這當取舌的,家人每的口止當得誰?」「當禁」之「當」,與「止當」之「當」,同義。

〔四〕諸本無「已」字。

〔五〕張、涵、何三本「因」作「同」,何校即主此説,已改。趙本作「目」,翁本無字,鈕、潘二本作「自」,餘本同此本。史集帝紀:彼等二人急速報信於帝。秘史第一百六十九節,乞失里黑聽得這話,遂去説與巴歹:「今我兩箇告與帖木真去。」言二人,言兩箇,則「同」字或是。

〔六〕原作「遂入已帳話行」,此及繆本「話」字下皆有小注云:「原『治』字。」可證二本之祖本乃經修訂者留此一絲跡,供人尋覓。趙、翁、鈕、潘四本作「治」,張本作「活」,亦「治」之訛。謂治行裝也。餘本盡作「話」,非原注也。史本改「已帳」爲「臥帳」,「治行」爲「卜行」。

〔七〕「拆」原作「折」,依鈕、浙、陳、何四本改。王本「臥榻」上有「所」字,史本「煮熟」下有「食之」二字。

上聞之，止軍於阿闌塞〔一〕，急移輜重於失連真河上游〔二〕，遣折里麥爲前鋒〔三〕，自莫運都兒山之陰行〔四〕。汪可汗亦領兵自莫運都兒山陽〔五〕，由忽刺阿卜魯哈二山而來〔六〕。時有大出、也迭兒二人者〔七〕，因牧馬，見汪可汗軍至，亟來告。上時移軍合闌只之野〔八〕，未及爲備，日啣山，即整兵出戰，先敗朱力斤部衆〔九〕，次敗董哀衆〔一〇〕，又敗火力失烈門太石衆〔一一〕，進逼汪可汗護衛〔一二〕。其子亦刺合馳來衝陣，我軍射之中頰〔一三〕，其勢大挫，斂兵而退〔一四〕。上亦將兵至斡兒弩兀遣忒哥山崗〔一五〕，軍凡四千六百騎，沿哈勒合河順進，分爲兩隊〔一六〕。上親將二千三百騎行河南岸〔一七〕，兀魯兀〔一八〕、忙兀二部將二千三百騎行河北岸〔一九〕。上以弘吉刺部先爲婚親〔二〇〕，遣使謂其長帖木哥阿蠻部曰〔二一〕：「汝若來順，則女子面容、外甥姿質俱在〔二二〕；不然，則加兵于汝矣。」遂行〔二三〕，至董哥澤〔二四〕、脱兒合火魯合之地駐軍〔二五〕。

校勘記

〔一〕原校：元史作「闌」。

繆、鈕、史、徐、何、王六本亦作「蘭」。趙、翁二本誤「阿」爲「何」，鈕、張、潘三本誤「河」。參上文。

〔二〕「游」原作「急」，此本同於繆、汪、陳、徐、何五本，依其餘各本改。或作「斿」，作「遊」。史本作兀魯回失連真河上游，仍用全稱。輜重，詳前校。

〔三〕按：「爲前鋒」即爲探馬赤也。

〔四〕「自」，此本同於汪、陳、徐、何四本，餘本作「並」。莫運都兒山，原闕「山」字，依諸本增。王校用丁謙説，以爲烏珠穆沁右翼旗之三因温都山。

〔五〕京、涉、汪、陳、徐、何六本及此本作汪可汗，餘下各本皆是王可汗。「亦」字，趙、翁二本誤「二」。

〔六〕「由」字原闕，據繆、浙、傅三本補。「阿」原作「河」，王校改「河」爲「阿」，舉秘史第一百七十節忽刺安不魯合惕爲證。顔按：史集帝紀Khūlān-brqāt，秘史或曰忽刺安不兒合惕、忽刺安孛魯合惕、忽刺安不剌合惕，參海涅士*Woerterbuch*，Hula'an及Burhasun二辭，譯言「紅榆」，蓋以紅榆叢生而著稱焉。在莫運都兒山前，距失連真河、答蘭揑木格思及合蘭只皆近，王氏以爲今三因温都山西之呼魯呼兒河，一名巴魯古爾河，即所謂忽刺安不魯合惕也。二山，誤譯。史本「河」下衍「北」

字。京、傳二本無「來」上「而」字。

〔七〕「大出」，此本同繆、鈕二本，餘本作太出。何本「時」作「近侍」。史集帝紀 Tāi čū Jbkītāi-aidr，二人乃 Ăljītai-noyan 之伴當。秘史第一百七十節無大出名，且誤赤吉歹牙的兒即 Jbkītāi-aidr 也。爲兩人。云阿勒赤歹即 Ăljītai-noyan。之牧馬者。

〔八〕張、浙、京、涵、傳、汪、陳七本「合」誤「令」。繆、鈕、徐、何、王五本及續編「闌」作「蘭」。即下文之合闌真沙陀。

〔九〕京、傳二本誤「斤」爲「今」。繆本無「衆」字。何曰：秘史一百七十節作只兒斤。顔按：史集部族志克烈：Jirqin 乃克烈諸部中一受尊敬且英烈之部落。

〔一〇〕史本及王本「衆」上增「部」字。

〔一一〕「烈」字原脱。原校：陶本、元史有「烈」字。

繆本同此，繆校補「烈」字。京、涵、傳、涉、史、汪、陳、徐、何九本不脱「烈」字，今據補。但汪、陳、徐三本闕「失」字，徐氏已據元史太祖紀校正，故何本從之。史本「太石」上有「部」字。太祖紀同，但無「太石」二字。失烈門，「銅」也。參海涅士 *Woerterbuch*，Širemun 一辭。火力，乃一稱號，參前文「察兀忽魯」一詞。

〔二〕史本改「進逼汪罕可汗，又敗之」兩句。太祖紀作：「最後與汪罕親兵遇，又敗之。」按：親兵即護衛，亦即所謂「怯薛」也。京、涵、傅三本訛「衛」爲「傳」字。

〔三〕「我軍」原作「戎車」。原校：陶本作「我軍」。繆本同誤。趙、翁、鈕、張四本「我」亦誤「戎」，但「軍」字不誤。今據餘本改。又潘本「頰」作「額」。趙、翁、鈕三本作「類」，京、傅二本作「煩」，皆不可通。史集帝紀：矢傷其頰。「頰」字是。

〔四〕趙、翁、鈕、張、潘五本「退」作「止」。

〔五〕繆、鈕、張、潘、浙、京、涵、傅、汪、陳、徐、何十二本「斡」作「幹」，史本誤「澣」。翁本「兒」作「而」。鈕、潘、浙三本「弩」誤「拏」。張本「遣」誤「遺」。京、涵、傅、涉、汪、陳、徐、何八本「忒」誤「惑」。王校亦言「遣惑哥」當作「遣忒哥」。此下文甲子年伐乃蠻一役之哈勒合河建忒垓山也。秘史第一百七十五節稱合泐合因斡峏訥屼因客勒帖該合打，第一百九十一、一百九十二兩節作合勒合因斡兒訥兀因客勒帖該合答。譯言之，合勒合河之斡兒訥兀地方之客勒帖該峰也。合勒合河，即下句之哈勒合河，金史夾谷清臣傳之合勒河，今與貝爾湖相連接之哈拉哈河。史集帝紀稱 Qltā[ga]ī-qdā，謂在 Aūr 河畔，近今塔察兒大王所居，兼爲一河并一山之名。Aūr 河，自是本書之斡兒砮兀，秘史之斡兒訥兀，史集微有誤。請參那珂氏實録一百八十九、二百三十三、二百三四、二百三十七頁。

〔一六〕趙、翁、鈕三本無「爲」字。但三本「隊」譌「墜」。

〔一七〕潘本「二千」誤「三千」。汪、陳、徐、何四本「三百」誤「二百」。

〔一八〕繆本同此，餘本下一「兀」字並作「吾」。但趙、翁、鈕三本闕「魯」字。

〔一九〕「兀」原誤「兒」，繆、浙二本同誤，依趙、翁、鈕三本及沈校改。張本作「無」，亦「兀」之音譌。但趙、翁二本誤「忙」爲「恾」。

〔二〇〕「弘」字原脱。原校：陶本有「弘」字。

諸本皆不闕「弘」字，今據補。「婚」字，趙、翁、鈕三本作「姻」，是也。

〔二一〕史本無「部」字，與王校合。王校：末「部」疑衍。且主其人即金史宗浩傳之廣吉剌部長忒里虎。史集帝紀：弘吉剌部長與其首領中之 Trk eh-āmāl。秘史第一百七十六節：翁吉剌惕種的帖兒格阿蔑勒等，但誤爲二人。「木」字疑誤。

〔二二〕奇渥溫部與弘吉剌部世代姻親，互爲甥舅，故有此二語。徐、何二本「面」誤「而」，王校已改。

〔二三〕史本「行」作「還」。太祖紀：「帝亦將兵還至董哥澤駐軍。」

〔二四〕原校：元史同，類編作「歌」。鈕本亦作「歌」。鈕本作凡「哥」字俱作「歌」。

〔二五〕史本「火」作「虎」。何、王二本「魯」作「兒」。

上遣使阿里海〔一〕，致責於汪可汗曰〔二〕：

校勘記

〔一〕趙、翁、鈕、張、潘五本及續編「里」作「兒」，但趙、翁二本「海」誤「河」。後甲戌年檢視金中都帑藏之阿兒海哈撒兒也。

〔二〕「致」原作「政」。原校：陶本、元史作「致」。繆、徐、陳、何四本亦誤「政」，徐氏據元史太祖紀已改，而何本從之，繆校亦改，餘本皆不誤。

吾合大軍駐董哥澤間〔一〕，草盛馬肥，謂父汪可汗言之〔二〕：昔汝菊律可汗嘗謂汝〔三〕，吾兄忽兒札忽思盃禄可汗之位不我與〔四〕，自奪之〔五〕，汝又殺諸昆弟〔六〕，詐言太帖木兒太石〔七〕、不花帖木兒輩不知所存。是故菊律可汗逼汝哈剌温之隘〔八〕，汝窮迫無計〔九〕，僅以百騎來歸我先君〔一〇〕，我先君率兵偕汝以雪先耻〔一一〕，而泰赤兀部兀都兒吾難〔一二〕、八哈只二人助兵幾許不可知〔一三〕。其時，道經哈剌不花出谷之上〔一四〕，又出阿不札不花哥兀之山〔一五〕，又踰秃烈壇秃零古〔一六〕、盞速壇盞零古〔一七〕、闕群隘〔一八〕、曲笑兒澤〔一九〕，跋涉重險，始至其境〔二〇〕，適值彼凶年〔二一〕，得穿其國〔二二〕。拔菊律可汗〔二三〕，時間避我於塔剌速野〔二四〕，我又逼之〔二五〕，僅以數十騎遁走河西之國，不復反矣〔二六〕。我先君盡以土地人民歸於汝〔二七〕，由是結爲按答，我故尊汝爲父〔二八〕。此我有造於汝一也。

校勘記

〔一〕諸本「吾」作「我」。王校改「合」爲「今」，似是。潘本「駐」作「至」。

〔二〕「謂」字原闕。原校：陶本作「謂」字。按此處疑有闕文。汪、陳、徐三本作「謂」，繆校增「謂」字，何本作「興」，餘本作「謂父」，此本所闕者一「謂」字耳。王本從何本。浙本作汪可汗。

〔三〕原校：「律」，上作「兒」。

上一「汝」字，趙、翁、鈕三本作「與」。史、何、王三本「汝」下且有「叔父」二字。潘、京、傅、涵、史五本「菊律」作「菊兒」。王本據改。史本後一「汝」字下有「曰」字。續編作「昔汝菊律可汗謂汝」。

〔四〕「吾」，原校：陶本作「我」。

此同繆本，餘本皆作「我」。又「不我與」，潘本作「不與我」。顏按：史集部族志塔塔兒作 Qūjāǧūš-būirūq-khān，妻名 Tūrehq(a)im(i)š（脱劣海迷失），乃合只兒汗（Qājīr）之姊妹。並參部族志克烈。

〔五〕趙、翁、鈕、潘四本「奪」下有「取」字。

〔六〕「又」原作「必」，繆、汪、陳、徐四本亦作「必」，餘本及繆校作「又」。張本作「有」，亦「又」音訛。餘本是。

〔七〕此名前一「太」字原脱，「石」作「后」，當從諸本及王校改太帖木兒太石。史本亦脱「太」字，並奪「兒」字。鈕本上「太」作「大」。翁、浙、京、傅、史五本亦誤「太石」爲「太后」，汪、陳、徐三本僅一「后」字，何本又訛作「及」。史集部族志塔塔兒：台帖木兒和太師（Taisi）誤作二人，然部族志克烈不誤。

〔八〕潘、京、涵、傅、史五本及繆校「律」仍作「兒」。潘本上下文及此處原作「力」，皆爲校者改「兒」字。王本此處作「菊律」，未改。哈剌温，詳下文。

〔九〕「迫」原作「逼」。京、涵、傅三本亦作「逼」，餘本作「迫」是也。續編亦作「迫」。

〔一〇〕京、涵、傅三本「僅」作「遂」。張本誤「墜」。

〔一一〕潘本不重「我先君」三字。史本脱「先」。「先耻」，諸本「先」作「前」。

〔一二〕趙、翁二本「而」作「以」，「泰」作「太」。何本闕「兀部」，京、傅二本「部」譌「却」。京、傅二本「兀都」譌「元帥」。沈氏、那珂皆曰秘史第一百七十七節只作忽難。

〔一三〕八哈只，「只」字原脱。原校：陶本有「只」字。繆本亦無「只」字，餘本皆有此字，當補。此同涉、汪、陳、徐、何五本，餘本「哈」作「合」。王曰：秘史作巴合只。史集帝紀二人名亦曰 Ūdūr-qūnān、Bū(ā)qāǰī。又「許」原作「計」，據涉、何、王三本改。

〔一四〕「出」，原校：疑「山」字。京、傅二本無「道經」二字，涵本無「經」字。張、京、傅三本「哈」作「吟」。張本「吟」字在「道」之下，「經」之上。潘本「出谷」作「谷出」，皆誤。王校改「出」爲

「山」，與鄭意合。余謂「出」者「川」之音譌也。詳下文。

〔一五〕趙、翁、鈕、張、潘、浙、涵七本「阿」誤「河」，京、傅二本誤「何」，且倒在「出」字之上。張本「花」誤「答」。史本「山」作「上」。

〔一六〕秃烈壇秃零古，原作「烈秃壇零古」。「烈秃」，原校：陶本作「秃烈」。且下一「秃」字乃脱。原校：陶本有「秃」字。

〔一七〕盞速壇盞零古，上「盞」字原作「盡」。上「盞」字，原校：陶本作「盞」。下「盞」字，原校：陶本無「盞」字。

涉、汪、陳、徐、何五本亦無「盞」字，與鄭氏所校説郛本同，餘本作秃烈壇秃零古、盞速壇盞零古，今據改。翁本下「壇」字作「檀」，鈕本兩「壇」字並作「檀」。史本「烈」作「列」，又闕「盞速壇」三字。顔按：史集窩闊台汗紀稱太宗冬獵於汪吉河側之不連古(Bülengü)與者鄰古(Jelingü)山。是秃零古即 TWLWNKW，而盞零古即 JALYNKW 也。

〔一八〕此地復見於太宗庚寅年。

〔一九〕「皃」字原脱，今據諸本補。汪本亦脱「皃」字，張本「笑」誤「矣」。

〔二〇〕徐、何二本「始」作「使」，誤。王校已改。那珂改「便」，亦誤。史集帝紀稱：復經過一處名爲 Qrābūqā 之地方與草原，又稱穿過一處名爲 Tūlātān-tūlān-kūtī 以及 Tūlātān-tūlān-kūī 之地方，再踰過 Q ʔčāk 高崗，而出至一處名爲 Kūsāūr-nāūūr 之地方。云云。Qrābūqā，自是録之哈剌不花，草原即川原，録多以「川」字代之。Tūlātān-tūlān-kūtī，自是録之秃烈壇秃零古，而 Tūlātān-tūlān-kūī 顯見係衍誤，應據録之盞速壇盞零古改之。俄譯新本一卷二册一百二十七頁，即舉此以證其失。Q ʔčāk，伊斯坦布爾本作 Q ʔčāk，列寧格勒本作 Q ʔǰāl，貝烈津書作 Qbčāl，似是矣。實則只當闕群隘之「隘」字。與録之闕群隘相當。因疑史集此名前半部有闕失。而 Kūsāūr-nāūūr 爲録此處之曲笑兒澤，而前文別譯之曲薛兀兒澤也。唯阿不札不花哥兀之山，或「之上」。不見史集，蓋遺落之矣。

〔二一〕「適」字原脱，今據諸本增。

〔二二〕「得穿其國」上原衍「親征記」三字，今删。「穿」原誤「窮」，此本同繆、涉、汪、陳、徐、何、王七本，餘本「窮」作「穿」，當據改。

〔二三〕此本同繆、京、傅三本，亦作「拔」，史本無此字，王本亦疑爲衍文而删之。餘本作「枝」。余按：「枝」乃「拔」之訛，而「拔」又「搜」之誤也。潘、浙、京、涵、傅、史六本菊律仍作菊兒。潘本原亦是「律」字，校書人改「兒」。

〔二四〕「速」字原脱，繆本同，據諸本補。「間」，京、涵、傅三本作「聞」。徐本作「問」，史本無此字。涉、何二本作「間之」，王本同，但脱「時」字。「塔」，涉、京、涵、傅四本作「答」。「剌」，潘本作「列」。余疑「野」上復奪「之」字，本書前文即作塔剌速之野。史集帝紀：彼時搜索爾叔菊律可汗。菊律可汗駐扎 Qūrbān-tlāsūt，自該地加以驅逐，並擊敗之。未悉率衆二十人，抑爲三十人遁逃，去至河西之地，自此再未得出，亦未嘗露面。云云。秘史第一百七十七節作忽兒班帖列速惕，譯言三帖列速惕也。間避，猶言遠避。

〔二五〕「我」原作「人」，依諸本改。

〔二六〕繆、王二本「反」作「返」。

〔二七〕涉、汪、陳、徐、何、王六本同此本，餘本「以」下有「其」字。但鈕本「其」字錯在「我有造於汝一也」句上。

〔二八〕趙、翁、張、潘、浙、京、涵、傅、史九本「故」作「固」。「固」、「故」相通，本然之辭。汪、陳二本誤「過」，徐本又誤「逼」，涉、何二本作「遂」，王本改「因」，均非也。

又曰〔一〕：父汪可汗〔二〕，汝其時，如埋雲中〔三〕，如没日底。汝弟札阿紺孛居漢塞之間〔四〕，我發聲轟轟以呼之〔五〕，舉帽隱隱以招之〔六〕。彼其聞我呼，見我招，遠來投歸〔七〕，我乃登山而望〔八〕，倚廬而待其至〔九〕。又爲三部蔑力乞所逼〔一〇〕，我以其遠來，肯令死之也〔一一〕？所以吾殺兄誅弟〔一二〕，此謂誰？薛徹別吉〔一三〕爲我兄〔一四〕，大丑乞魯爲我弟〔一五〕。是我有造於汝二也。

校勘記

〔一〕趙、翁、鈕三本「又曰」上衍「一」字。

〔二〕此同繆、涉、汪、陳、徐、何、王七本，餘本作王可汗。史本仍作汪罕可汗。浙本無「父」字。

〔三〕潘本「汝」在「其時」下，且奪「如」字。汪、陳、徐三本「如」仍作「汝」，徐校已正其失。曰：「疑作『汝』。」繆本「雲」作「雪」。

〔四〕「汝」原誤「女」，依諸本改。此是筆誤，非兩字通假也。按：史集帝紀以契丹此指中國，實謂金之境內，習慣若是。之 Jāuqūt 地方當此漢塞。俄譯者謂爲秘史第二百八十一節之「札忽惕」旁譯「金人每」一辭。其説良是。元史太祖紀以「金境」二字代此漢塞，義亦安妥。考至元譯語，漢兒曰「扎忽歹」。顔按：此已以Jaūqūt當漢矣，誌之。邵循正先生説：元史世祖紀爪忽都之地，即此。秘史札忽台、札兀惕忽里、察兀惕忽里等名，皆自此出。竊意此即「糺」字，「糺」字應讀如「札」或「查」。史集忽必烈汗紀之所謂「札忽惕諸軍」，猶元史太祖紀所云：木華黎「將蒙古、糺漢諸軍」之糺漢軍也。見所撰剌失德丁集史忽必烈汗紀譯釋，載清華學報十四卷一期七十九頁。史集忽必烈汗紀：忽必烈在哈剌温只敦駐蹕。泛指其漢塞前後諸宫帳。元史卷四世祖紀一辛亥年六月云「南駐爪忽都之地」，地屬汪古糺。近人所謂爪忽都即金蓮川，然世祖諸斡耳朵實不限於金蓮川一隅，在上都之地。

〔五〕趙、傅、涉、汪、陳、徐六本「呼」誤「乎」。翁本誤「平」，汪、陳、徐、何四本無「之」字。何本「以呼」誤「以手」，且錯在「之」字下，與「舉帽」句相聯。袁刊何本下「轟」字再誤「之」字。

〔六〕「以」原作「而」，據趙、翁、鈕、潘四本改。鈕本「招」誤「拒」。

〔七〕「遠來投歸」原作「速來投我」。「速」，原校：陶本作「遠」。繆本「我」作「歸」。諸本皆作「遠」，今據改。「我」字，當依諸本改「歸」。殆涉下句而誤。潘本脱「投」字。顔按：下句言「我以其遠來」，「速」别作「遠」者，是也。

〔八〕汪、陳、徐三本「登」誤「發」。

〔九〕袁刊何本「盧」誤「店」。潘本脱「倚盧」二字。

〔一〇〕原校：上作滅里乞，元史同。繆、張二本作滅力乞，趙、翁、鈕、張、潘、涵六本仍作滅里乞，餘本作蔑力乞，京、涵、傅三本「三」訛「王」，浙本作「一部」，繆本作「二部」。史本作「蔑里乞部人」，太祖紀同。此本奪「乞」字，當補。

〔一一〕潘、史二本「肯」誤「旨」。趙、翁、鈕、潘、浙五本「也」作「耶」。此處「也」讀如「耶」。

〔一二〕「吾」原作「告」。原校：疑作「吾」。趙、翁、鈕、潘、浙五本適作「吾」，與鄭説合。張本誤「吉」，餘本亦訛「告」。

〔一三〕「薛」原作「薩」，依諸本改。「吉」原作「望」，繆本同，趙、翁、鈕、張、潘、浙、涵七本作「里」，京、傅、涉、史四本作「及」。汪、陳、徐、何、王五本無此字，「里」乃「吉」之形譌，「及」則「吉」之音譌，太祖紀本於史本，作薛徹別及，新標點本失校。王校改「吉」，是也。

〔一四〕「爲我」二字原倒誤「我爲」。原校：疑作「爲我」。

趙、翁、鈕、張、潘、涵、浙七本適作「爲我」，與鄭説合。京、傅、涉、汪、陳、徐、何、王八本無「爲」字，且誤「兄」作「弟」。王校已改，但仍闕「爲」字。

〔一五〕何本同此本作大丑，繆、趙、鈕、張、潘、涵六本作太出，翁本作大出，浙、京、傅、史、汪、陳、徐、王八本作太丑。汪、陳、徐三本「我弟」二字倒置，何本失「我」字。王校已增。按：此前文之太出或太丑也。史集帝紀作 Taičū-qūri，「乞魯」之稱，或有錯譌。史本「所以吾殺兄誅弟」以下至此四句，妄改作「我請我兄薛徹别及吾弟太丑往殺之」二句，太祖紀同，惟重一「及」字，「吾弟」改「我弟」而已。則所殺者蔑里乞，與殺兄誅弟之語，渺不相涉。

又曰〔一〕：父汪可汗〔二〕，汝既出雲中〔三〕，顯日底〔四〕，來歸於我，使汝飢不過日午〔五〕，羸不過月望〔六〕，所以然者何哉？我昔與兀都夷部〔七〕戰於哈丁里山〔八〕之西木那叉笑力之野〔九〕，多獲孳畜輜重〔一〇〕，悉以與汝〔一一〕，飢不過午〔一二〕，羸不過望者〔一三〕，實此之由〔一四〕。是我有造於汝三也〔一五〕。

校勘記

〔一〕潘本作「云」。

〔二〕史、浙二本亦作王可汗，此本仍同汪、陳、徐、何、王五本。

〔三〕潘本脱「汝」字。「雲」原作「雪」，依諸本改。前文亦言「如埋雲中」。

〔四〕史本「顯」上有「又」字。潘本脱「底」字。

〔五〕徐、何二本「汝」原作「日」，何校已改。

〔六〕「羸」原誤「羸」，繆、浙二本同誤，依諸本及繆校改。京、傅二本倒「月望」爲「望月」。

〔七〕潘本脱「我」字。「夷」原爲「皃」，依諸本改。詳前文兀都夷滅里乞項下。

〔八〕「里」原作「黑」。原校：元史作「里」。

繆、浙、京、傅、涉、汪、陳、徐、何九本亦作「黑」，當依餘本改作「里」。秘史第一百七十七節曰：合迪黑里黑你魯兀，譯言合迪黑里黑之腰，史集帝紀曰：Qā(d)inqliq。又潘本「哈」作「合」。

〔九〕木那叉笑力，「叉」原作「乂」，今據諸本改。「笑」字原奪，此本同於汪、陳、徐、何四本，當依餘本增。汪等四本「那」作「奴」，趙、翁、京、傅、涉、徐、何七本「叉」誤

「又」,涵本誤「乂」,鈕本誤「父」。即上文莫那察山。王校已改正。

〔一〇〕袁刊何本誤「孳」爲「孽」,王校已改。

〔一一〕張本「悉」誤「昔」。趙、翁二本「與汝」作「汝與」。史集帝紀:我於合丁里支脈某地,而該地生長白楊,其背陰方向名喚 Mūrī[nā]čāq-sūl,即木那叉笑力者,作譯言木那叉之尾部。劫掠滅里乞部,並奪取其所有之馬群,畜産、宫帳及華麗衣裝,悉以與汝。

〔一二〕史本「午」上有「食」字。何校、繆校於「午」上意增「日」字。王本從之。浙本即作「飢不過日午」。

〔一三〕「過」下,原校:陶本有「月」字。浙、京、傅、涉、史、汪、陳、徐、何、王十本亦有「月」字。「者」字原脱,今依諸本增。

〔一四〕汪、陳、徐、何、王五本有「也」字。

〔一五〕「汝」字原脱,依諸本增。趙、翁二本無「是」字,當脱。

又曰:父汪可汗〔一〕,曩汝征滅里乞〔二〕,陣於不剌川〔三〕,遣使覘俟部長脱脱〔四〕，不待我而先戰〔五〕，獲忽都台、察魯渾二哈敦〔六〕，因招其二子火都〔七〕、赤剌温，盡收兀都夷部〔八〕。汝以懷此釁〔九〕，故我秋毫不及〔一〇〕。又汝與乃蠻相戰拜答剌邊只兒之野〔一一〕，時火都、赤剌温全部叛歸〔一二〕。汝又爲曲薛兀撒八剌追襲〔一三〕，掠汝人民〔一四〕，使來告我〔一五〕，我遣四將將兵戰敗之〔一六〕，盡歸所掠於汝〔一七〕，是我有造於汝四也。

校勘記

〔一〕此本同於汪、陳、徐、何、王五本，餘本皆作王可汗。

〔二〕繆、浙、趙、翁、鈕、潘六本「里」作「力」，傅本譌「万」，張、京、涵、史、汪、陳、徐七本再譌「萬」。徐校已訂正「萬」字爲「里」字，何本乃從之。

〔三〕「不」原作「兀」，今據諸本改。前文作補兀剌川。

〔四〕史本「俟」作「候」，與王校合。

〔五〕「我」，原校：陶本作「陣」。京、涵、傅三本「我」訛「成」。涉、汪、陳、徐、何、王六本亦作「陣」，「陣」又

「成」之譌也，「我」字是。

〔六〕「魯」，原校：上作「勒」。「二」，原校：上作「三」。察魯渾即察勒渾，何校前文亦言之。作「三哈敦」者誤。亦見前校。

〔七〕「火」，原校：上作「和」。「二」字原脱，當依諸本增。火都即和都，何校前文亦言之。

〔八〕「盡」字原脱，依諸本增補。「夷」字原誤「兒」，亦據諸本改，見前校。

〔九〕「以」原誤「少」，依諸本改。

〔一〇〕王本「毫」訛「豪」。

〔一一〕「又」字原脱，今據諸本補。趙、翁二本「汝與」倒作「與汝」。京、涵、傅、涉四本「與」誤「子」。王校已改。浙本作「又汝子與」，即衍「子」字。「相戰」，王本作「戰於」。「答」，京、涵、傅、涉四本誤「哈」。王校已改。秘史第一百七十七節相應作拜答剌黑別勒赤兒，第一百五十九節稱巴亦答剌黑別勒赤兒，史集帝紀稱Bāidārāq-bilǰreh。

〔一二〕「火」，原校：上作「和」。京、傅、涉三本「時」誤「是」。王校已改。張本「火」誤「大」，京、傅二本「都」

誤「部」。王校已改。又史本「赤」誤「亦」。「全」原作「合」，據趙、翁、鈕三本改。繆、張、潘三本作「令」，亦「全」字之訛。自「盡收」以下至「赤剌温」，潘、汪、陳、徐、何五本盡脱落。

〔三〕「兀」，原校：上作「吾」。史本仍作「吾」。又「薛」原誤「薩」，據諸本改。

〔四〕張、潘、京、涵、傅、涉、史、汪、陳、徐、何十一本「掠」誤「於」或「于」。王校已改。

〔五〕「來」原作「我」，今據諸本改。

〔六〕下「將」字，原校：陶本作「領」。繆本同作「將」，諸本皆作「領」。

〔七〕趙、翁、鈕三本「於」作「與」，義長。

又曰：昔我出哈兒合山谷〔一〕，與君於忽剌阿班答兀〔二〕、卓兒完忽奴之山相見時〔三〕，於時不已言乎？譬如毒牙之蛇所傷〔四〕，不可以動念〔五〕，吾二人脣齒相見〔六〕，始可間離，汝今以蛇傷而間我乎〔七〕？脣齒相見而離我乎〔八〕？

父汪可汗〔九〕，我時又如青鶻海鶻〔一〇〕，自赤忽兒黑山〔一一〕，揮越於盃兒之澤〔一二〕，搦班脚鴿以歸君〔一三〕。此謂誰？朵魯班、塔塔兒諸部是也〔一四〕。我又如初食海鶻〔一五〕，揮越於闕連之澤〔一六〕，獲青脚鴿以歸君〔一七〕。此謂誰〔一八〕？哈答斤〔一九〕、撒只兀〔二〇〕、弘吉剌諸部是也〔二一〕。汝豈非假彼諸部之力而驚畏我耶〔二二〕？是我有造於汝五也。

校勘記

〔一〕「合」，原校：陶本作「哈」。涉、汪、徐、何、王五本亦作「哈」，陳本脱此字。餘本作「合」。史本脱「哈兒」二字。

〔二〕「於」字原脱，當依諸本增。京、涵、傅、涉四本「與」誤「馬」，張本誤「弓」，鈕本誤「於」。史本「君」作「汝」，而「於」則錯在右「忽」下。王本亦無「於」字。又「阿」原作「河」，當依京、涵、傅三本改。秘史第一百七十七節作忽剌阿訥屼惕孛勒答屼惕，史集帝紀 Hūlā-bīltā-tūūt。疑有誤。

〔三〕趙、翁、鈕三本「奴」作「怒」。秘史第一百七十七節作勺峏合勒崑山，史集帝紀：Jūrqāl-qūn。「崑」或 qūn，即此「忽奴」，言懸崖，言絶壁也。見海涅士 *Woerterbuch*，Hun 一辭。

〔四〕王本作「毒蛇之牙」。

〔五〕原校：「不可」，陶本作「忽」。

趙、翁、鈕、張、潘、浙、傅、史八本作「弗」，京、涵、涉、汪、陳、徐、何七本作「勿」。蓋「忽」者「勿」之訛，而「勿」、「弗」相通，唯此乃作「不可」。

〔六〕京、傅二本「吾」上衍「我」字。傅本疑亦衍此字，但王校失録。

〔七〕袁刊何本「汝」誤「如」。王校已改。

〔八〕「見」原作「間」，今據諸本改。陳本闕此一句。京本「始可間離」至「唇齒相見」十七字脱失。

〔九〕此本仍同繆、浙、涉、汪、陳、徐、何七本，餘本作王可汗，史本作汪罕可汗。

〔一〇〕「鶵」，繆、浙二本同。史、汪、陳、徐、何五本作「雛」，袁刊何本誤「雞」，王本同誤。京、涵二本誤「鷄」，傅、涉二本誤「鴝」。王校寫作「䱷」。「鶻」字，汪本等四本皆誤「骨」，翁本誤「鵲」。

〔一一〕袁刊何本脱「忽」字。王校已補。

〔一二〕「兒」，原校：陶本作「而」。涉、汪、陳、徐、何五本亦作「而」。王校已改。京、傅二本「盃」誤「覓」或「覓」。今貝爾湖，諸家所釋無異辭。王從何説，改「揮」爲「飛」。

〔一三〕「鴇」原作「鳥」。原校：陶本作「鴇」。諸本皆作「鴇」，「鳥」字誤，當據改。鴇似雁而黑，山東萊陽人謂之老鴇，而南方人謂之鴇雞。見邵晉涵爾雅正義卷一八釋鳥第十七，頁五下；郝懿行爾雅郭注義疏下之卷五釋鳥第十七，頁五上。史本「君」作「汝」，汪、陳、徐、何四本譌「若」。王校已改。

〔一四〕趙、翁二本脱「誰」字。潘本倒「魯班」爲「班魯」。

〔一五〕「初食海鶻」原作「鴇鶻海鳥」，當依趙、翁、浙三本改。鈕、潘二本作「初倉海鶻」，稍誤。又該五本「又」作「有」。史集帝紀敘此二喻，曰我有一次，云云；曰我還有一次，云云。「又」、「有」相通。「初食海鶻」與「青鶹海鶻」相對成文。

〔一六〕繆、趙、翁、鈕、潘五本「揮越」上有「爲」字。「於」原作「外」，當譌，參上「揮越於盃兒之澤」句意改。潘本「闕」作「關」，誤。史集帝紀 Qüleh[n]-naüur，秘史第五十三節闊漣納吾兒，今呼倫池，諸家所解亦無異辭。

〔一七〕潘本脱「君」字。

〔一八〕鈕本「誰」誤「時」。朵魯班以下，至此句計三十四字，張、京、涵、傅、涉、史、汪、陳、徐、何十本皆闕。

〔一九〕鈕本「哈」誤「嗒」。

〔二〇〕此唯同鈕本，餘本「撒」作「散」。京、涵、傅三本「兀」下復衍「散」字。

〔二一〕「吉」，原校：陶本作「里」。此同於繆、史、何、王四本，餘本「吉」並譌爲「里」。趙、翁、鈕三本「諸」誤「都」，鈕本奪「部」字。徐本「諸」譌「譇」。徐、張二校已校。顏按：據此譬喻，則塔塔兒等五部居於盃兒、闊連二澤，即今貝爾湖與呼倫池之間廣大地區也。

〔二二〕汪、陳、徐、何四本「力」誤「立」，何校已改。

又曰：父汪可汗〔一〕，汝何嘗有造於我〔二〕，我造汝者凡若此，與其驚畏我，何不使我衆煬爨不息〔三〕，安榻而卧，使我癡子癡婦得寧寢乎〔四〕？我猶汝子〔五〕，勢雖寡弱，不使汝有慕於他衆也〔六〕；我雖愚〔七〕，不使汝有慕於他賢也。譬如雙輪，去一不能行也。徒使牛汗，縱之恐盗，係之實餓；又如雙轅〔八〕，偶斷其一，牛憤破領〔九〕，徒使跳躍，不能前也。以我方車，獨非一輪乎〔一〇〕？凡此喻汪可汗也〔一一〕。

校勘記

〔一〕此同京、傅、涉、汪、陳、徐、何、王八本，史本作汪罕可汗，餘本仍作王可汗。

〔二〕徐、何二本「何」誤「可」，何校已改。繆本「嘗」作「常」。

〔三〕何本「不」作「而」。王校已改。

〔四〕張本「寢」作「静」，誤。

〔五〕繆本「猶」下有「如」字。

〔六〕「也」字原脱，當依鈕、張、潘、浙、京、涵、傅、涉、史九本增。趙、翁二本此處有脱句。汪等四本闕「衆也」二字，王校已增。

〔七〕史本增「昧」字。

〔八〕徐、何二本「轅」作「輪」。王校已改。

〔九〕涵本「領」作「輗」。

〔一〇〕王本於「一輪」下增「一轅」二字，無徵。史集帝紀云：有若車之雙輪，余即爾車之一輪也。亦與此録相符。顔按：國朝文類卷二三閻復太師廣平貞憲王碑有謂「國初官制簡古，置左右萬夫長，位諸將之上，首以武忠居右，東平忠武王居左，翊衛辰極，猶車之有輪，身之有臂」云云。

〔一一〕繆、浙、史三本「喻」作「諭」。繆、浙、涉、汪、陳、徐、何七本同作汪可汗，史本作汪罕可汗，餘本仍作王可汗。

時上族人火察兒、按攤在汪可汗部中〔一〕，上因使謂之曰：「汝二人欲殺我，將棄之乎？瘗之乎〔二〕？吾常謂〔三〕上輩八兒合拔都二子薛徹、大丑〔四〕，詎可使斡難河之地無主〔五〕，累讓爲君，而不聽也〔六〕。」

校勘記

〔一〕「攤」原作「難」，當依趙、翁、鈕、張、潘、涵六本及上文改按攤。但涵本「攤」下衍

「兒」字，京、傅二本誤「接彈」，亦衍「兒」，汪、陳、徐三本誤「按戰」，史、何、王三本作按彈。顏按：浙本作「按彈難」，此校人改「攤」爲「彈」之明證，而「難」乃「攤」之壞體字。汪可汗，趙、翁、鈕、張、潘、涵六本作王可汗，史本作汪罕可汗，餘本同此本。王本「部」作「軍」。繆本無「中」字。

〔二〕趙、翁、張、史四本無此三字。潘本「瘗」作「瘥」。

〔三〕此三字原作「五常爲」。「五」，原校：陶本作「吾」；「爲」，原校：陶本作「謂」。諸本作「吾嘗謂」。趙、翁、鈕、張、京、涵、傅、涉、史九本及袁刊何本、王本如此，但趙、翁二本「嘗」誤「當」。或「吾常謂」。繆、浙、潘、汪、陳、徐六本及蓮池何本。

〔四〕八兒合，「合」字原脱。原校：陶本有「合」字，元史作八剌哈。繆本同此本，餘本及繆校皆有「合」字，今據補。何校亦引元史太祖紀八剌哈以證此人。王曰：八兒合拔都乃八兒壇拔都之譌。按王説是。史集帝紀亦曰：Bārdān-bāhādūr 之子薛徹與太丑也。據秘史第四十八、四十九兩節，則二人八兒壇之孫，非其子。顏按：史集、王、沈均不足據，實則謂斡勤巴兒合（或單稱巴剌合）二子，猶言薛徹、太丑乃稱之二後人，非實屬父子關係也。王本「合」作「哈」。「二子」，袁刊何本誤「二人」。大丑，涉、何、王三本同，繆、趙、鈕、張、潘、涵六本作太出，翁本作大出，浙、京、傅、史、汪、陳、徐七本作太丑。顏按：浙本作「太丑出」，此校人改「出」爲「丑」之明驗。

〔五〕「斡」本訛作「幹」，依趙、翁、京、傅、史、涉、何、王八本及前文改。

〔六〕「而」，汝也，下句「爾父」之「爾」，同此義。

又謂火察兒曰：「以汝揑群太石之子〔一〕，吾族中汝當立〔二〕，又不聽。」又謂按攤曰〔三〕：「汝爲忽都剌可汗之子〔四〕，以爾父嘗爲可汗〔五〕，推立汝〔六〕，亦不聽〔七〕，吾悉曾讓汝等〔八〕，不我聽〔九〕，我之立，實汝等推也〔一〇〕。吾所以不辭者，不欲使蒿萊生久居之地〔一一〕，斷木阻通車之途〔一二〕，吾宿心也〔一三〕。假汝等爲君，我當前鋒〔一四〕，俘獲輜重，亦歸汝也。使我從諸君畋，我亦將遮獸迫崖〔一五〕，使汝得從便射也。」又謂按攤〔一六〕、火察兒曰：「三河之源，我祖實與〔一七〕，毋令他人居之。」

校勘記

〔一〕揑群太石，原作「揑辟太后」。原校：「揑辟太后」，元史作聶坤。

依趙、翁、潘、京、傅、浙、涉七本及前文改揑群太石。鈕本作揑群大石，張、涵二本作涅群太石，史本作涅辟大石，汪、陳、徐及蓮池何本作涅辟太石，袁刊何本作揑辟太石，王本作揑群大石。繆本作揑群太子，參前文揑群太石條注釋。又「子」原誤作「中」，今據諸本改。

〔二〕「汝當立」三字，繆本同，涉、汪、陳、徐、何、王六本作「當立汝」，餘本作「當汝立」。

〔三〕「攤」原作「難」，繆本同誤，趙、翁、鈕、張、潘、涵六本作按攤，浙、京、傅、涉、史、汪、陳、徐、何、王十本作按彈，此本「難」爲「攤」之訛。參前文。

〔四〕「汝爲」下原有「汝」字，繆本同，依諸本删，蓋衍文也。

〔五〕「爾」，原校：陶本作「而」。繆本同作「尔」，諸本皆作「而」。「而」、「尔」相通。潘、京、涵、傅、涉五本及袁刊何本「爲」誤「謂」。袁刊何本且奪下可汗之「可」字。

〔六〕「立」原作「位」，趙、翁、鈕三本作「立」。上句言「汝當立」，下句言「我之立」，則「立」字當是，當據改。又史本「汝」上有「於」字。

〔七〕王本「亦」作「又」。

〔八〕「悉」原作「昔」。原校：陶本作「悉」。又王本「吾」作「我」。繆本同此本作「昔」，餘本皆作「悉」，今據改。

〔九〕趙、翁、鈕三本作「汝等不我聽」。浙本作「不聽我」。

〔一〇〕潘本「汝」作「爾」。

〔一一〕「不欲」下「使」字原脱，繆本同，今據諸本補。「生」，汪、陳、徐三本誤「正」，何本誤「止」。張校改「生」，與舊本同。

〔一二〕京、傅二本「阻」作「植」，而王本誤從之。

〔一三〕繆、浙二本「宿」作「夙」。

〔一四〕何、王二本「我」作「吾」。

〔一五〕王本「遮」作「驅」。「迫」原作「逼」，今據諸本改。

〔一六〕按攤，原作「按難」。趙、翁、鈕、潘、涵五本作按攤，張本誤「攤」爲「推」。浙、京、傅、涉、史、汪、陳、徐、何、王十本作按彈，此本當改「難」爲「攤」，參前後文。

〔一七〕徐校：「與」，疑作「興」，何本從之而改，王本因亦作「興」，且改「我祖」爲「祖宗」。史本此句乃作「我祖宗實所肇基」。太祖紀：「三河，祖宗肇基之地。」史集帝紀：吾不忍祖先所與之住處消失。又言：爾二人按攤與火察兒，不應允許任何人據有三河之地。「與」字是。

又謂脱隣曰〔一〕:「吾弟,我以汝是高祖家奴〔二〕,曾祖閽僕,故尊汝爲弟也。汝祖諾塔〔三〕,乃吾祖察剌合令忽〔四〕、統必乃二君所虜〔五〕。諾塔生雪也哥〔六〕,雪也哥生闊闊出黑兒思寒〔七〕,闊闊出黑兒思寒〔八〕生折該晃脱合兒〔九〕,折該晃脱合兒生汝〔一〇〕。汝世爲奴虜,誰之國土,汝欲取之〔一一〕!縱得我國,按攤〔一二〕、火察兒必不與也。昔我等居汪可汗所〔一三〕,趕早起者〔一四〕,得飲王青鍾馬乳〔一五〕,汝輩豈知吾先飲而妒之耶〔一六〕?我今去矣。汝輩恣飲之〔一七〕。吾弟脱隣〔一八〕,量汝能費幾何也?」

校勘記

〔一〕潘、京、涵、涉、汪、陳、徐、何、王九本「隣」作「憐」。何曰:此別一脱憐,非汪罕也。

〔二〕張、涵、京、傅、涉、王、陳、徐、何九本「高」譌「馬」,何校已改。

〔三〕京、涵、傅三本作諸答，下同。何、王二本誤塔塔，下同。史集帝紀 Nūqteh-būūl，秘史第一百八十節斡黑答孛斡勒，首「斡」字亦誤矣。而 Būūl 或「孛斡勒」，奴隸也。

〔四〕王曰：太祖六世從祖。顏按：「令忽」，遼、金之「令穩」，漢語之「令公」也。

〔五〕王曰：秘史作屯必乃，太祖高祖。王本「虜」作「擄」。

〔六〕趙、翁、鈕三本此處又作諸答，與他本同。

〔七〕闊闊出黑兒思寒，原作「闊出黑兒思之本」。「黑」，原校：陶本作「里」。繆本同此本。浙本作「闊闊出里而思之本」。汪、陳、徐三本亦作「里」，誤，且不重「闊」字。「寒」原譌作「之本」，從趙、翁、鈕、潘四本改，何本作「安」。疑原本亦是「之本」二字，何校據秘史改。闊闊出黑兒思寒，史集帝紀作 Kūkjū-qirsā[n]，秘史第一百八十節作闊闊出乞兒撒安。

〔八〕此名中「闊闊出黑兒」五字原脱。繆本同此本。浙本作「闊闊出里兒思之本」。據趙、翁、鈕、潘四本及上文補。「寒」原譌作「之本」，今據改。鈕、潘二本下「闊闊出」三字亦脱，餘本其名同此本，僅「思之本」三字。

〔九〕汪、陳、徐、何四本「該」誤「談」。王校已改。

〔一〇〕「折該晃脱」四字原脱，繆本同此，依趙、翁、鈕、張、潘、京、涵、傳、涉、史十本及王校補。

〔一一〕「汝」下原有「取」字。原校：疑「敢」字誤。

繆本亦有「取」字，餘本皆無，當因下文而衍，非「敢」之誤書。又「欲」，張、涵二本誤「敵」，浙、京、傳、涉四本誤「哥」，史、汪、陳、徐、何五本誤「可」，而王本從之。

〔一二〕「攤」原作「難」，依繆、趙、翁、鈕、潘、涵六本改。張本誤「滙」。餘本作「彈」。

〔一三〕趙、翁、鈕、張、潘、涵六本作王可汗，史本作汪罕可汗。

〔一四〕繆本同，餘本無「趕」字。京、涵、傳、汪、陳、徐六本「者」作「也」。何、王二本作「我」字，屬下句。

〔一五〕趙、翁、鈕三本「王」訛「黄」。涵本「鍾」作「潼」。秘史第一百七十九節曰「闊闊充」（Kökö čung ?），譯青鍾。青鍾馬乳，謂盛以青色鍾之馬乳也。「鐘」，同「鍾」字，酒器也。史集帝紀作 Kāseh-ī jung，同義。

〔一六〕「吾」，原校：陶本作「我」。

汪、陳、徐、何、王五本「豈」作「起」，誤。

〔七〕王校譌「飲」爲「飯」。

〔八〕潘、浙、京、涵、傅、涉、陳、徐、何、王十本「隣」作「憐」。

魯謂太祖自稱。又謂按攤〔一〕、火察兒曰〔二〕：「汝善事吾父汪可汗〔三〕，勿使疑汝爲察兀忽魯。前有注〔四〕。之族而累吾耶〔五〕？汪可汗交人易厭〔六〕，於我尚爾〔七〕，況汝等乎〔八〕？縱然今夏，豈能到來冬矣〔九〕？」

校勘記

〔一〕「攤」原作「難」，依繆、趙、翁、鈕、潘、涵六本改。張本誤「攤」爲「推」。餘本作按彈。

〔二〕「曰」字原脱，今據諸本補。

〔三〕陳本脱「汝」字。「善」原作「若」，王校曰：「諸本『善』作『若』，今訂正。」據此改。汪可汗，趙、翁、鈕、張、潘、涵六本作王可汗，史本作汪罕可汗。餘同此本。

〔四〕「太祖」下原有「也」字，此本同於繆、汪、陳、徐四本，今删。何本無「謂」字，「也」

在「稱」之下。餘本俱無「也」字。兩句讀，非三句讀。何本「察兀忽魯」，「忽」字誤「勿」。

〔五〕諸本「吾」作「我」，何、王二本作「汝」。史本「耶」誤「郎」。張、京、涵、傅、涉、汪、徐、何、王九本及繆校誤「即」，與下句連讀。

〔六〕諸本「易」誤「馬」，唯此本與何校合。汪可汗稱謂之異，同於上文。

〔七〕趙、翁二本「於」作「與」，誤。

〔八〕何、王二本「等」作「輩」。太祖紀：「遇我尚如此，況汝輩乎。」何本本此，而王本從之。

〔九〕史本「今」下衍「夜」字。「矣」改「乎」。

又謂吾父汪可汗曰〔一〕：「可遣按敦阿速〔二〕、渾八力〔三〕二人來報〔四〕，否則遣一人。日者〔五〕，吾麾下忙納兒拔都失被銀鞍黑馬在王所〔六〕，就持來〔七〕。鮮昆按答〔八〕，即王子亦刺合也。汝亦遣別力哥別吉〔九〕、脱端二人來〔一〇〕，否則遣一人〔一一〕，札木合按答〔一二〕暨阿赤失闌〔一三〕、阿刺不花〔一四〕、帶亦兒〔一五〕、火察兒、按攤各遣二人來〔一六〕。如我東向，可於納兒脱隣呼陳腦兒之源來會〔一七〕；如我西向〔一八〕，可出哈八剌漢答兒哈之山〔一九〕，順忽魯班不花諸思河來會也〔二〇〕。」汪可汗聞上前語〔二一〕，曰：「惟吾子裁之〔二二〕。」王子鮮昆謂其父曰：「彼何嘗誠意待我爲按答〔二三〕，特以覘視我耳〔二四〕；何嘗稱君爲父，特以老奴視我耳。又何嘗遣辨士、馳銜馬〔二五〕以及我〔二六〕，彼能勝我，聽取吾國〔二七〕；若我勝彼，亦取其國也。」因戒其部將及〔二八〕必力哥别吉〔二九〕、脱端曰：「備而釜，建而旗，秣而馬，以需進也。」

校勘記

〔一〕京、涵、傅、涉、汪、陳、徐、何八本「謂」訛「爲」。王校已訂正。此本同趙、翁、鈕三本，餘本「吾父」作「我父」。汪可汗稱謂之異，亦同於上文。

〔二〕除王本外，餘本皆用「速」字，無作「述」者。參前文。

〔三〕「渾」原作「軍」。原校：陶本作「運」。涉、汪、陳、徐、何、王六本亦作「運」，餘本作「渾」，「軍」、「運」皆「渾」之訛。

〔四〕「來報」原倒誤作「報來」。原校：陶本作「來報」。

此同繆本，餘本皆作「來報」，此本當乙。

〔五〕「日者」二字，蓋因連書原誤作「署」。汪、陳、徐、何四本亦作「署」，同於此本。繆本則誤作「著」。餘本盡是「日者」二字，與何校合。

〔六〕王校於「吾」下誤增「軍」字。京、傅二本「吾」下衍「渾」字，王氏據以改「軍」。又「被」原作「彼」，趙、翁、鈕、潘四本作「被」，張、浙、京、涵、傅、涉、史七本作「破」，餘本同此本。而「彼」、「破」皆「被」字之誤，當據改。

〔七〕袁刊何本「就」誤「龍」。王校已改。

〔八〕汪、陳、徐、何四本「昆」訛「晁」。何校已正其失。

〔九〕上「別」字，原校：陶本作「必」。此同繆本，餘本皆作「必」。何曰：即下別力哥。

〔一〇〕史集部族志克烈，言 B[i]lge-begi、Tūdān，列寧格勒、倫敦、德黑蘭三本作 Tūdāūn，貝烈津書作 Tūdān。二人爲札木合之伴當。

〔一一〕京、涵、傅三本有「來」字。傅本至此句，屬衍文。上句有「來」字，下句無。

〔一二〕札木合原作「札本哥」，當依諸本及前文改。翁本脱「合」字。

〔一三〕「赤」字原脱。原校：陶本有「赤」字。

繆本亦脱「赤」字，餘本皆有此字。唯張本誤「亦」。今補。繆、鈕、潘、何、王五本「闌」作「蘭」。史集部族志克烈作 Ačïq-širūn，此據列寧格勒本，倫敦本誤作 Ahïq-širūn、餘本作 Ajïq-širūn。其人出自朱力斤部。

〔一四〕趙、翁二本誤「阿」爲「何」。張本脱「剌」字。鈕本脱「不」字。

〔一五〕汪、陳、徐、何四本「兒」誤「否」。王校已改。史集部族志克烈：Alā-būqā 與 Tāir 二人乃王可汗之異密。

〔一六〕按攤，原作「按難」。諸本此處皆作按攤，無作按彈者矣。唯張本仍誤「攤」爲「推」。

〔一七〕「納兒」，此本同繆本，汪、陳、徐、何四本作「兒」，趙、翁、潘、浙四本作「旻」，鈕、張、京、涵、傅、涉、史七本作「是」。「隣」字，潘、京、涉、何四本作「憐」。「呼」字，張、京、涵、傅四本作「乎」。「腦兒」原作「輜兀」，「輜」字，此本同涉、汪、陳、徐、何五本，袁刊何本復譌爲「輜」，傅本作「輼」。餘本作「腦」。史本作「腦兒」，今據改。史集帝紀乃作 Būir-nāūr，亦即前文之盃兒之澤。「腦兒」二字不誤，餘者無從定其是非。又「於」字，汪等四本作「與」。

〔一八〕汪等四本無「我」字。

〔一九〕「漢」，趙、翁二本作「難」，必誤。潘本作「海」，亦誤。趙、翁、鈕、潘四本無「兒」字，脱。「哈」，潘本作「合」。史集帝紀曰：Qbqār-qāltrqān。列寧格勒、倫敦、德黑蘭三本如此，差近似，貝烈津書乃作 Qiqār-qālūrqān，塔什干、伊斯坦布爾二本作 Q ?qāi-qāltrqān。

〔二〇〕潘本脱「班」字。史集帝紀言三河之地。蓋「忽魯班」即 hurban，三也。「不花」即 Buha，牡牛也。「諸思」即 jolke 複數詞，衆河川也。浙、趙、翁三本「河」誤「何」。袁刊何本脱「會」字。

〔二一〕此本同汪、陳、徐、何四本，史本汪罕可汗，餘本王可汗。

〔二二〕傅、涉、汪、陳、徐、何六本「吾」作「我」。

〔二三〕汪、陳、徐、何四本「誠」作「實」。原文「我」字下衍「我」字，繆本同，諸本皆無重文，今删。

〔二四〕汪、陳、徐三本「覎」誤「現」，何本改「玩物」。王校已改。史本作「巫覎」。又蓮池何本貼去「我」字改「君」字。

〔二五〕「銜」原作「御」，趙、翁二本作「銜」，鈕本作「銜」，亦「銜」之訛。「銜」，御勒也。「御」字誤。今據改。

〔二六〕「我」，原校：陶本作「哉」。此本同趙、翁、鈕、潘、史、何六本，餘本亦作「哉」，誤。王校已改。

〔二七〕王本「吾」作「我」。

〔二八〕袁刊何本删「及」字，與史集帝紀敘事合。但王校復增。

〔二九〕「必」，原校：上作「別」。繆本同此，餘本「必」皆作「別」。參上文及何校。顏按：繆校删「及」、「必」二字，而改作「別」字。

上既遣使於汪可汗〔一〕。遂進兵掠虜弘吉剌別部溺兒斤以行〔二〕，至班朱泥河〔三〕，飲水誓衆〔四〕。時有亦乞列部人孛徒者〔五〕，爲火魯剌部所逼，敗之，因遇上同盟。是時，上弟哈撒兒別居哈剌渾只敦山〔六〕，妻子爲汪可汗所虜〔七〕，止携〔八〕幼子脱忽走〔九〕，糧絶〔一〇〕，探鳥卵以爲食〔一一〕，來會於河濱。

校勘記

〔一〕京、傅二本此處亦作王可汗。傅本「汗」誤「干」。

〔二〕「掠虜」，趙、翁、鈕三本作「虜掠」。趙、翁二本「溺」作「弱」。「溺」，又音「弱」。溺兒斤，史集部族志弘吉剌之 Äljïgin 也。蓋弘吉剌乃 Qubāi-sïreh 之子孫，而溺兒斤則 Qubāi-sïreh 之弟 Tūsūbū-dāū 之後裔也。

〔三〕原校：元史及類編俱作「尼」。下同。

〔四〕按元史札八兒火者傳、鎮海傳、速不台傳、哈散納傳、阿术魯傳、紹古兒傳同太祖紀及類編。然重出之雪不台傳則「尼」作「泥」，乃同於是録。速哥傳作班术尼河，「尼」，原訛「居」。土土哈傳、耶律秃花傳然耶律秃花傳「术」訛「木」。及續編作班术河，麥里傳作班真河，耶律阿海傳作辨术河，「术」，本訛「屯」。黄溍金華黄先生文集卷二四也速鰐兒碑作班术納河，王惲秋澗先生大全文集卷五〇阿术家廟碑作班术納海，元史术赤台傳作班真海子。秘史第一百八十二、一百八十三、二百〇八節曰巴勒渚納海子，或稱爲水，爲河。許有壬圭塘小稿卷一〇鎮海神道碑作班竹兀那黑河，既寫其音，兼書其意，國朝文類卷二五張士觀孛秃碑、元史阿塔海傳、懷都傳祇稱黑河，懷都，阿术魯之孫也。皇元風雅卷一七引陸友仁送國王朶兒只就國詩云：「滄海斷霞通虎帳，黑河飛雪暗琱弓，莫忘聖武艱難日，四傑從容陟降同。四傑，今四怯薜之祖。」迺賢金臺集卷一京城雜言有句云：

「昔有社稷臣，艱難闢荆枳。歃血飲黑河，剖券著青史。」鎮海神道碑復言：「世有恒言，飲水黑河，最爲勳舊。」太祖紀云：「至班朱尼河，河水方渾，帝飲之以誓衆。」「凡與飲河水者，謂之飲渾水，言其曾同艱難也。」此不啻爲昜之之詩，下注脚矣。益以何校所引元史札八兒火者傳之文：「太祖與克烈汪罕有隙。一夕，汪罕潛兵來，倉卒不爲備，衆軍大潰。太祖遽引去，從行者僅十九人，札八兒與焉。至班朱尼河，餱糧俱盡，荒遠無所得食。會一野馬北來，諸王哈札兒射之，殪。遂刳革爲釜，出火于石，汲河水煮而啖之。太祖舉手仰天而誓曰：『使我克定大業，當與諸人同甘苦，苟渝此言，有如河水。』將士莫不感泣。」此又不啻發揮太祖紀、鎮海碑之文之所未盡意者。所謂「軍潰引去」，謂止軍阿蘭塞之事。從行十九人，札八兒火者、哈撒兒及前出有傳記之朮赤台、鎮海、速不台、哈散納、阿朮魯、紹古兒、孛徒、耶律阿海並其弟秃花外，復有速不台之父哈班，並其兄忽魯渾，麥里之祖雪里堅那顔，阿塔海之祖塔海拔都兒，計得一十五人。顔按：王惲中堂事記卷下中統二年七月廿一日曰：「秃花太傅，姓耶律氏。在前金時戍桓州，官愛里德，漢語守戍長也。其後與一十八人從太祖神元皇帝同飲於黑河子，於佐命元勳，公其一也。買住，即太傅第二子，早卒。其子明安歹兒，時年十有三歲，今衛輝路總管耶律漢傑即其兄也。」庚申外史卷下至正二十三年七月謂：「朴不花見臺憲彈劾不行，與其黨謀曰：『十八家功臣子孫，朝夕在帝左右。』」云云。此謂創業功臣則一十八人。然班朱泥河非大水也，朮外尼及瓦薩夫著書，逕稱班朱尼爲泉水（Čašmä），以其泛流不廣，一泓之積而已。史集帝紀言："Bāljiūneh 之地有枯泉，不足以飲帝等及其牲畜，爲此，彼等澄泥漿爲水，飲以止渴。其時，與帝相依賴於 Bāljiūneh 之人群，爲數有限。被稱作 Bāljiūntu，即彼等曾在此地，共帝患難相處，且未離散，因之，彼等有固定權利，而與其他之人不同。"云云。元史雪不台傳有「班朱泥河，今龍居河也」一説，龍居河，今之克魯倫河。但此非謂克魯倫河又名班朱泥河，班朱泥河但爲克魯倫河一小小港汊耳。屠寄以今呼倫池西南方近克魯倫河處巴泐渚納烏蘇鄂模東北隅之巴泐渚納水，當此班朱泥河。鄂模（omo），滿語，與蒙古語之 nour 爲同義語，水泊也。此鄂模經烏爾衮札爾瑪河，以入克魯倫河，而巴泐渚納水則直接注入呼倫池。屠氏並指該鄂模以南之地爲答蘭班朱思之野。詳所編黑龍江輿地圖左四上一之幅（光緒二十五年石印）。屠氏著蒙兀兒史記成吉思汗本紀時，猶承襲此説。此圖雖出諸屠氏手測手繪，但往往羼以金、元二史等書之地名；巴泐渚納水、答蘭班朱思之野等等，今之名稱究竟若何，氏既不言，而他種地圖，亦無從稽考，此可疑者，一也。秘史第一百八十二節敘此戰役以前，有回回阿三自汪古部（詳下）去至額洏古涅河貿易貂皮與青鼠皮，在巴泐渚納海子飲羊時，與帝相值。額洏古涅河，今之額爾古納河。元史术赤台傳曰：「自罕哈啟行，歷班真海子。」罕哈，自是親征録之哈勒合河，而今之喀爾喀河。録言：帝自阿蘭塞傍兀魯回失連真河進至哈勒合河，然後待敵於班朱泥河。凡此，皆以示人，班朱泥河必在額爾古納河以南，喀爾喀河以西，烏拉根郭勒以北之地，如是則敬山先生之說，不爲無因也。顏按：請參 William Hung（洪業）「Three of Ch'ien Ta-hsin's Poems on Yüan History」，*Harvard Journal of Asiatic Studies*，Vol. 19，No. 1/2 (Jun.，1956)。又元史耶律阿海傳繫此事於壬戌歲，前於録一年，殆事實焉。録之繫年，每遲他書一歲，敬希讀者留心。

〔五〕「列」，原校：元史作「烈」。

元史太祖紀從史本來，史本即作「烈」。孛徒，已見前文。

〔六〕趙、翁、鈕、張、潘、王六本「渾」作「温」是也。秘史第一百八十三節作合剌温礩敦，第二百〇六節作合剌温只敦。史集帝紀及部族志札剌兒、克烈、弘吉剌皆作Qrāūn-jīdūn。但與此相當部分,俄譯者反以Qarātūn當之,殊誤。只敦,滿語jīdūn,「山背」也。合剌温,言「黑色的」,合剌温只敦山,元、明兩代譯黑山或黑嶺,謂今大興安嶺並其餘脈也。金、元兩代亦稱金山,又曰夢哥山,或作蒙可山。詳王氏金界壕考(觀堂集林卷十五,頁十八至二十二)、箭内亘元代の東蒙古(蒙古史研究第十四篇,頁五百九十一至五百九十三)、和田清明初之蒙古經略、兀良哈三衛根據地考、兀良哈三衛研究(東亞史研究蒙古篇,頁三十二、一百二十六、一百六十二至六四、一百八十一)。三家所舉例證外,復可以補歐陽玄圭齋集卷一一高昌偰氏家傳及元史撒吉思傳之黑山,洪萬傳、王綧傳之蒙可山,撒吉思傳即出自歐陽氏家傳。余謂:黑韃事略:「沙漠之地有蒙古山。」契丹國志及聖朝混一方輿勝覽兩書卷首地圖,於蒙古或萌古司以東,並有蒙古山之名,蒙古山者,蒙可山或夢哥山之别譯也。又遼東志卷九外志海西西陸站中有尚山一站,尚山,金山之譌也。

〔七〕京、傅二本復作汪可汗。

〔八〕「携」,諸本並作「挾」。

〔九〕「忽」,原校:陶本、元史俱作「虎」。繆本同此,浙、京、傅、涉、史、汪、陳、徐、何、王十本亦作「虎」。沈曰:元史宗室世系表脱忽大王即此脱虎。

〔一〇〕浙、傅、涉、史、汪、陳、徐、何、王九本同此本，餘本作「絶糧」。

〔一一〕繆本同此，餘本並無「以」字。

上與汪可汗〔一〕戰于哈蘭真沙陀〔二〕。之後〔三〕，汪可汗居於只忒忽盧之地〔四〕。時上麾下答力台斡真〔五〕、按擹折温〔六〕、火察兒别吉〔七〕、札木哈〔八〕、八隣〔九〕、梭哥台〔一〇〕、脱隣〔一一〕、塔海忽剌海等〔一二〕，及忽都花部衆在汪可汗所〔一三〕，相與謀害汪可汗〔一四〕，曰：「此不可依也。」〔一五〕將叛去，汪可汗覺其事〔一六〕，討逐之〔一七〕。是時，答力台斡真〔一八〕、八隣〔一九〕、撒合夷、嫩真諸部〔二〇〕，稽顙來歸，按擹折温〔二一〕、火察兒别吉、忽都花〔二二〕、札木合等奔乃蠻部主泰陽可汗〔二三〕。上移軍至自班朱泥河〔二四〕。

校勘記

〔一〕京、傅二本復作王可汗。趙、翁、鈕、張、潘五本奪「王」字。

〔二〕「哈」，原校：陶本作「合」。「蘭」，原校：元史作「闌」。「沙陀」原作「涉阮」。原校：陶本、元史俱作「沙陀」。

涉、汪、陳、徐、何、王六本「哈」亦作「合」。此本同繆、鈕、徐、何、王五本作「蘭」，餘本作「闌」。京、傅、涵三本「真」作「貞」。「涉阮」二字皆誤。趙、翁、鈕、潘、浙、涉、汪、陳、徐、何、王十一本及繆校作「沙陀」不誤。張、京、涵、傅四本亦誤「沙」爲「涉」，史本「陀」作「沱」。本書前文稱合闌只之野，元史朮赤台傳曰哈剌真沙陀。「真」上原衍一「哈」字，今删。國朝文類卷五九姚燧平章政事忙兀公神道碑祇作曷剌真，史集帝紀與此相當章節作 Qlālǰīt-ālt。貝烈津書 Qlālǰīt 作 Qlālǰīn。而同書部族志那也勤、兀魯、忙兀作 Qlāǰīn-ālt。前者等諸合闌只，後者哈蘭真也。ālt，即秘史「額列惕」，沙磧也。參海涅士 *Woerterbuch*，elet（eletsun 之複數）一辭項下。

〔三〕原校：陶本、元史俱作「地」。

浙、史、汪、陳、徐、何六本亦作「地」，誤。詳見王校。按：史集帝紀：王可汗與帝在 Qlālǰīt-ālt 之戰以後，云云。則「後」爲時間用語，先後之「後」。非方位用語，前後之「後」。原譯亦未妥。

〔四〕京、傅二本又作王可汗。京本「忒」誤「咸」，「忽」誤「虚」。傅本祇誤「忒」爲「咸」，涉、汪、陳、徐、何、王六本誤「感」。袁刊何本訛「盧」爲「廬」。史集帝紀Qïtqūlqāt-ālt，東方所本如是，餘本但祇作Qūlūqāt-ālt。-lū-是。亦一沙陀也。史本此句改：「汪罕可汗大敗，退居於只忒忽盧之地。」作兩句。太祖紀亦言：「汪罕大敗。」

〔五〕「斡」原作「幹」，今據趙、翁、史、王四本及前文改。京、涵、傅三本「真」作「貞」。王曰：前作答力台斡赤斤。

〔六〕「攤」原作「難」，依前文及繆、趙、翁、鈕、張、潘、涵七本改，餘本作「彈」。下同。王曰：前作按彈。舊本實作按攤。

〔七〕王本「吉」作「乞」。王曰：前作火察兒。

〔八〕原校：陶本作「合」。京、傅、涉、史、汪、陳、徐、何、王九本亦作「合」，與前後文相應。

〔九〕「八」，原校：元史作「把」。下同。諸本皆是「八」字。「隣」，潘、京、涵、涉園、徐、何、王七本作「憐」。史集帝紀此處亦曰Bāarīn，然部族志克烈作Qūm-bārīn，伊斯坦布爾、德黑蘭二本若此，東方所、列寧格勒、倫敦三本與帝紀同，祇曰 Bārin，貝烈津書誤 Nārin。王説：即前之渾八力。

〔一〇〕鈕本「梭」誤「校」，「哥」作「歌」。史集帝紀稱 Nūqteh-būūl 後裔 Sūlkāī。列寧格勒、德黑蘭、倫敦、巴黎諸本作 Sūākāī 者是焉。東方所本作 Sūkāī。部族志克烈稱 Sūākāī，惟東方所本誤 Sūālī。Nūqteh-būūl，親征録之諾塔也。秘史第一百二十四節稱其人曰速客該，第一百二十六節曰速格該，第一百二十及一百五十一兩節曰速客該者温，第一百七十七及一百八十一兩節曰速格該者温。本書十二翼之戰譯雪干，前文復譯雪也哥。

〔一一〕原校：陶本有「海」字。

涉園、汪、陳、徐、何五本亦有「海」字。因下人而衍，王校已删。潘本、袁刊何本、王本「隣」作「憐」。

〔一二〕張、潘、汪、陳四本「塔」誤「搭」。史集帝紀：忙兀部別名 Tğāī-khrin 之 Tğāī-kūlāqāī。部族志那也勤兀魯忙兀三部合志，逕稱之曰 Tuğāī-kūlāqāī，與親征録譯名相等，且謂彼人亦被稱作 Tuğāī-kahūrin，又與帝紀相合矣。剌失德釋 kahūrin 之含義爲「竊賊」，則又與 kūlāqāī 相等同也。

〔一三〕汪、陳、徐、何、王五本「及」誤「又」。汪等四本「花」誤「答」，王校已改。

〔一四〕京、傅二本此兩句復作汪可汗。

〔一五〕王本「此」誤「是」。

〔一六〕京、傅二本又作王可汗。

〔一七〕「計」，原校：陶本作「討」。

諸本俱作「討」，據改。唯張、傅二本「逐」誤「遂」，徐、何二本誤「迎」，張校移之於「討」字之上，亦誤。王校據汪本作「討逐」，是也。

〔一八〕「斡」原作「幹」，從繆、趙、翁、史四本改。京、涵、傅三本「真」仍作「貞」。參前文。

〔一九〕潘本作「憐」。

〔二〇〕京、涵、傅三本「真」仍作「貞」，史本誤「直」。

〔二一〕「攤」原作「難」，從繆、趙、翁、鈕、張、潘、京、涵、傅九本改，餘本作「彈」。但鈕本「折」誤「拆」，袁刊何本誤「析」。

〔二二〕張、京、涵、傅、涉園、汪、陳、徐、何九本「都」訛「相」。何校已改。史本訛「不」。

〔二三〕「札木合等」，王本脱「等」字。繆本「合」作「哈」。張、潘、涵、徐、何五本「主」訛

「王」。王校已改。京、涵、傅三本「泰」作別體「太」字。又諸本無「部」字。

〔二四〕唯繆本有「至」字，餘本皆無，清華排印本王本同諸本，但遺書本王本無「自」字，乃有「至」字。史本及繆校同此本，餘本班朱泥河無「泥」字。汪、陳、徐三本且倒「朱河」爲「河朱」，徐校：「疑作班朱泥河。」何本此句至「進伐汪可汗」二十二字皆闕失。

秋，大會於斡難河源〔一〕，進伐汪可汗〔二〕。上遣使哈柳答兒、抄兒寒二人往汪可汗所〔三〕，假爲上弟哈撒兒語，謂之曰：「瞻望我兄〔四〕，遥遥忽及〔五〕，遠捷涉徑〔六〕，不知所從。近聞我妻子在父所〔七〕，我今被木枕塊〔八〕、籍壤仰星而卧〔九〕，我實賴王父〔一〇〕，故敢有請〔一一〕；王苟從之，吾終歸王父也。」〔一二〕汪可汗〔一三〕因遣使亦秃兒干〔一四〕，以煮膠器盛血與之盟〔一五〕。哈柳答兒、抄兒寒二使將亦秃兒干來〔一六〕，上不與語，即送於哈撒兒所〔一七〕。上因以二使爲鄉導〔一八〕，領兵夜馳，至徹徹兒運都山〔一九〕，出其不意，破汪可汗軍〔二〇〕，盡降克烈夷部衆〔二一〕。

校勘記

〔一〕繆、鈕、張、潘、浙、傅、涉、汪、陳、徐十本「斡」仍誤「幹」。

〔二〕「伐」原作「代」，張、汪、陳三本亦訛，據餘本改。

〔三〕抄兒寒，「寒」原作「塞」，依趙、翁、鈕、張、潘五本及王校改。秘史第一百八十三節：察忽兒罕，史集帝紀：Jaūurqān，二書且言二人皆哈撒兒部下，一屬昭烈部，一屬兀良哈部。顏按：史集部族志昭烈：昭烈部人 Qālūdār，兀良哈部人 Jaūrǧā-ailāǧān，又名 Jaūr 者，jaūr，此詞含義爲「摇頭晃腦者」，因彼總是摇晃著腦袋。京、傅二本上句及此句又作汪可汗。但傅本「可」誤「西」。汪、陳二本脱「汪」字，徐校已補。

〔四〕「我」，浙本作「吾」。

〔五〕此本同張、潘、涵、京、傅、涉六本。翁、鈕、浙、史四本「忽」作「勿」，趙、鈕二本「及」作「反」，汪、陳、徐、何四本無「及」字。「勿及」，或是。王校即改作「勿及」。

〔六〕趙、鈕二本作「遠涉撻遥」，翁本「遠沙捷遥」，張本「遠扌涉往」，潘本「遠撻涉徑」，涵本「遠擔涉往」，京、傅、涉、王四本「逐撻沙徑」，汪、陳、徐、何四本「遠楗涉徑」，浙、史二本「遠涉捷徑」，與此本爲近，或是也。此二言：秘史第一百八十三節乃作：「我兄的形影望不着，踏着道路也尋不見，叫他呵，他又不聽得。」史集帝紀則云：「我之心已厭棄吾兄，誰人皆不堪其憤怒，無論我怎麽様想尋找一條出路，但總無法脱離此種處境而與之相遇。」亦晦澀難曉。顔按：部族志昭烈此數語爲：「吾費盡力氣，欲跟上我兄成吉思汗，並與之相會，但吾未予尋見其蹤跡，亦找不到路。現今，森林即吾之住所，土塊即吾之枕頭，如獲（王可汗）賞我臉面，並還妻室子女與吾，吾對彼臣服，並去見彼。」

〔七〕王本「父」作「王」。

〔八〕此本同史本，餘本「被」作「蔽」。

〔九〕鈕、涉、史、汪、陳、徐、何、王八本「籍」作「藉」。

〔一〇〕王本脱此一句。

〔一一〕張本誤「敢」爲「教」，浙、京、涵、傅、涉、史、王七本作「雖」，汪等四本誤「强」。以上各本又誤「請」爲「諸」。沈校亦曰：「『諸』疑作『請』。」

〔一二〕京、傅二本「王父」倒作「父王」。「也」字，趙、翁、鈕三本作「矣」。

〔一三〕京、傅二本又作王可汗。但傅本誤「王」爲「主」。

〔一四〕「亦」原作「赤」。原校：陶本作「亦」。下同。繆本亦作「赤」，餘本皆作「亦」，據改。趙、翁二本誤「秃」爲「秀」。史集帝紀及部族志昭烈作 Itürkān，秘史第一百八十四節作亦秃兒堅。

〔一五〕「膠」，原校：陶本作「漆」。

張本誤「膠」爲「膝」，京、涵、傅、涉四本再誤「漆」，汪、陳、徐、何四本更誤「潦」。史本則改「煮」爲「赫」，「膠」仍作「漆」。史集帝紀言：「盛少量之血於溶膠之角中，由使者將去，爲宣誓之儀。蓋蒙古人有此以血宣誓之習俗焉。」部族志昭烈曰：「王可汗灌了一些血到一隻牛角裏作爲約誓。」太祖紀改作「以皮囊盛血」。無所依傍。又汪、陳、徐、何四本「以」誤「我」，何校於「我」下意增「便」字。王校已正其失。再，趙、翁、鈕三本「與」上復有「以」字，疑衍。

〔一六〕抄兒寒，「寒」原作「塞」，今據鈕、張、潘三本及王校改。亦禿兒干，「亦」原作「赤」，今據諸本改。張、京、傅三本「禿」誤「利」。

〔一七〕「哈」下原有「兒」字。原校：「兒」字疑衍。

汪、陳、徐、何四本亦衍此字，且訛「撒」爲「抄」。王校均已校正。餘本俱不誤。涉本「撒」誤「徹」。

〔一八〕京、傅、涉三本誤「二使」爲「兒便」，「導」爲「尊」，張、汪、陳三本祇誤「尊」字，鈕本誤「二」爲「三」，徐、何二本亦誤「三」字及「尊」字，何校均已改正，與舊本合，袁刊何本闕「使爲鄉導」四字。故王校不知何已改「尊」爲「導」之事。

〔一九〕「徹徹兒」，原校：元史作「折折」，元史無「兒」字。張、徐二校亦引元史太祖紀之文。史集帝紀：Jĭir-ūndūr，秘史第一百六十六節作者者額兒温都兒，第一百八十五節作者折額兒温都兒。温都兒（ūndūr），即運都，「高」也。本書前文衹稱徹徹兒山。

〔二〇〕京、傅二本又作王可汗。

〔二一〕「夷」原作「兒」，據趙、翁、鈕、張、潘，涵六本改。克烈夷即史集帝紀 Karāīt，秘史克烈亦惕之初譯形式。元史太祖紀：「怯里亦部人遂棄汪罕來降。」朮赤台傳：「怯列亦哈剌哈真沙陀等帥衆來侵。」哈散納傳：「怯烈亦氏。」均例證也。浙、京、傅、涉、史、汪、陳、徐、何、王十本無「夷」，當係後人删削者。

汪可汗僅以子及數騎脱走〔一〕，顧其左右〔二〕，謂其子亦剌合曰〔三〕：「我父子相親〔四〕，其可絶而絶之乎？今由此緩頰兒絶矣〔五〕。」至捏群烏柳河〔六〕，爲乃蠻部主太陽可汗之將火里速八赤〔七〕、帖迪沙二人所殺〔八〕。亦剌合走西夏〔九〕，過亦即納城〔一〇〕，至波黎吐蕃部〔一一〕，既討掠〔一二〕，且欲居之〔一三〕，吐蕃收集部衆逐之，散走西域曲先城徹兒哥思蠻之地〔一四〕，爲黑隣赤哈剌者殺之〔一五〕。

校勘記

〔一〕京、傳二本又作汪可汗。

〔二〕徐、何二本「顧」訛「賴」，何校已改。

〔三〕繆本「合」作「哈」。

〔四〕「子」字原脱，今據諸本補。

〔五〕史本無「今」字。何本「此」下意增「輩」字，「兒」改「竟」字，皆非也。張本「頬」誤「頰」，按：「緩頬」出史記卷九〇魏王豹傳，漢書卷一上高帝紀上同。張晏注：「緩頬，徐言引譬喻也。」緩頬兒，猶今語「能説會道的壞小子。」史集帝紀譯此詞爲「腫臉人」，且謂「以此影射有如此一副面頬之亦剌合鮮昆。」殊失本意。

〔六〕「群」原作「辟」，依趙、翁、鈕、張、浙五本及李校改。潘本作「郡」，亦「群」之誤，餘本並同此本，誤「辟」，王本從何説改「坤」字，亦非也。「柳」亦譌文，或係「遜」字之誤。秘史第一百八十八節：涅坤兀速，譯涅坤水，云在的的克撒合勒地面。

史集帝紀與録相當處，各版本皆已脱落，但部族志克烈、乃蠻二志均作 Nakūn-ūsūn，與秘史合。整理者按：續編敘及汪可汗遁逃云：「王可汗與亦剌哈以數騎逸至揑群兀孫河。」揑群兀孫，與秘史涅坤兀速及史集 Nakūn-ūsūn 亦正相合。知親征録揑群烏柳河之「柳」字蓋即「孫」之誤。「烏孫」（ūsūn）漢譯爲「水」，則親征録及續編複出「河」字。

〔七〕繆本「乃蠻」下無「部」字。太陽可汗，前亦作泰陽可汗。火里速八赤，「速」，繆校作「忽」。何曰：甲子年作火力速八赤。顏按：秘史一百八十八、一百八十九、一百九十四各節作豁里速別赤。史集帝紀作 Qorī-sūbačū，帝紀如此，部族志克烈、乃蠻二志與録略同。

〔八〕帖迪沙，史集帝紀作 Tātik-sāl，部族志克烈、乃蠻二志作 Tīnk-sāl，皆略誤。

〔九〕繆本及續編「合」作「哈」。

〔一〇〕即亦集乃城，元史卷六世祖紀三至元四年七月甲寅以前稱亦即納，卷一三世祖紀十至元二十二年七月戊寅以後稱亦集乃。伯氏及韓百詩親征録譯注序即據此差異以定親征録寫作之時代。或黑水城。西夏黑水城官吏，屬五品司第四等。（見西夏文天盛改舊新定律令卷一〇司序行文門。依番漢合時掌中珠，漢字譯寫「黑水」二字之音爲「哆則難」，直譯爲「水黑」。聶利山（N. A. Nersky）著關於西夏國名一文（唐叔豫漢譯，載國立北平圖書館館刊九卷第二號，三至十一頁）引一西夏文詩稿，黑水之名，擬音爲*rźįe-nįã。西夏乾祐七年黑水河建橋碑（又名告黑水河諸神敕），碑陰藏文書黑水河之名爲h hjihī nahī，殆寫西夏語焉。黑水河，禹貢之弱水，而説文之溺水，今額濟納河。詳徐松西域水道記卷三哈喇淖爾所受水，及陶保廉辛卯侍行記卷五。修元史者不明亦集乃實是黑水城，故既著亦集乃路矣，又於兀剌海路下注言：「太祖四年，由黑水城北兀剌海西關口入河西。」云云。一似兩地絶不相干者。亦即納城或黑水城，元亦集乃路所治，今額濟納旗額濟納河下游東側之黑城是也。史集部族志克烈誤其名Īsaq。德黑蘭本作Inčaq，貝烈津書作Insān，均誤。

〔二〕京、涵、傅、汪、陳五本「吐」作「土」。史集帝紀：Būrī-thbt。部族志克烈但曰吐蕃地方。G. P. Carpini行紀著録此部，曰Buri-thabet。行紀稱：韃靼人出征犬形怪人之國，歸途中又至Buri-tabet地方。其人俱屬異教徒，蒙古人攻而降之。此族有一習俗，任何人於父死後，輒聚族食其遺骸，真可謂奇慘矣。此種人全然無鬚，手中持一鐵器，領下生鬚，輒爲鑷去。形狀亦復奇醜。韃靼軍後由此反國。云云。檢J. Bacot, *Documents de Touen huang* 九十九頁（法譯一百二十六頁）記止貢贊普與臣下羅阿木達孜戰爭而被殺，其子乞求吃掉止貢，云云。（引自P. t. 1287贊普傳記）。當與波黎吐蕃子食父屍之風尚有某種淵源關係。伯氏定此部地理於今青海西寧一帶，或柴達木盆地附近。見亞洲學報一九二〇年四至六月號，彼所撰「A propos des Coman」，五十二至五十三頁。沈氏引元史按竺邇傳：子國寶，「爲蒙古漢軍元帥，兼文州吐蕃萬户府達魯花赤。……時扶州諸羌未附，國寶宣上威德，於是呵哩禪、波哩揭諸酋長皆歸款，從國寶入覲。」謂此波哩揭，即是波黎吐蕃。文州，今四川茂汶。扶州，今四川松潘。波哩揭既屬扶州諸羌之一，似與衛藏通志卷一五西寧管轄四十族住牧地界項下之白利族地望暗合。（東至布木地方尼牙木錯，南至木魯烏蘇河，西至哈拉果爾源玉樹，北至力拉彦納哈。）顔按：此或是六朝隋唐間與吐谷渾接壤之白蘭羌人。白利族，即薩迦世系（Sa skya gdung rabs）七十八至八十頁所收薩迦班第達致土蕃人書，兩見之 Biri 族。西藏王臣史（Dpyid kyi rgyal movi glu dbyangs）二百五十八頁，明言此 Biri 人在康區（Khams）。如沈説可取，則「哩揭」似爲「黎」字古音之西北方言化者——'Iji，待攷。

〔二〕京、傅、涉、汪、陳、徐、何、王八本「既」作「即」，史本改此句爲「既剽掠以自資」。

〔三〕王本遺「且」字。

〔一四〕「西域」原作「西城」，依繆、京、涵、史四本及何校改。曲先城，「曲」原作「曰」，依趙、翁、鈕、潘四本及何校改。「城」譌爲「居」，今據趙、翁、鈕、潘、張、涵六本改。王本仍作「居」，誤屬下句。史集部族志克烈作 Kūsān 國。帝紀作 Kūsātū，顯誤。顏按：术外尼書作 Kucha。今之新疆庫車，而古之西域龜茲。太祖紀改此句爲「走至龜茲國」。史本無「城」字。徹兒哥思蠻，繆、趙、翁三本「徹」作「撤」。鈕本誤「撤」。史集帝紀：Čārkāšmeh。部族志克烈作 Čahār-gahā，亦顯誤。

〔一五〕張、涵二本「赤」誤「亦」。史集帝紀：Qilič-qarā。部族志克烈作 Qilič-qarā，皆微有誤。

上既滅汪可汗〔一〕，是冬，大獵於帖麥該川〔二〕，宣布號令〔三〕，振旅歸龍庭〔四〕。上春秋四十二〔五〕。時乃蠻太陽可汗遣使月忽難〔六〕謀於王孤部主〔七〕阿剌忽思的乞火力今愛不花駙馬丞相，白達達是也〔八〕。曰：「近聞東方有稱王者〔九〕，日月在天，了然可知〔一〇〕，世豈有二主哉〔一一〕！君能益吾右翼〔一二〕，奪其弧矢耶〔一三〕！」阿剌忽思即遣使朵兒必塔失以是謀先告於上〔一四〕，後舉族來歸。

我之與王孤部親好者，由此也。

校勘記

〔一〕袁刊何本「既」誤「即」。京、傳二本此處復爲王可汗。

〔二〕「該」，原校：續通鑑作「垓」。本書下亦同。
何亦曰：即甲子年之帖木垓川。

〔三〕翁本「號」作「告」。趙本作「苦」，鈕本作「善」，並「告」之訛。

〔四〕繆本無「歸」字。

〔五〕鈕、潘二本倒作「二十四」。

〔六〕王曰：閻復駙馬高唐忠獻王碑，帶陽罕使者卓忽難，即此月忽難。史集帝紀，伊斯坦布爾、倫敦二本作 Jūkākān。秘史第一百九十節謬以月忽難爲王孤部主之使。

〔七〕王曰：王孤，秘史、元史並作汪古。顔按：元史汪世顯傳：系出旺古族，而楊奐還山遺稿卷上總帥汪義武王世顯神道碑作汪骨族。國朝文類卷六二姚燧汪忠臣神道碑：「汪骨族，故汪姓。」忠臣，世顯子。本稱旺家，蓋「王家」之轉也。宋史党項傳：景德二年，「熟户旺家族擊夏兵，擒軍主一人以獻」。又記大中祥符六年九月，「夏州略去熟户旺家族首領都子等來歸，隨而至者又三族，遺使存勞之」。王氏、伯氏皆説旺家即汪古異譯。以汪古屬党項矣，請閱下文。其汪古人之來歷與分派，並其遷徙之跡，則可參閱陳垣元西域人華化考卷一頁十九至二十。又譯雍古，或以爲即金史百官志敘白號之姓封隴西郡者之黄摑氏，見陳述金史拾補五種，一百一十三至一百二十頁。非也。如黄摑敵古本，世居星顯水，世襲千户。星顯水，今布爾哈通河。汪古入遼東，而爲女真世居率水且與完顏氏聯姻之唐括氏。率水，今黑龍江呼蘭河北支之通肯河與雙陽河。女真唐括氏又作唐适、同古、唐骨、唐古，如唐括安禮其人，三朝北盟會編卷二四五引族帳部曲録作唐骨安禮；唐括辯，建炎以來繫年要録卷一六〇作唐古辯，三朝北盟會編卷二一六引苗耀神麓記作唐古卞。

〔八〕「今」原作「金」，此同繆本，據諸本改。汪、陳二本誤「今」爲「令」，誤「愛」爲「憂」。徐、何二本「憂」字仍訛，且譌「達達」爲「速速」，張、徐二校已正之。趙、翁、鈕三本誤「白」爲「自」。趙、張二本且譌「愛」爲「叓」。京、傅二本誤「是」爲「旦」。按：阿剌忽思其名，譯言花色之鳥。的乞，突厥語稱王子之特勤也。本書下文己巳年畏吾兒使者孛羅的斤，其「的斤」即此「的乞」。火力，官名，即前出之金史卷五五百官志敘所記之「忽魯」。史集帝紀其人作 Alāquš-tigin-qūri，部族志乃蠻、汪古二志均作 Alāqūš-tīgīn 或 Alāqūš-tīgīn-qūrï。汪古部主歷來有是號焉，故此部復有小斛禄，小胡魯、小胡虜、小骨碌之名，或竟寫作小葫蘆。遼史卷三〇天祚皇帝紀四保大五年正月辛巳、己丑兩日紀事及卷七〇屬國表保大五年正月，契丹國志卷一二天祚皇帝紀下保大四年紀事，三朝北盟會編卷二一引亡遼録及北征紀實，楊仲良皇宋通鑑長編紀事本末卷一四四徽宗皇帝金兵上引北征紀實，諸書記天祚皇帝出亡，逃於党項小斛禄，或稱之曰山金司小胡魯、小胡虜，又曰天德、雲中之間小骨碌族。（但松漠記聞記述其事，乃易之爲小勃律。如非洪皓之誤解，則纂輯記聞者或鈔録此書者之妄改，或筆誤也。）又會編卷九九引范仲熊北記，稱述所聞於番人之言：丙午歲十一月（宋靖康元年、金天會四年）隨國相粘罕之十種人中，有小葫蘆一家。究其所以，汪古部也。考汪古之一部，或大部，世居臨洮、鞏昌、狄道諸地。汪世顯、汪忠臣父子，鞏昌鹽州人；馬慶祥（本名習禮吉思）之祖帖穆爾越歌，家臨洮之狄道。諸地固多党項人焉。故宋史党項傳記有旺家族。阿剌忽思一家之北遷於天德、雲中之間山金司（即静州，遺址今内蒙古烏蘭察布盟四子王旗烏蘭花鎮西北二十五里城卜子村），或者仍被視同党項人，紀實之稱汪古爲党項小斛禄者，以此也。蒙韃備録：「（金）章宗璟又以（達人）爲患，乃築新長城在静州之北，以唐古糺人戍之。」新長城，謂金西南路界壕也。唐古，党項異書耳。金邊防軍有唐古糺人，正謂阿剌忽思一家也。閻復撰駙馬高唐忠獻王碑，及元史卷一一八阿剌兀思剔吉忽里傳所謂：「金源氏塹山爲界，以限南北，阿剌兀思剔吉忽里以一軍守其衝要。」亦以此也。汪古之稱白達達，又曰白韃靼，遼金以來，久已若是。遼史卷三〇天祚皇帝紀四，保大二年，耶律大石西遷，北行三日，過黑水，見白達達詳穩牀古兒。黑水，今内蒙古達茂聯合旗之艾不改河。牀古兒，必係阿剌忽思之某先人。而耶律大石西至可敦城，駐北庭都護府，所集會之七州十八部中有唐古部，而無白達達，則唐古部亦白達達也。又檢元史卷九八兵志一兵制門至元十一年五月：「詔延安府、沙井、净州等處種田白達達户，選其可充軍者，簽起出征。」沙井與净州地相毗鄰，遺址在今内蒙古四子王旗紅格爾公社。沙井、净州之白達達，即舊爲金人戍邊守新長城之唐古糺，亦即汪古部。其延安府之白達達來自何方？遷徙之跡若何？皆無從考究。以「火力」爲號者，汪古外，夥矣。參本書前文之「察兀忽魯」一辭，又本書王可汗之將迪吉火力，乃蠻之將火里速八赤，塔塔兒部將火力失烈門太石、忽魯不花皆冠以「火力」或「忽魯」之稱也。金史卷一〇二蒙古綱傳：本名胡里綱。彼蒙古人，且爲「胡里」，故本名，他稱如此也。但元好問遺山先生文集卷二六嚴實神道碑，稱其人爲東平守將何立剛，元史卷一四八嚴實傳作和立剛，卷一二〇肖乃台傳乃作東平安撫王立剛，「王」字實誤。稱謂一變再變，遂不可復知「胡里」爲何物矣。

〔九〕趙、翁、鈕、張、潘五本及續編「東方」作「東西」者近是。史集帝紀曰：「在此境内出現一新君主。」亦不專言「東方」也。

〔一〇〕汪、陳、徐三本「知」誤「之」，何本遂改「見之」。史本「了」作「瞭」。趙、鈕二本「可」誤「不」。王校已改正其失。

〔一一〕「主」原作「王」，依趙、翁、鈕、張、潘、王六本及續編改。潘本「哉」作「也」。

〔一二〕趙、翁、鈕、王四本「吾」作「我」。

〔一三〕張、京、涵、傅四本「耶」誤「即」，而浙、史、汪、陳、徐、何、王七本闕此字。

〔一四〕朵兒必塔失，「失」原作「真」，依諸本改。但趙本誤「必」爲「興」。史本「塔」作「搭」，「失」誤「夫」。史集帝紀：Tūrbī dāšī。此據東方所本，塔什干本作 Tūrin dāš，誤。秘史第一百九十節：脱兒必塔失，但爲乃蠻使臣名。

甲子 宋景定五年，金泰和四年〔一〕。春，大會於帖木垓川〔二〕，議伐乃蠻。百官謀曰〔三〕：「今畜牧疲瘦〔四〕，待秋高馬肥而後可進。」上弟斡赤斤那顏曰〔五〕：「毋慮馬瘦〔六〕，我騎尚壯，今勢已如此，其可緩乎？以吾料敵，必取之〔七〕；苟戰勝，使他日指此地嘗擒太陽可汗〔八〕，當圖此名。然勝負在天，必當進矣〔九〕。」上弟別里古台那顏亦曰〔一〇〕：「乃蠻欲奪王弧矢〔一一〕，若果爲奪，則身將安之？彼恃國大馬繁〔一二〕，恣爲誇語。今我卒然入之，國雖大，必逃散於山林；馬雖繁，必遺棄於原野〔一三〕。掩其不虞，奪之弓矢〔一四〕，豈難哉！」衆稱善。望日祭纛〔一五〕，詰朝進兵伐乃蠻。

校勘記

〔一〕原校：按此注亦誤。

張校：當作宋嘉泰四年，金泰和四年。

〔二〕「木」，原校：上作「麥」。

何校説略同。史本仍作帖麥該川，太祖紀同。史集帝紀：Tmqīeh-tūlkūl

Jüt，秘史第一百九十節：帖篾延客額兒禿勒勤扯兀惕，「客額兒」，川也。王説即元史特薛禪傳之迭蔑可兒，疑在魚兒濼今達里諾爾。之北。

〔三〕潘本無「謀」字。

〔四〕「畜牧」原作「牧畜」，今據諸本改。繆、浙二本同作「疲瘦」，張、京、涵、傅、史、汪、陳、王八本作「疾瘦」，而徐、何二本作「疾疫」，並譌，下文「毋慮馬瘦」可證。

〔五〕「斡」原作「幹」，依史、王二本改。趙、翁、鈕、張、潘五本「斤」訛「因」。

〔六〕張、浙、涵、史四本乃作「疲」字。京、傅二本又訛「疫」。

〔七〕徐、何二本「取」作「敗」。王校已改。

〔八〕汪、陳、徐、何四本無「使」。王校已增。

〔九〕潘本「矣」作「也」。

〔一〇〕趙、翁、鈕、張、潘五本奪「台」字。

〔一一〕史本「王」作「我」。太祖紀同。京、傅二本作「主」。

〔一二〕「侍」字原脱，繆本亦無，依趙、翁、鈕、張、潘、京、涵、傅、涉、史、王十一本補。但趙本誤「侍」，鈕本誤「時」。

〔一三〕趙、翁二本「原」作「田」。鈕本「田」誤「由」，下有「原」字。

〔一四〕袁刊何本、王本「之」作「其」，與潘本校者所改合。弓矢與前文弧矢，謂火兒赤也。

〔一五〕按：望日，月之十五也。參史集帝紀（一卷二册一百四十七頁），但秘史第一百九十三節，稱「鼠兒年（即甲子）四月十六日，成吉思祭了旗纛，去征乃蠻」。實則十五日祭旗，十六日進兵，非後一日也。顔按：黑韃事略曰：「其擇日行事，則視月盈虧以爲進止。」原注云：「朏之前、下弦之後，皆其所忌。」漢書卷九四上匈奴傳上：「舉事常隨月，盛壯以攻戰，月虧則退兵。」隋書卷八四突厥傳：「候月將滿，輒爲寇抄。」資治通鑑卷二九〇後周紀一太祖廣順元年正月癸酉，「契丹之攻内丘也，死傷頗多，又值月食，軍中多妖異，契丹主懼，不敢深入，引兵還」。胡注：「胡人用兵，以月爲候，月食，又多妖異，故懼而不敢進。」秘史第八十一節記泰亦赤兀惕捕捉帖木真，適當四月十六日於斡難河岸上做宴會。蒙古薩滿儀式中尚有所謂「紅色圓盤子節」，這是在夏至那天，即入夏的頭一個月的十六日舉行的。參W・Heissig, *The Religions of Mongolia*, London: Routledge & Kegan Paul, 1980。此節，秘史直譯爲「夏的頭月的十六，紅圓光日」，其義即夏月十六日，參此録亦可譯作「頭日節」。

秋〔一〕，再會哈勒合河〔二〕建忒垓山〔三〕，先遣麾下虎別來〔四〕、哲別二人爲前鋒〔五〕。太陽可汗至自按臺〔六〕，營於坑垓山之下〔七〕哈只兒兀孫河〔八〕，引兵迎敵〔九〕，我軍至斡兒寒河〔一〇〕。太陽可汗同滅兒乞部長脱脱〔一一〕，克烈部長札阿紺孛〔一二〕、阿隣太石〔一三〕，斡亦剌部長忽都花別吉〔一四〕，及札木合、朵魯班〔一五〕、塔塔兒、哈塔斤〔一六〕、散只兀諸部相合〔一七〕。時吾隊中一白馬帶弊鞍驚走〔一八〕，突乃蠻軍〔一九〕，太陽可汗與衆謀曰：「彼軍馬羸，可尾而進，然待馬稍輕健〔二〇〕，與之戰也〔二一〕。」驍將火力速八赤曰〔二二〕：「昔君父亦言赤可汗勇戰不回〔二三〕，士背馬後，未嘗使人見也〔二四〕，今何怯耶〔二五〕？ 果懼之，何不令菊兒八速來？」太陽可汗妻也。〔二六〕太陽可汗因率衆來敵。

校勘記

〔一〕史本無此字。太祖紀亦無「秋」字，直敍駐兵於建忒該山之事。

〔二〕哈勒合河，「合」字原脱，翁本作哈勒哈河，餘本作哈勒合河，今補一「合」字。前文諸本俱作哈勒合河。

〔三〕「垓」，原校：元史作「該」。

史、王二本即作「該」，京、傅二本誤「[王亥]」，徐、何二本誤「壇」，張校已改。汪、陳、徐、何四本誤「忒」爲「惑」。史集帝紀言是 Qlāat 河谷之 Qehltehgai-ka-da，秘史第一百九十一、一百九十二兩節均稱哈勒合河的斡兒訥兀的客勒帖該合打，但第一百七十五節與此相當段落，則易「兒」爲「峏」，易「兀」爲「屼」，餘並同。「客勒帖該合打」（Kältägäi-qada）譯「半崖」，前者言「山之半高」，後者謂「懸崖」、「巖壁」，見海涅士 *Woerterbuch*，Keltegai 與 Hada 兩辭項下。即前文斡兒弩兀遺忒哥山崗也，距哈蘭真沙陀處爲近。乃畏答兒埋骨處，參那珂實録，二百七十一至七十二頁。

〔四〕「别」原作「剌」。原校：陶本、元史俱作「必」。

繆本同此本。當依趙、翁、鈕、張、潘、浙六本及續編改「剌」爲「别」，而其餘各本乃作「必」。前文稱忽必來或忽必來那顏。

〔五〕汪、陳、徐、何、王五本作「先鋒」。

〔六〕史集帝紀言：按臺乃河谷。則前文也迭兒按臺河之省文也。諸家以今之阿爾泰山而古之金山當之，殆誤。

〔七〕「坑垓」，原校：陶本作「杭海」。元史、續綱目、續通鑑作「沆海」。浙、涵、涉、汪、陳、徐、何、王八本作杭海，京、傅、史三本作沆海，餘本同此本。諸家説，今杭愛山無異辭。又諸本無「下」字。

〔八〕「河」原作「何」。原校：陶本作「河」。繆、張二本亦誤「河」爲「何」，據諸本及繆校改。張本訛「哈」爲「塔」。汪、陳、徐三本誤「兒」爲「見」。王説：今杭愛山北之哈瑞河。按：哈瑞河，又譯哈内河，發源杭愛山之北麓，而東北流，入色楞格河。

〔九〕潘本「引兵」上有「乃」字，衍。

〔一〇〕「斡」原作「幹」，依史、王二本改。浙、京、涵、傅、涉、史、徐、何八本「寒」訛「塞」，徐、沈二校亦改。諸家説，今之鄂爾昆河，而古之嗢昆水，亦無異辭。

〔一一〕浙、京、傅、涉、史、汪、陳、徐、何九本「滅」作「蔑」。史、何、王三本「兒」作「里」。太祖紀亦作蔑里乞。

〔一二〕張本誤「孛」爲「字」。

〔一三〕浙、潘、史三本「隣」作「憐」。潘、京、傅、涵四本「太」作「大」。張本誤「石」爲「名」。

〔一四〕「斡」原作「幹」。原校：「幹亦」，陶本、元史俱作「猥」。

依趙、翁二本及續編、王校改「斡」爲「斡」。鈕本誤「韓」。浙、史、汪、陳、徐、何六本亦作「猥」。太祖紀作猥剌，相同。

〔一五〕京、傅、涉、史、汪、陳、徐、何、王九本「朵」作「秃」。太祖紀曰秃魯班。繆、趙、翁、鈕、張、潘、涵七本及續編「魯」作「兒」。

〔一六〕「塔」，原校：陶本、元史及類編俱作「答」。下同。潘、京、傅、涉、史、汪、陳、徐、何、王十本亦作「答」。太祖紀：哈答斤。「斤」字本脱，依諸本補。

〔一七〕原闕散只兀部，用諸本補。鈕本「散」作「撒」，史本誤「敵」。太祖紀：散只兀。趙、翁、鈕三本「諸」訛「都」。

〔一八〕「吾」，原校：陶本作「我」。惟繆本作「吾」，餘本俱作「我」。

〔一九〕原闕此句，亦用諸本補。但史本「突」下有「入」字。太祖紀：「時我隊中驘馬有驚入乃蠻營中者。」

〔二〇〕趙、翁、鈕、潘四本「待」下有「我」字。「輕」，徐本誤「軟」，何本作「輭」。王校已改。

〔二一〕趙、翁、鈕三本「與」下衍「我」字。

〔二二〕何曰：前作火里速八赤。史集帝紀此處乃作 Sūbečü-qorï，而與上文相當者及部族志克烈，乃蠻，則爲 Qorï-sübaǰu，或 Qūrū-sūbāūǰu，請參閲上文揑群烏柳河句下。史本「曰」上有「對」字。太祖紀同。

〔二三〕「亦言赤」原作「赤年」。「赤」，原校：陶本作「亦」。趙、翁、鈕三本作亦言赤可汗。張、潘、涵、史四本作亦年赤可汗，但潘本「亦」字仍作「赤」，誤。餘本作亦年可汗。何校：前作亦難赤可汗。據是，則亦言赤可汗爲是。史集帝紀相應處作 Ināнč-hān。。史本「回」上有「爲」字，當衍。太祖紀作「勇進不回」。

〔二四〕史本作「士馬背後，未嘗使敵人見也」。太祖紀：「馬尾人背，不使敵人見之。」

〔二五〕袁刊何本「耶」作「也」。王校已改。

〔二六〕史集帝紀及部族志乃蠻亦云太陽可汗之妻，但帝紀後文以爲 Gür-hān 之妻。則與秘史第一百八十九、一百九十四、一百九十六三節之稱爲太陽可汗之母者合。爲妻之説是。

上以弟哈撒兒主中軍〔一〕，躬自指揮行陣。時札木合日從太陽可汗來〔二〕，望見上軍容嚴整〔三〕，謂左右曰〔四〕：「汝等見按答舉止英異乎？乃蠻部嘗有言〔五〕：『雖羖革奇許〔六〕，猶貪不捨〔七〕。』豈能當之？」遂提本部兵走。是日，上與之大戰，至晡，擒殺太陽可汗。乃蠻部衆潰〔八〕，夜走絶阻〔九〕，俱墜納忽渾崖〔一〇〕，死者不可勝計〔一一〕。明日，餘衆悉降。於是朵魯班〔一二〕、塔塔兒、哈塔斤〔一三〕、散只兀諸部亦來降〔一四〕。

校勘記

〔一〕趙、翁、鈕三本「主」作「至」，誤。汪、陳、徐、何四本脱「中」字。王校已補。

〔二〕「可汗」二字原脱。「太陽」下，原校：元史有「罕」字。諸本皆作太陽可汗，今據補。翁、史、何三本無「日」字。王校亦從何本删。鈕、潘二本作「曰」，但潘本校者點去之。太祖紀作：「時札木合從太陽罕來。」略同史本。汪等四本無「來」字。

〔三〕趙、翁、鈕、潘四本作「麾軍嚴整」，張本脱「上麾軍」三字，「嚴整」誤「麗整」。京、傅二本作「軍容嚴麗整飭」，並訛文解字而有之；此本同於繆、涵、浙、涉、史、汪、陳、徐、何九本，則删剔其譌與注也。太祖紀作「軍容整肅」，又就史本而改之。按：麾軍，麾下之軍也。舊本是。

〔四〕汪、陳、徐、何四本「謂」上有「因」字。

〔五〕「部」，原校：陶本作「語」。

此本同於繆、趙、翁三本，鈕本無「部」字，餘本概作「語」。史集帝紀：此處謂乃蠻族，云云。似作「部」者是。京、涵、傅三本「嘗」作「常」。

〔六〕「羖」原作「駁」，「許」譌「計」，依趙、翁、鈕三本改。張本「羖」訛「駁」，「奇」訛「哥」；潘本「羖」訛「馭」，「奇許」訛「哥詐」；涵本略同張本，「駁」再訛爲「駮」，傅、涉、史三本同此本，而京本則「駁」作「駮」，汪、陳、徐三本又作「駇」，何本雖是「駁」字，但改「奇計」爲「去皮」。王本仍從何本。史集帝紀：「乃蠻部乃至一牛股之皮，亦不留與他人，無論何人皆不得獲其利益也。」此言其貪吝。秘史第一百九十五節曰：「如小羖攊羔兒，蹄皮也不留。」元史太祖紀言：「若羖攊羔兒，意謂蹄皮亦不留。」據三書，則羖革者，羖攊羔兒之皮革也；而奇許者，少許也，奇，奇羡、奇零之謂。舊本是。

〔七〕「捨」原作「拾」。原校：陶本作「捨」。諸本並作「捨」。據改。

〔八〕徐、何、王三本無「部」字。史本「潰」上有「皆」字。太祖紀：「諸部軍一時皆潰。」

〔九〕汪、陳、徐三本「阻」訛「且」。史、何二本作「險」。王校已改。

〔一〇〕王本無「俱」字。潘本「忽」訛「虎」。何本奪「渾」字。王本仍從何本。史集帝紀、部族志乃蠻並作 Nāqū-qūn，秘史第一百九十五節：納忽崑，譯納忽山崖。Qūn 或「崑」，當此「渾」音也。

〔一一〕汪、陳、徐、何四本脱「死」字，連上句。王校已補。「勝」字原脱，今據諸本補。

〔一二〕繆、趙、翁、鈕、張、潘、京、涵、傅九本「魯」作「兒」。

〔一三〕京、傅、史、王四本「塔」作「答」。

〔一四〕「散」，繆本作「撒」。

冬，再征脱脱，至迭兒思河源不剌納矮胡之地〔一〕，兀花思滅兒乞部長帶兒兀孫獻女忽闌哈敦於上〔二〕，率衆來降。爲彼力弱，散置諸翼中〔三〕，實羈縻之〔四〕。其人頗不安〔五〕，復叛，劫留後輜重，我奮兵與戰，復奪之〔六〕。上進軍圍滅兒乞〔七〕於泰寒寨〔八〕，盡降麥古丹〔九〕、脱脱里〔一〇〕、掌斤滅兒乞諸部而還〔一一〕。部長脱脱挾其子〔一二〕奔盃禄可汗〔一三〕。帶兒兀孫既叛，率餘衆至薛良葛河哈剌温隘〔一四〕，築室以居〔一五〕，上遣孛羅歡那顏〔一六〕及赤剌温拔都〔一七〕弟闖拜二人〔一八〕，領右軍討平之。

校勘記

〔一〕迭兒思，此同鈕、潘二本，趙、翁二本脱文，餘本「思」並訛「惡」。史集部族志滅兒乞：Trs-murehn。史集帝紀：Tar-murehn，微有誤。不剌納矮胡，王曰：未詳。

〔二〕滅兒乞，浙、京、傅、涉、史、汪、陳、徐、何、王十本「滅」作「蔑」。帶兒兀孫，汪、陳二本脱「兒」字，徐本誤置「兒」於「兀」下，何本因之，遂作「帶兀兒孫」，何校指明，王校已改。忽闌哈敦，繆、鈕、徐、何、王五本「闌」作「蘭」；「哈」原作「塔」，繆本同此，依諸本改。元史卷一〇六后妃表：太祖位下第二斡耳朵第一人忽蘭皇后，史集帝紀記太祖之妻室子女，言次妻忽蘭哈敦，闊列堅太子之母。又元史卷一二二鐵邁赤傳：「初事忽蘭皇后帳前，嘗命爲掆馬官。」

〔三〕王本「諸翼」作「軍」字。顔按：「翼」，即奥魯（ügrüq）也。參史集帝紀。

〔四〕「縻」原作「維」，依各説郛本、潘本改。汪、陳、徐、何四本誤此句爲「室坝之」。袁刊何本「坝」作「壩」，王校已據説郛改正。

〔五〕王本作「其人不自安」。

〔六〕「其人」以下五句二十字原闕，從趙、翁、鈕三本補。張本所闕，與此本同。潘本「奮」作「進」，餘同趙本等。涵本「復叛」上有「故」字，無「劫」字、「後」字，「奮」作「大」。京、傅、涉三本「復」訛「夫」，「叛」上衍「同」字，奪「劫」字，「後」訛「復」，「奮」亦作「大」。汪、陳、徐、何、王五本有「同」字，奪「劫」字，「後」訛「復」，無「奪」字。或「進」字，或「大」字。王校據説郛增「大」字。史本有「同」字，改「劫留後輜重」句爲「移輜重去」，太祖紀：「俄復叛去。」亦無「奪」字。或「進」字，或「大」字。

按：史集帝紀云：帝令分散兀花思滅兒乞之衆於各 ügrüq 中，每 ügrüq 得數百人，置長官；迨大軍過後，其衆復叛，劫掠 ügrüq。云云。秘史第一百九十八節亦曰：又先投降的豁阿思（或作兀洼思）篾兒乞在老營内反了。老營，稱「阿兀魯黑」（a'uruq），又譯「老小營」或「營盤」，見秘史一百三十六、二百三十三、二百

五十七、二百七十一各節，而續增華夷譯語人物門，譯「阿兀魯黑」(a'uruq)爲「家小」。ügrüq，「阿兀魯黑」爲一辭，此元史諸書之「奥魯」也，即本書之「輜重」或「留後輜重」。参前文。蓋滅兒乞人劫帝之留後輜重，非自移輜重，史本昧本義矣。舊本之可貴，往往如此。

〔七〕袁刊何本「軍」作「兵」。浙、京、傅、涉、史、汪、陳、徐、何、王十本「滅」作「蔑」。繆本同此本。

〔八〕泰寒寨，原作「太寒」，並脱「寨」字。「太」，原校：元史作「泰」。「寒」下，原校：元史有「寨」字。繆本同此，繆校補「寨」字，餘本皆作「泰」，但又皆誤「寨」爲「塞」，據王本改。史集帝紀：Dāīkal-kurgan。秘史第一百九十八節：台合勒豁兒合，譯「台合勒」(taïqal)爲山頂，譯「豁兒合」(qorqa)爲寨子。参秘史第一百三十三節。

〔九〕史集帝紀及部族志滅兒乞並作 Mūdān。

〔一〇〕原作「脱里」，奪一「脱」字。此本誤同何本，餘本盡作脱脱里。鈕本「里」誤「黑」。

〔一一〕「掌」原作「堂」。原校：陶本作「掌」。史集帝紀作 Tūdāūlin，部族志滅兒乞作 Tūdāqlin。

徐、何二本訛「孛」，餘本並作「掌」。但趙、翁二本「斤」訛「介」。史集帝紀：Rjūn，微誤；部族志滅兒乞：Jiūn。此許有壬圭塘小稿卷一〇鎮海神道碑之只溫也。碑云：「征塔塔兒、欽察、唐兀、只溫、回回、契丹、女真皆有功。」元史卷一二〇鎮海傳本之。南村輟耕録卷一氏族及後至元四年竹溫台碑之竹因歹、竹溫、竹溫歹，亦此掌斤也。三部並滅兒乞之屬。滅兒乞，浙、京、傅、涉、史、汪、陳、徐、何、王十本「滅」作「蔑」。「乞」字原脱，依諸本增。

〔二〕汪、陳、徐、何四本奪「子」字，王校已增。

〔三〕「盃」原作「至」。原校：陶本作「盈」。張、京、傅、涉、汪、陳、徐、何八本亦作「盈」，涵本作「孟」，「至」、「盈」、「孟」皆誤。繆、趙、翁、鈕、潘、浙、王七本作「盃」，史本作「杯」。「盃」、「杯」同字。今據改。

〔四〕薛良葛河，王本「葛」作「格」。何曰：即今之色楞格河。顏按：唐之仙娥河，參那珂實録第八十九頁。京、傅二本「哈」倒置於「河」上。汪、陳、徐、何四本誤「哈」爲「洽」。汪、陳、徐三本誤「隘」爲「溢」。

〔五〕趙、翁、鈕、張、潘、浙、涵七本「室」作「塞」，史本作「寨」字是。史集帝紀：帶兒兀孫來至薛良葛河境内哈剌温寨中，彼等並駐扎該處。

〔一六〕趙、翁、鈕、張、潘、涵六本「歡」作「桓」。京、傅、涉三本闕「歡那」二字。袁刊何本「那」訛「乃」。王曰：前作博羅渾那顔。

〔一七〕浙、京、傅、涉、汪、陳、徐、何、王九本「剌」作「老」。史本誤作赤温老。張、京、傅、汪四本「都」訛「相」。

〔一八〕闖拜，原校：元史作沈白。京、傅二本「闖」訛「馬」，且脱「拜」字。何曰：秘史作沉白，又作沉伯。顔按：秘史第八十四、八十五、一百九十八各節作沉白，第二百一十九節作沉伯。「沈」爲「沉」之誤。

乙丑，征西夏，攻破力吉里寨〔一〕，經落思城〔二〕，大掠人民，多獲橐駝以還〔三〕。

校勘記

〔一〕「里」原作「思」。原校：元史、續綱目、續通鑑俱作「史」。繆本同，依餘本改「思」爲「里」。元史等三書亦是「里」字。原校誤。當是鈔寫之譌。「寨」，鈕、潘二本誤「塞」。史集帝紀：Likili 寨，部族志唐兀惕誤 Likr，言爲一極堅固之堡寨。

〔二〕史集帝紀此城名 Klnk-lūsī，部族志唐兀惕乃稱 Asā-kink-lūs，Asā 或作 Asū。乃一大城池也。

〔三〕王本「以」作「而」。

丙寅，大會諸王百官於斡難河之源〔一〕，建九斿之白旂〔二〕，共上尊號曰成吉思皇帝〔三〕。後發兵征乃蠻〔四〕，時盃禄可汗飛獵於兀魯塔山莎合水上〔五〕，擒之，是時太陽可汗子屈出律可汗與脱脱遁走，涉也兒的石河〔六〕。

校勘記

〔一〕「斡」原作「幹」，依趙、翁、涵、京、何、王六本改。

〔二〕「旂」原作「旆」。原校：陶本、元史及類編作「旂」，續綱目、續通鑑作「旗」。繆本同此。趙、翁、鈕、張、潘、浙、涵、京、汪、陳、徐十一本作「旂」，史、何、王三本作「旗」。袁刊何本「斿」誤「旒」，史本同此，但無「之」字，餘本作「游」。按：「旗」、「旂」俗通用，「旆」字誤。王引蒙韃備録：「成吉思之儀衛，建大純白旗以爲識認，外此並無他旌幢……國王亦然。今國王止建一白旗，九尾，中有黑月，出師則張之。」顔按：元史卷七七祭祀志六國俗舊禮門：洒馬妳子禮，用物中，有「綵段練絹各九匹，以白羊毛纏若穗者九」。此九斿之斿也。

〔三〕原校：續綱目作「可汗」。

按：可汗即皇帝，剌失德釋「成」之義爲剛强，而「成吉思」乃其複數，與西遼君主稱菊兒可汗者同。此古人解成吉思汗名號之唯一者。

〔四〕何、王二本「後」作「復」，誤。潘本「征」作「伐」。

〔五〕「時」字原脱，趙、翁、鈕依三本補。太祖紀亦有「時」字。京、傅、涉三本脱「飛」字，王本從之而刪削，史本改「因」。洪鈞說：飛獵，即史集帝紀之射獵飛鳥也。按：俄譯新本作「獵鳥」。史集部族志乃鑾相同。俄譯者注解：原文係突厥語過去形式動詞外加波斯語結尾 i 而成之名詞 qūšlāmiši，即「鳥獵、獵鳥」，蓋出自動詞 qūšlāmak，義爲「獵取禽鳥」，「帶鳥（指鷹、鶻、鷲之類）行獵」。兀魯塔山，「塔」字，趙、翁、鈕三本作「答」。史集帝紀：Ūlğ-tāq。莎合水，「合」字本訛「河」，繆本同此，依趙、翁、鈕、潘、何、王六本改。張、涵、京、史、傅、汪、陳、徐八本誤爲「令」。史集帝紀：Āb-i sūqāū'u。按：波斯語之 Āb，即河或水。李文田、施世杰均以今科布多河上游之索果克河當之。李文田元秘史注卷六；施世杰元秘史山川地名攷卷六。又，莎合水下原衍「之」字，繆本同此，餘本均無，今刪。J. A. Boyle 英譯本史集蒙哥汗紀：「蒙哥汗遣不憐吉艄那顔（Bürilgitei noyan）率由十萬勇猛的突厥人所組成的軍隊，前至兀魯黑塔黑（Ūlgh-taq）、杭愛山（Qanghai）及横相乙兒（Qum-Sengir），處於哈刺和林與别失八里間相近之邊地。」注解謂 Ulgh-taq，義爲大山，在科布多之境。

〔六〕「涉」，原校：陶本、類編作「奔」。

京、傅、涉、史、汪、陳、徐、何、王九本亦作「奔」。但京、傅二本脱「遁」字，而「奔」則錯在「走」上。又，史本「河」下有「上」字，太祖紀亦曰：「奔也兒的石河上。」洪鈞曰：即今額爾齊斯河。顔按：突厥文暾欲谷碑三十五行以下，及磨延啜碑二十五行均見此河，稱作 Ärtis。元史卷三憲宗紀憲宗二年夏紀事作葉兒的石河，布潤珠（E. Bretschneider）中世紀研究（*Mediaeval Researches from Eastern Asiatic Sources: Fragments Towards the Knowledge of the Geography and History of Central and Western Asia from the 13th to the 17th Century*）下册二百二十九頁注文一〇三引一四二五年成書之帖木兒武功記，名此河爲 Irtysh，而海德兒於一五四一年著作之刺失迪史（英譯本三百六十六頁）許 Irtish 河爲蒙古地方大河之一。

丁卯夏，頓兵。

秋，再征西夏。

冬，克斡羅孩城〔一〕。先遣按彈〔二〕、不兀剌二人使乞力吉思部〔三〕，其長斡羅思亦難〔四〕及按迪也兒部〔五〕主阿兒波斡赤〔六〕遣也力帖木兒〔七〕、阿忒黑剌〔八〕二人偕我使來獻白海青〔九〕，且爲好也。

校勘記

〔一〕「孩」，原校：元史、續通鑑作「孩」。

「斡」原作「幹」，依繆、趙、翁、潘、史、王六本改。浙、京、傅、涉、史、汪、陳、徐、何、王十本作「孩」。張、涵二本誤「汝」字。王校謂即元史地理志兀剌海路之兀剌海城。顏按：兀剌海城之名，復見元史卷九三食貨志一稅糧門，等等。國朝文類卷二一姚燧李恒家廟碑：我太祖始平西夏李氏，「其宗有守兀納城者，獨戰死不下」。

（元史卷一二九李恒傳本此，但「納」下衍「剌」字。）元史卷一六九謝仲温傳：「父睦歡，以貲雄鄉曲間，大兵南下，轉客兀剌城。太祖攻西夏，過其城。」（參吴廣成西夏書事卷四〇宋嘉定二年即蒙古太祖四年夏四月紀事，及卷四二宋寶慶二年即蒙古太祖二十一年十一月紀事，然誤兀剌海城、兀納剌城爲二，故分别繫屬焉。）史集帝紀雞年即乙酉年所敘克諸城中之 Ā(ū)rūqī 即此，但諸傳寫本皆有訛誤，可據録改正。

〔二〕原校：上作「難」。

按：「難」乃「攤」之譌，參前文。

〔三〕不兀剌，史集帝紀：Būra。

〔四〕「斡」原作「幹」，依繆、趙、翁、史、王五本及袁刊何本改。史集帝紀：Urūs-ināl。Ināl（倚納），尊稱也，特别受信任之人。本書下文亦難海牙倉赤之「亦難」，同義。又，哈剌亦哈赤北魯子名月朵失野訥，乞台薩理祖名乞赤也奴亦納里，阿禮海牙之兄野訥，秃忽魯之祖名亦納，並見錢大昕元史氏族表卷二色目。山居新語、庚申外史等書，稱脱脱爲「倚納公」。均此「亦難」也。顔按：Ynal～inäl 係由 yna-（信賴）這一動詞演變而來之名詞，在乞里吉思、斡亦剌等西北方之蒙古、突厥族間，用作「族長」之稱號，新唐書卷二一七下薛延陀傳有君長之名爲夷男，夷男即 Ynal

之音寫。參見村上正二譯注蒙古秘史卷一〇注釋十，第九十九頁。又據阿卜哈齊說，乞力吉思族的官人稱爲亦納勒，相當於蒙古人和塔吉克人的帕地沙。即「王」、「汗」之意。詳參烏蘭蒙古征服乞兒吉思史實的幾個問題。

〔五〕「兒」原作「而」，依趙、翁、鈕、張、潘五本改。顏按：突厥語Alti-yär係「八地」之義，「也可」引申爲人名。參見村上正二譯注蒙古秘史卷一〇注釋十一，第九十九頁。

〔六〕趙、翁、鈕、張四本「阿」作「訛」。潘本作「靴」，亦「訛」之誤。「斡」原作「幹」，據繆、趙、翁三本改。「赤」原作「亦」，繆、張二本同此，依趙、翁、鈕、潘四本改。史集部族志乞力吉思，以爲謙謙州地區之君主，惜闕失其名，無可供校勘。

〔七〕汪、陳、徐、何四本闕其人。「也」字原闕，今據諸本補。傅本「力」下有「哥」字，王本從之。但誤「也」爲「亦」。史集帝紀：Ilik-timür。

〔八〕汪、徐二本「忒」誤「惑」。「黑」誤「里」。陳本「惑」字同誤，失「黑」字，何本祇誤「黑」爲「里」，王校已改。但誤「剌」爲「拉」。

〔九〕原校：按元史，按迪也兒部以下，作「野牒亦納里部、阿里替也兒部，皆遣使來獻」。

浙、涵、京、傅、涉、汪、陳、徐、何、王十本及繆校「按迪」作「阿里替」，且於「也兒部」下複出「野牒亦納里部」六字，反無阿兒波斡赤之名，不知「野牒」即「阿里替」；而「亦納里」，又上句斡羅思亦難其人之「亦難」也。史本無上「部」字，並改下「部」字爲「諸部」，復於「遣」上增「各」，「海青」作「海東青」。汪、陳、徐三本無「且」字，「好」誤「海」。何、王二本亦無「且」。何本又改「爲好」爲「名鷹」。秘史第二百三十九節也迪亦納勒、阿勒迪額兒，可還原爲 Yädi-Inal 和 Altiyär(或 Alitiyär、Aliktiyär)，作爲人名，但元史稱野牒亦納里部、阿里替也兒部，親征録亦作部名，與「長斡羅思亦難」相對，似是兩部名。檢史集帝紀及部族志乞力吉思記此事，謂 urūs-īnāl 乃 Ädī(或 Īdī)-ūrūn 即本書之按迪也兒。之首領。而 Ädī(或 Īdī)，即按迪。則爲受尊敬與有聲望之一姓氏。部族志乞力吉思且言乞力吉思别一地區名爲 Ädī(或 Īdī)-ūrūn(或 ōrūn)者，該地區君主號 Urūs-īnāl。即本書之斡羅思亦難。兩書互異，必有一是。

戊辰春，班師至自西夏〔一〕。避暑於龍庭〔二〕。

校勘記

〔一〕史本「班師」上有「上」字。太祖紀改「帝」字。

〔二〕史本「避暑」上有「夏」字。太祖紀同。龍庭者，撒里川行宫也。

冬，再征脱脱及屈出律可汗〔一〕。時斡亦勒部長忽都花別吉等〔二〕，遇我前鋒〔三〕，不戰而降〔四〕，因用爲鄉導，至也兒的石河，盡討滅里乞部〔五〕。脱脱中流矢而死，屈出律可汗僅以數人脱走〔六〕，奔契丹主菊兒可汗〔七〕。

校勘記

〔一〕此本同史本，餘本「屈」概作「曲」。太祖紀亦是「屈」字。前文並同餘本，作「曲」。伯氏説：曲出律，乃突厥語之 küčlüq，義爲「强者」，或「廣大者」，乃一頭銜，非人名也。顔按，秘史古出魯克，新唐書卷二一五下突厥傳下骨咄禄，突厥語 Qutlugh，義爲幸福。

〔二〕「勒」，原校：陶本及元史、續通鑑、類編俱作「剌」。「斡」原作「幹」，依繆、趙、翁、潘、史、王六本及何校改。浙、京、傅、涉、史、汪、陳、徐、何、王十本「勒」作「剌」，與前文同。鈕本作「勤」，亦「勒」之譌。忽都花，「都花」原作「花部」，依趙、翁、鈕、潘、史、何、王七本改，餘本作「忽部花」，亦誤。參前文。王本脱「等」字。

〔三〕王本脱此一句。

〔四〕趙、翁、鈕、張、潘五本無「而」字。

〔五〕史本無「盡」字。太祖紀同。京、傅、涉、汪、陳、徐、何、王八本「滅」作「蔑」。繆、趙、翁、鈕、張、潘、涵七本「里」作「兒」。

〔六〕屈出律，此本同史本，餘本「屈」作「曲」。太祖紀亦作「屈」。「出」字原脱，用諸本補。

〔七〕汪、陳、徐、何四本「兒」作「而」。潘本誤「菊」爲「花」。

己巳春，畏吾兒國主亦都護聞上威名〔一〕，遂殺契丹主所置監國少監〔二〕，欲求議和。時上先遣按力也奴〔三〕、答兒拜二人使其國〔四〕。亦都護大喜〔五〕，待吾禮甚厚〔六〕，即遣其官別古思〔七〕、阿隣帖木兒二人入奏曰〔八〕：「臣恭聞皇帝威名〔九〕，故棄契丹舊好，方將遣使來通誠意，躬自效順。豈料遠辱大使〔一〇〕，降臨下國，譬雲開見日，冰泮得水，喜不勝矣。而今而後，當盡率部衆〔一一〕，爲僕爲子，竭犬馬之勞也。」

校勘記

〔一〕諸本「國主」作「國王」。趙、翁、鈕、張、潘、涵六本「亦」作「奕」。何曰：「亦都護，乃國主之稱，非人名也。其人名，則爲巴而朮阿而忒的斤，元史卷一二二有傳。」顔按：傳文似本之虞集道園學古録卷二四高昌王世勳之碑。碑文曰：「亦都護者，其國王號也。」元史卷一二四哈剌亦哈赤北魯傳名此國主爲八兒出阿兒忒亦都護。史集帝紀同此，但部族志畏吾兒稱 Bāraj̆ūq(應作 Bārj̆ūq)。亦都護，即 Ïdï-qut，義爲「神聖陛下」。此號源自拔悉密人。突厥文毗伽可汗碑東面第二十五行 Bas̆mïl ïduqqut，譯拔悉密亦都護。詞根 ïduq，即「神聖」之義。突厥文闕特勤碑東面第二十三行 ïduq ötükän，譯「神聖之烏德鞬山」。ïduq baš，譯「神聖之峰」。（見馬洛夫：古突厥文獻，四百四十二頁）然剌失德、朮外尼乃以「幸福之主」解釋之，則係*qut-ïdï 矣。參朮外尼書 J. A. Boyle 英譯本第五章畏吾兒地的征服和亦都護的歸順注釋一。小雲石脱忽憐，其父仕本國，官名的斤必里傑忽提，譯言「智福大相」也。（黄溍金華黄先生文集卷二四遼陽等處行中書省左丞亦輦真公神道碑）「必里傑」，唐人譯「苾伽」等，當此「智」字。小乘都之子名腆藏帖材護迪。（程鉅夫楚國文憲公雪樓程先生文集卷九秦國文靖公神道碑）參錢氏元史氏族表卷二色目。「忽提」或「護迪」，即 qut，當彼「福」字。總而言之，ïdï-qut 與 qut-ïdï，非一詞也。ïdï-qut 毋寧爲 ïdhuq-qut（陛下），爲一早期拔悉密(Bašmïl)沿襲而來之稱號。

〔二〕「遂」字原脱。「殺」上，原校：陶本有「遂」字。繆本同此本，今據餘本補。王本脱「主」字。

〔三〕史、徐、何、王四本無「時」字。「先」字原脱，今據諸本補。「按力也奴」下原衍「奴」字，繆、汪、陳、徐、何五本亦重「奴」字，今删。按此名，史集帝紀作 Alp-ünük，適與下文之别譯安魯不也奴者吻切。王本於「力」下增「不」字。顔按：

Alp-ünük，或 Alp-ütük，秘史第二百三十八節作阿惕乞剌黑。

〔四〕原校：陶本無「兒」字。

下文別譯答兒班。史集帝紀作 Dūrbāī。唯巴黎、東方所二本 Drbān。貝勒津、斯米爾諾娃均讀作 Dārbai。又史集部族志畏吾兒言：巴而术率軍從帝征大食，爲宗王察合台、窩闊台侍從，從攻訛答剌城，身先士卒。此後，同其將領 Dārbāī、Isūr（它本作 Bisūr 是也）及一軍需草料供應人，共赴帝處。Dārbāī 亦此答兒拜也。秘史第二百三十八節名其人曰答兒伯，並謬云與阿惕乞剌黑（即録之阿忒黑剌，詳上文）皆亦都護之使。傳聞異辭，秘史之不足信，往往如是。阿惕乞剌黑（At-kiraq），或爲阿勒不亦魯黑（Al-buiruq）。汪、陳、徐、何四本亦脱「兒」字。顔按：术外尼書稱亦都護所派使者名 Qut-Almish-Qaya。義爲「得到幸福（顯貴）者」。義爲「巖石」的 qaya，如伯希和金帳汗國第七十頁注一所指出，常構成專有名詞的第二部分。

〔五〕趙、翁、鈕、張、潘、傅、涵七本「亦」作「奕」。

〔六〕「吾」，原校：陶本作「我」。

繆本同此本，餘本並作「我」。

〔七〕「古」原作「吉」。原校：陶本作「古」。

趙、翁二本作「固」，鈕、張、潘、浙、汪、陳、徐、何八本作「古」，餘本及袁刊何本、王本訛「吉」。史集帝紀稱其全名爲 Brğūš-aiš-aiğūčī。

〔八〕潘、涵、傳、京四本「隣」作「憐」。史集帝紀用其全稱曰 Algīn-tīmūr-tūtūq，此與元史卷一二四哈剌亦哈赤北魯傳之作阿憐帖木兒都督相合。阿憐帖木兒乃哈剌亦哈赤北魯之婿。但元史卷一二四本傳作岳璘帖穆爾，黄溍金華黄先生文集卷二五合剌普華公神道碑同，惟「爾」作「而」。可參錢氏元史氏族表卷二色目。

〔九〕「皇帝」原脱。原校：陶本有「皇帝」二字。

繆本同此本，餘本皆有「皇帝」二字，今據補。「恭」字，趙、翁、鈕、張、傳、涉、史七本作「切」，潘、涵、京、浙四本作「竊」。切、竊相通，而汪、陳、徐、何四本作「國」。王本據説郛改「竊」。「國」又「恭」之音譌。「威名」原作「威命」，依諸本改，上句「亦都護聞上威名」，亦可證明。

〔一〇〕「大」，原校：陶本作「天」。

浙、涉、汪、陳、徐、何、王七本亦作「天」。

〔一一〕汪、陳、徐、何四本「當」字錯在「是時」上。故王校此處及下文並有「當」字。

是時〔一〕，滅里乞脱脱子火都〔二〕、赤剌温〔三〕、馬札兒、禿薛干四人以脱脱中流矢死〔四〕，不能歸全屍，遂取其頭，涉也兒的石河〔五〕，將奔畏吾兒國〔六〕，先遣別干者使亦都護〔七〕，亦都護殺之〔八〕。四人至，與畏吾兒大戰于嶄河〔九〕。亦都護先遣其官阿思蘭斡怯〔一〇〕、察魯斡怯〔一一〕、孛羅的斤〔一二〕、亦難海牙倉赤四人〔一三〕，來告滅里乞事〔一四〕。上曰：「亦都護果誠心戮力於我〔一五〕，其以己有來獻〔一六〕！」尋遣安魯不也奴、答兒班二人復使其國〔一七〕。亦都護遣使奉珍寶方物爲貢〔一八〕。

校勘記

〔一〕潘本「時」作「歲」。

〔二〕繆、趙、翁、鈕、張、潘、涵七本作滅力乞，餘本作蔑力乞，袁刊何本作蔑里乞。

〔三〕「赤」原作「亦」。原校：類編作「赤」。張本同誤「亦」，今改「赤」。參前文。

〔四〕「薛」原作「薩」，繆本同誤，依餘本改。但何本於下句「中流矢死」句下復據元史太祖紀增「脱脱之子四人以」七字。史集部族志滅力乞，不以火都爲子，而以爲弟，誤矣。脱脱一弟一子，皆名火都，前文爲王可汗俘虜者，乃爲弟之火都也，此則爲子之火都也。秃薛干，即脱脱次子 Tūskan 也。或書 Tūseh，微誤。但史集帝紀乃作 Tūrkān 或 Qultūgan-mūrkan，亦有少誤。其人爲脱脱末子，即受术赤追逐，逃往欽察，投降後又受术赤保護，並代爲贖死而終至於被害者。赤剌温、馬札兒，詳前文。元史巴而术阿而忒的斤傳所載四人名並其順序，全同此書。參考洪氏元史譯文證補卷一下太祖本紀譯證下。

〔五〕「石」字原脱。「的」下，原校：陶本有「石」字。史、何、王三本及繆校亦有「石」字，太祖紀。今據補。京、傅二本「也」下有「時」字，乃「石」字之譌衍。參前文。

〔六〕「將」原作「特」，依趙、翁、鈕、潘、王五本及何校改。何校據元史巴而术阿而忒的斤傳。傳文此等處，則全襲親征録之文。汪等四本誤同此本，京、涵、傅、涉四本誤「時」，史本無此字。

〔七〕「干」原作「午」，依繆、浙、趙、翁、鈕、張、潘、涵、史、汪、徐、何、王十三本改。京、傅、涉三本及繆校誤「先」，陳本誤「子」。史集部族志蔑兒乞作 Būkān，與録相當。

而史集帝紀作 Abūkān，誤。「亦」，趙、翁、張、潘、浙、涵六本作「奕」。鈕本此處有脱文。

〔八〕「亦」字原脱，繆、史、汪、陳、徐、何六本亦闕。從京、傅、涉、袁刊何本、王本補。趙、翁、張、潘、浙、涵六本仍作「奕」。鈕本此處仍有脱文。

〔九〕「嶄」，繆、涉、何、王四本同，趙、翁、鈕、涵、浙、傅、史、汪、陳、徐十本作「嶄」。張本誤「薪」，潘本誤「嶄」。京本「大戰于嶄河」五字，因上句重誤作「國先遣別先」。嶄河，舊或以爲今楚河，詳下丁丑年。史本此句下復有「敗之」二字一句。

〔一〇〕「亦都護」上原有「秋」字，趙、翁、鈕三本無此字，徐本誤「殺」，何校以爲衍文而刪之是也。「亦」，趙、翁、鈕、張、潘、浙、涵七本仍作「奕」。「斡怯」原作「幹怯」，依繆、趙、翁、史四本改。汪、陳、徐、何四本「幹怯」再譌「乾乞」，王本作「斡乞」。王說：其人即許有壬圭塘小稿卷一〇阿塔海牙神道碑阿塔海牙之父哈剌阿思蘭都大也。碑文云：「太祖皇帝肇建區宇，國主邑都護發兵攻金，斬其長史，聞滅乞里有異，遣將命偕察魯四人，馳告行在，且具欵誠。」顏按：發兵攻金斬長史事，實殺西遼監國少監之誤傳。「哈剌」，黑也，「阿思蘭」，獅子也。參秘史第七十八節。「都大」，它書或曰「朵朵」，以爲「國老之職」，實漢語「都督」之異譯也。「斡怯」，伯氏說：應出諸中世

紀突厥語之 ügä 或 ögä，本言「聰睿」，後世乃轉爲尊稱。遼以大功德者所授之貴官之「于越」，即此「斡怯」異譯。本書前文塔塔兒一部長，太祖因以命名之帖木真斡怯，亦即其例證也。參前文。

〔一〕各本皆闕此人，其名參照許有壬阿塔海牙神道碑及史集帝紀增補。史集帝紀作 Jāruk-uga。按：録亦言四人，而所出者三人，則闕漏無疑。

〔二〕張本「孛」誤「掌」。

〔三〕鈕「倉」作「蒼」。潘本「赤」誤「亦」。史集帝紀 Aināl-qiā-sūngjī。顏按：「亦難」，參上文乞力吉思部長斡羅思亦難下注解。「海牙」，突厥語，見突厥語詞匯，譯山崖之「崖」。「倉赤」者，「藏赤」也，由官名變人名。高昌偰氏家傳：偰氏之祖克直普爾，「襲爲本國相、答剌罕，錫號阿大都督。遼王授以太師、大丞相，總管内外藏事，故國人稱之曰『藏赤』」。黄溍金華黄先生文集卷二五合剌普華公神道碑，敘事略同。遼王者，西遼主也。岳璘帖穆爾之祖岳弼，亦襲國相，爲答剌罕，阿大都督，太師大丞相，仍兼通管内外藏事。亦難海牙既以「倉赤」爲號，而「倉赤」者，「藏赤」之轉也。則其人豈岳璘帖穆爾之族屬乎？「四」原作「肆」，今據諸本改。

〔四〕浙、京、傅、涉、史、汪、陳、徐、何、王十本「滅」作「蔑」。諸本「里」並作「力」。

〔一五〕「亦都護」，趙、翁、鈕、張、潘、涵、浙七本外，此處傅本「亦」字同作「奕」。此本同於史、汪、陳、徐、何、王六本，餘本「戮力」作「效力」。但王校誤以何本作「效」。

〔一六〕「其以」原倒誤作「以其」，當從趙、翁、鈕三本改。按：以其之「其」，猶言彼也；而其以之「其」，則命令希望之詞。史記卷八高祖本紀：「其以沛爲朕湯沐邑。」與此相類似。三本爲是，餘本「以其」當乙正。

〔一七〕「奴」原作「女」，當從趙、翁、鈕、浙四本及王校改。安魯不也奴，即前按力也奴。答兒班，即前答兒拜。

〔一八〕趙、翁、鈕、張、潘、涵六本「亦」復爲「奕」。

庚午夏，上避暑龍庭〔一〕。

校勘記

〔一〕「上」字原脱，繆本同此，從餘本補。「避暑」，趙、翁、鈕三本作「避夏」。

秋〔一〕，復征西夏，入李王朝〔二〕，其主失都兒忽出降〔三〕，獻女爲好〔四〕。

校勘記

〔一〕「秋」字原脱，從諸本補。

〔二〕「李王朝」原作「孛王廟」，當依趙、翁、鈕、浙四本改「孛」爲「李」，「廟」爲「朝」。張本闕此一年紀事。潘、涵、京、傅、涉五本「朝」字亦不誤。史本改「夏王國」。李王朝者，西夏京城中興府也。史集部族志党項及帝紀 Irqai，秘史第二百六十五節作額里合牙（Äri-qaya），蒙古源流作 Irγai，譯寧夏。明之寧夏府，古之中興府也。參陳寅恪靈州寧夏榆林三城譯名考（中央研究院歷史語言研究所集刊一本二分）。元史憲宗紀八年二月作也里海牙，武宗紀大德十一年八月癸卯作也里合牙。等等。J. A. Boyle英譯本史集引Mustaufi言："Eriqaya（也里海牙）與Qara-Tash爲西夏境内最有名之城市。史集鐵穆耳汗紀曰："阿難答轄地之大城爲京兆府、甘州、亦兒海（Irqai）、賀蘭山（Khalajan）、阿黑八里（Aq-Baliq）。此國有大城二十四座。伯希和躊躇於寧夏原名Irqai（即馬可波羅行紀Eriqaya）與唐兀另一地名兀剌海Uraqai兩者之間。蓋西夏主例稱李王。見國朝名臣事略卷一木華黎事略引東平王世家、元史卷一一九木華黎傳及孛魯傳、袁桷清容居士集卷一九賀蘭堂記。等等。楊奂還山遺稿補遺李王夜宴行："歡娱未畢北兵來，三十六宫如死灰。"李王，西夏王也。朝者，朝廷也，首都也。

〔三〕原校：續通鑑作夏主安全。史集部族志党項名其人曰Lūnk-šādārqū，即龍失都兒忽。史集帝紀則同於此録。考元史卷一二〇曷思麥里傳："至也吉里海牙，又討平失的兒威。"也吉里海牙，"吉"字當衍，即上文已出之也里海牙也。失的兒威者，正此失都兒忽也。佛祖歷代通載卷二一大元丙寅條述彼之世系獨詳，曰："西夏拓跋失都兒忽，乾順小子仁友之子，乃仁宗姪也。是年五月立，在位六年。"按：乾順謂西夏崇宗，而仁宗名孝仁，則失都兒忽者，襄宗李安全也。續通鑑之説甚是。

〔四〕原校：按夏主降，續綱目、續通鑑俱作己巳事。親征録紀事往往遲於它書一載或數載，不足訛異。史集帝紀同誤。

辛未春，上居怯禄連河〔一〕，時西域哈兒鹿部〔二〕主阿兒思蘭可汗來歸〔三〕，因忽必來那顔見上〔四〕，亦都護時亦來朝〔五〕。奏曰：「陛下若恩顧臣〔六〕，使遠者悉聞，近者悉見，輟衮衣之餘縷〔七〕，摘金帶之星裝，誠願在陛下四子之亞〔八〕，竭其力也。」上説其言，使尚公主，仍序第五子〔九〕。遣將脱忽察兒率騎二千〔一〇〕，出哨西邊〔一一〕。

校勘記

〔一〕此本同鈕、潘二本，餘本「禄」作「緑」。但趙、翁、京三本則誤「緣」。

〔二〕「兒鹿」，原校：陶本、元史、續通鑑俱作「剌魯」。浙、史、汪、陳、徐、何、王七本亦作「哈剌魯」。京、傅二本誤「塔剌魯」。

〔三〕原校：「兒思」二字，陶本、元史、續通鑑只作「昔」字；續通鑑無「蘭」字。浙、史、汪、陳、徐、何、王七本亦作「昔」，而京、傅二本作「西」。潘本「兒」作「而」。涵本奪「思」字。趙、翁、張三本「蘭」作「闌」。王本脱「來歸」二字。按：史集部族志哈兒鹿，言帝嫁宗女於彼，且號彼人爲 Arslan-sartāqtāi，即大食人阿兒思蘭。秘史第一百八十一節作「撒兒塔黑臣」（Sartaqčin）、第一百八十二節作「撒兒塔黑台」（即拉施德丁之 Sartāqtāi）、第二百六十三節作「撒兒塔兀勒」（Sarta'ul）諸詞，皆譯回回，即伊斯蘭教徒，見海涅士 *Woerterbuch*，Sartahcin。實則，此諸語蓋出諸 Sart，即商人。元史卷九五食貨志三歲賜門，名其人曰阿兒思蘭官人。卷三八順帝紀一：順帝母罕禄魯氏，「名邁來迪，郡王阿兒廝蘭之裔孫也。初，太祖取西北諸國，阿兒廝蘭率其衆來降，乃封爲郡王，俾領其部族」。罕禄魯，即此哈兒鹿，俗作哈剌魯、柯耳魯。又卷七世祖紀四至元七年二月乙未，詔諭高麗國王王禃曰：「我太祖時亦都護先附，即令齒諸王上，阿思蘭後附，故班其下。」

〔四〕忽必來，「來」字原脱，今從何説及王本、那珂校注本補。史集部族志哈兒鹿：Qūbilāi-noyān，其人屬八魯剌思部。

〔五〕「時」原作「兒」。原校：元史無「兒」字。依趙、翁、鈕、浙四本改「兒」爲「時」。張、潘、涵、汪、陳、徐、何七本亦誤作「兒」，京、傅、史三本闕此字。又趙、翁、鈕、張、潘、涵六本「亦」仍作「奕」。

〔六〕汪、陳、徐三本「恩顧」訛「恩願」，何改「恩賜」非也。秘史第二百三十八節云：「若得恩賜呵」云云。何所依，當若是也。

〔七〕袁刊何本誤「衮衣」爲「口衮」，王校已改。

〔八〕「陛下」二字原脱，今據諸本補。

〔九〕「第」字原脱。原校：陶本作「第五」。繆本亦脱文。今據餘本及繆校補「第」字。汪、陳、徐、何四本無「子」字，當脱。王本「序」作「敘」。元史卷一二二巴而术阿而忒的斤傳言：「辛未，朝帝于怯緑連河，奏曰：『陛下若恩顧臣，使臣得與陛下四子之末。庶幾竭其犬馬之力。』帝感其言，使尚公主也立安敦，且得序於諸子。」傳文本之歐陽玄高昌偰氏家傳，而家傳則又參證於此録焉。虞集道園學古録卷二四高昌王世勳之碑亦言：「知天命之有歸，舉國入朝。大祖嘉之，妻以公主曰也立安敦，待以子道，列諸第五。」趙孟頫松雪齋文集卷七阿魯渾薩理神道碑亦言：「太祖皇帝既受天命，略定西北諸國，回鶻㝡彊最先附，遂詔其主亦都護第五子，與諸皇子約爲兄弟，寵異冠諸國。」凡此足徵「第」、「子」二字，並不可少。也立安敦，元史諸公主表，舊本脱「安」字，新校已補足。

〔一〇〕汪、陳、徐三本誤「二十」，何本改「三千」，以求與丁丑年相適宜。何曰：「此即後所云征西前鋒脱忽察兒也，在丁丑年。」顏按：史集帝紀稱其人曰 Dālān-tūrkāktū-tūgūčār，弘吉剌氏。部族志弘吉剌作 Dālān-tūrkāk-tūgūčār，且釋彼取名之義，以曾築造堤壩之故也。俄譯新本引貝烈津説，蓋源自蒙古語之Dalank（堤）與Torgakhu（以堤攔阻）也。（見一卷一册百六十二頁注文一）。部族志雪你惕，又有Qūtū-būqā noyan之子Tūgūčār，疑亦其人（見上書一卷一册一百頁）。

〔二〕原校：陶本有「戎」字。

汪、陳、徐、何、王五本亦有此「戎」字。張、京、傅三本作「我」。涵本仍作「邊」。衍文也。出哨西邊者，據史集帝紀及部族志弘吉剌，防後路也。所謂後路，蓋防蒙古、克烈、乃蠻等已降之衆，乘大軍之出，起而謀變也。

秋，上始誓衆南征〔一〕，克大水濼〔二〕，又拔烏沙堡及昌、桓、撫等州〔三〕。大太子拙赤〔四〕、二太子察哈歹〔五〕、三太子哈罕太宗也〔六〕。破雲内〔七〕、東勝〔八〕、武〔九〕、宣寧〔一〇〕、豐〔一一〕、靖等州〔一二〕，金人懼，棄西京。

校勘記

〔一〕何校引耶律楚材進西征庚午元曆表，「辛未之春，天兵南渡」。又引元史太祖紀辛未年二月，「帝自將南伐」云云。以證誓衆南征在春，而非秋。顔按：楚材表文起初，乃有「歲在庚午，天啓宸衷，决志南伐」數語。元史卷五二曆志五敘據是，乃言「中元庚午歲，國兵南伐」。卷一七九蕭拜住傳敘事，略同此敘。考元史太祖紀，於庚午春，敘金築烏沙堡謀來伐，及帝於净州入覲，小視衛紹王二事。後一事徵之於金史卷一〇一耿端義傳、卷一二四馬慶祥傳，覈然可信。（馬慶祥傳蓋取材於元好問遺山先生文集卷二七恒州刺史馬君神道碑及黄溍金華黄先生文集卷四三馬氏世譜。）又國朝名臣事略卷一木華黎事略引東平王世家：「金降者屢言其主環殺戮宗親，荒淫殊甚，上曰：『朕興師有名矣』。」（參元史卷一一九木華黎傳）亦繫之於庚午年。但史集帝紀同於此書，以南征爲辛未秋間之事。二書紀事，每較它書遲後一載。下文多如此者。

〔二〕原校：續綱目作「礫」。

史集帝紀，拔烏沙堡前，凡著録三地名，一曰 Tal。東方所本作 Tl，貝烈津書同於此本，讀爲 Täl，倫敦本作 Pl，顯誤。俄文新譯者以爲今之達里諾爾，其説良是。再一曰 Taīsū 城。此據東方所本，貝烈津書作 Tīsū，塔什干本作 Sū，似誤。俄譯者謂此是大水濼。其説亦然。王校引口北三廳志之説：與昂古里諾爾（即古鴛鴦泊）水流相通之伊克腦兒，當此大水濼。顔按：鴨子河西，别又有一大水泊，契丹語呼爲撒得裹，見曾公亮武經總要前集卷二二北番地理。但此大水泊，乃永樂大典卷一九四二二引經世大典站赤門信州站（即遼金信州，其遺跡，爲今吉林懷德縣秦家屯古城）以北大水泊站之大水泊。析津志曰大水濼。鴨子河，此指松花江北流折向東流一段流域。考遼地理者，以達里諾爾當之，甚誤。又一曰 Bāndānčin。此亦據東方所本。貝烈津書作 Bādinī，以爲白登城之譌。然白登遠在西京大同府境内，所擬不類。塔什干本作 Bāūnī，伊斯坦布爾本作 Bāūtī，德黑蘭本作 Bāūī。考元史太祖紀六年辛未春二月，「帝自將南伐，敗金將定薛於野狐嶺，取大水濼、豐利等縣」。豐利縣屬撫州，明昌四年以泥濼置，境内有蓋里泊，又曰曷里滸，今沽源小鹹泊。余謂 Bāūnī 或 Bāūtī、Bāūī 者，豐利縣之譌誤也。信乎哉？「礫」字誤，張本作「樂」亦誤。

〔三〕讀史方輿紀要卷一八北直九但言烏沙堡在廢興和西。興和即撫州，詳下文。袁刊何本「又」誤「以」。王校已改。金昌州，遺山先生文集卷三四毛氏宗支石記謂：大安三年，北兵攻桓州，城陷。元延祐六年改寶昌州，今河北張北縣九連城。金桓州，元新桓州，今内蒙古正藍旗庫爾圖巴爾哈孫城。金撫州，元興和路城，今張北縣。

〔四〕「拙」，原校：陶本、元史及類編自作「术」。此本同於趙、翁、鈕、張、潘五本，繆本作拙术兒，餘本亦曰「术赤」。

〔五〕原校：陶本、元史、續綱目、續通鑑、類編俱作察合台。

〔六〕原校：按陶本、元史、續綱目、續通鑑、類編俱作三太子窩闊台。蒙韃備録又云：成吉思三太子名戴陀。

此本仍同於上述五本，餘本亦曰察合台、窩闊台，元史卷一五七劉秉忠傳及元人碑銘、詔令、奏牘，即每稱太宗爲哈罕皇帝，或合罕皇帝。史集窩闊台罕紀稱太宗即位後諸兄弟、諸叔、諸子姪、諸大將名彼曰「合罕」（Qa'an），蒙韃備録實稱三太子阿戴。「戴」字或誤作「載」。阿戴者，窩闊台也，無作戴陀者。

〔七〕金雲内州，唐中受降城，約在今内蒙古土默特左旗西北部。

〔八〕金東勝州，唐中受降城，今内蒙古托克托縣舊城。綏遠通志稿卷四九金石志載金大定二十九年六月初六日張子純買地券，言葬其父於東勝州南約一里。地券出土地爲該縣東郊舊城内北門與西門之間。俗稱皇城。

〔九〕武州，今山西五寨縣。

〔一〇〕原校：元史、續綱目、續通鑑、類編俱作「朔」。續綱目、續通鑑無「寧」字。

史本别於六州縣下增「朔」字而爲七州縣，朔州，今山西朔縣。元史太祖紀本於史本，而續綱目等又本於太祖紀也。金宣寧縣，遼德州，今内蒙古涼城縣岱海東北邊緣淤泥灘城卜子古城。

〔一一〕豐州，今内蒙古呼和浩特豐州鎮。

〔一二〕静州，即静州或凈州，今内蒙古四子王旗烏蘭花鎮西北城卜子古城。

又遣哲伯率衆取東京〔一〕。哲伯知其中堅，以衆壓城〔二〕，即引退五百里。金人謂我軍已還，不復設備。哲伯戒軍中一騎牽一馬〔三〕，一晝夜馳還〔四〕，急攻〔五〕，大掠之以歸。

校勘記

〔一〕浙、史、何三本作哲别。何本據徐本，徐本固作哲伯，星伯先生據元史太祖紀改「伯」爲「别」，而太祖紀又據史本。下二句哲别名，亦同於此。王本「衆」作「兵」。

〔二〕汪、陳、徐、何四本「壓」作「墮」，王校已改。

〔三〕「哲伯戒」原作「哲伯別駕」。諸本皆作哲別，惟徐本原作哲伯，後乃改哲別。「別」字後改，此本尚留其痕跡，可以尋見。今刪。「戒」原音譌作「駕」，依諸本改正。

〔四〕「晝」下原衍「一」字，依諸本删。

〔五〕此本與趙、翁、鈕、潘四本及何校王本同。張、涵、京、傅、涉、史、汪、陳、徐九本「急」作「忽」。忽攻，驟然擊之。亦可通。

上之將發撫州也，金人以招討九斤、監軍萬奴等〔一〕，領大軍力備於野狐嶺〔二〕，又以參政忽沙率軍爲後繼〔三〕。契丹軍師〔四〕謀於九斤曰〔五〕：「聞彼新破撫州，以所獲物分賜軍中〔六〕，馬牧於野，出不虞之際〔七〕，宜速騎以掩之〔八〕。」九斤曰：「此危道也，不若馬步俱進，爲計萬全。」〔九〕上聞金兵至〔一〇〕，進拒貛兒嘴〔一一〕。九斤命麾下明安曰〔一二〕：「汝嘗使北方，素識太祖皇帝〔一三〕，其往臨陣〔一四〕，問以舉兵之由，金國何怨於君，而有此舉？」若不然，即詬之〔一五〕。明安來〔一六〕，如所教〔一七〕，俄策馬來降〔一八〕。上命麾下縛之曰〔一九〕：「俟我戰畢〔二〇〕，問之也。」遂與九斤戰，大敗之，其人馬蹂躪，死者不可勝計。因勝彼，復破忽沙軍於會合堡〔二一〕，金人精鋭，盡殁於此〔二二〕。上歸，詰明安曰〔二三〕：「吾與汝無隙〔二四〕，何故對衆辱我〔二五〕？」對曰：「臣素有歸志，恐其難見〔二六〕，故如所教〔二七〕；不爾，何由瞻望天顔？」上善其言，命釋之〔二八〕。

校勘記

〔一〕王曰：九斤即紇石烈執中也。顔按：元史太祖紀及卷一五〇石抹明安傳稱紇石烈九斤。元好問遺山先生文集卷一九馮璧神道碑言：「崇慶初（即壬申年），西南路招討使九斤請先事用兵，仍乞詔夏人爲犄角計。執政者沮撓之，策爲不行；不旋踵而有縱敵之禍。」西南路招討使九斤，正謂此詔討九斤。按金史卷一三二紇石烈執中傳：明昌五年，改開遠軍兼西南路招討副使，承安二年，改西北路招討使，泰和六年十月，除西南路招討使，改西京留守。蓋執中於泰和六年末除西南路招討使，此沿舊稱耳。萬奴，李曰：即甲戌年之咸平等路宣撫萬奴，而元史太祖紀稱蒲鮮萬奴者。何本譌「萬」爲「爲」字，王校已改。顔按：金史卷一一三完顔賽不傳曰：「（泰和）六年六月，宋將皇甫斌遣率步騎數萬由確山、褒信分路侵蔡，聞郭倬、李爽之敗，阻溱水不敢進。於是，揆遣賽不及副統尚廐局使蒲鮮萬奴、深州刺史完顔達吉不等以騎七千往擊之。」卷一二章宗紀四泰和六年六月戊辰：「都統賽不、副統蒲鮮萬奴各進爵一級，賜金幣有差。」此萬奴名之始見。

〔二〕「力備」，即下文「悉力爲備」也。何本改「設備」，王本從之，非是。趙萬里輯本元一統志：額狐領，一名野狐嶺，在順寧府宣平縣北五十里，金大安三年九月，抗拒元兵，金人敗於此。又稱：隘狐嶺，在隆興路高原縣南四十里。按：隘狐嶺即額狐領或野狐嶺。此處重出。順寧府即金之宣德州，今河北宣化市。宣平縣，今河北懷安縣東北。隆興路即興和路，亦即撫州，而高原爲其倚郭縣。參撫州項下注文。野狐嶺，民國二十四年張北縣志謂：「縣城南五十里，長約五里，高約一百丈，形勢險要。」按宣鎮圖説，在膳房堡口北五里。圖説最真切。

〔三〕「忽」，原校：陶本、續綱目、續通鑑俱作「胡」。下同。

汪等四本及王本亦作胡沙。那珂、王氏並謂即承裕，金史卷九三有傳。顔按：傳文言：承裕本名胡沙，大安三年，拜參知政事。元史卷一四九耶律留哥傳，亦稱胡沙。「軍」下原衍一「馬」字，繆本同此本，依諸本删。蓋以「爲」字而誤衍。

〔四〕原校：陶本作「帥」。

張、潘、汪、陳、徐、何六本亦作「帥」。袁刊何本改「師」，王本同。

〔五〕「於」，原校：陶本作「謂」。潘、浙、史、汪、陳、徐、何、王八本亦作「謂」，餘本作「爲」。「爲」者「謂」之誤。「於」又「爲」之舛。王本脱「謀」字。

〔六〕「物」字原脱，從餘本補。

〔七〕繆、趙、翁、鈕、張、潘、涵、京、傅、涉十本「出」作「畜」。畜，順也，留也，亦通。史本作「乃」，誤。不虞，非意料中事，無準備也。

〔八〕何本「之」下有「也」字，王校删去是也。何本源於徐本，「也」爲下文九斤「九」字之舛，徐本於「也」下復增「九」字。

〔九〕京本「計」作「策」，潘本作「爲萬全計」，皆誤。

〔一〇〕「兵」下，原校：陶本有「馬」字。汪、陳、徐、何四本「兵」作「馬」。王校已改。鄭校疑誤。

〔一一〕原校：元史、續綱目、續通鑑作「獾」。元史、續綱目、續通鑑作「觜」。徐本改「貛」爲「獾」。潘本誤「雞」字。此本同於徐、何二本，餘本作「觜」。袁刊何本「嘴」上復衍「唃」字。王校已删。乾隆口北三廳志卷二山川志，獾兒觜，在新河口西北。按：史集帝紀則但稱其地曰 Kuan-jiu，即桓州，乃秘史第二百四十八節竟誤作莫州撫州山砦。

〔一二〕那珂曰：元史作石抹明安，有傳。

〔一三〕「祖」字原脱，從諸本補。

〔一四〕袁刊何本「其」誤「共」。王校已改。

〔一五〕張、涵、京、傳四本「詬」訛「話」。

〔一六〕潘本無「來」字，連下句。

〔一七〕潘本「所」作「其」。

〔一八〕「俄」原作「即」，繆本同，今據改。京、傳、涉三本誤「我」。

〔一九〕徐、何二本脱「曰」字。王校已補。

〔二〇〕「我」，諸本作「吾」。

〔二一〕「合」，原校：續綱目、續通鑑作「河」字。

按：金史卷一三衛紹王紀大安三年九月紀事及卷九三獨吉思忠傳、卷九九徒單鎰傳、卷一〇一承暉傳及卷一三四西夏傳亦作會河堡。遼史卷四一地理志五西京道歸化州下、金史卷九三承裕傳及元史太祖紀曰會河川，金史卷一〇二完顔弼傳、中州集辛集卷八韓内翰玉及郝文忠公陵川文集卷三七宿州與宋國三省樞密院書祇稱會河，而元史卷一一九木華黎傳、卷一五〇耶律阿海傳、卷一五七郝經傳作澮河。金史卷四八食貨志三錢幣門譌潰河。元好問遺山先生文集卷二七术虎筠壽神道碑：「會高琪移軍合河，公馳赴之，比至，而軍已潰。」「合」字當是「會」之譌文。讀史方輿紀要卷一八北直九：會河堡在萬全左衛西。明萬全左衛，今河北萬全縣。王本奪「軍」字。

〔二二〕「歿」，涵、京、何、王四本作「没」。張本誤「役」字。

〔二三〕「詰」原作「語」，今據鈕、潘、浙、京、史、涵、汪七本改。張本誤「結」，傅、陳二本誤「誥」，傅、徐、何三本同於此本誤「語」。王校已改。趙、翁二本有闕文。

〔二四〕「吾」，繆本同，餘本作「我」。陳本脱「汝」字。史本脱「無」字。

〔二五〕諸本作「何對衆相辱」。

〔二六〕此本同於汪、陳、徐、何、王五本，鈕本作「恐其見疑」，與元史卷一五〇石抹明安傳同，當是。趙、翁二本有闕文。浙、張二本作「恐其見」，脱一「疑」字。史本改「恐其見殺」，涵、京、傅三本又誤「恐其間」，潘本改「恐難見」。

〔二七〕諸本作「故因如所教」。張本誤「因」爲「國」字。

〔二八〕原校：按獾兒嘴之戰，續綱目、續通鑑俱作太祖六年事，與此正同；元史及類編入在七年。

史本無「命」字，與元史卷一五〇石抹明安傳同。綜合金、元二史及它書，作七年者爲是。何校亦有此一疑問。

壬申，破宣德府〔一〕，至德興府，失利引卻，四太子也可那顏〔二〕、赤渠駙馬率兵盡克德興境内諸城堡而還〔三〕，後金人復收之〔四〕。

校勘記

〔一〕史本「破」上有「上」字。王曰：金時祇稱宣德州，至元世祖中統四年改府，此追述之辭。洪氏、那珂二氏説亦同。史集帝紀 Sūn-tī-jūū，即宣德州，亦不稱「府」。

〔二〕原校：元史、續綱目、續通鑑、類編俱作拖雷。史本無「四太子」三字。沈曰：元史卷七四祭祀志三：睿宗主題曰：「太上皇也可那顏。」此四太子也可那顏、Yeke noyan，又爲大那顏。兀魯黑那顏（Ulugh noyan），與彼太上皇也可那顏文同，謂拖雷也。顏按：參後文丁亥年及太宗壬辰年下。史集帝紀言：帝伐金也，至於德興府，此爲一極大之城市，城中居民衆多，城深堅强，無人敢於接近。帝乃遣拖雷汗與弘吉剌部按赤那顏之子赤駒駙馬任前鋒，與戰，□□□□，而拔其城。

〔三〕赤渠駙馬，「渠」，原校：元史、續綱目、續通鑑俱作「駒」。

沈證：以爲太祖紀之赤駒駙馬，諸公主表之赤窟駙馬。那珂、王氏，又補以太宗紀之駙馬赤苦，秘史第二百〇二節赤古駙馬。顔按：史集帝紀聲稱Čigū駙馬乃弘吉剌Alčī那顔之子，Alčī即本書癸酉、戊寅兩年紀事稱安赤那顔。而部族志弘吉剌，既稱其人爲Šinkū駙馬，又名其人曰Čigū駙馬，一似兩不相關者。前名鈔寫有誤。蓋按赤那顔二子：長名納陳，次即赤渠駙馬也。汪、陳、徐、何、王五本無「城」字。

〔四〕趙、翁、鈕三本「收」作「守」。考史集帝紀曰：此城復叛屬於金。「守」字較宜。

癸酉秋，上復破之。遂進軍至懷來〔一〕，金帥高琪將兵拒戰〔二〕，我軍勝〔三〕，追至北口〔四〕，大敗之，死者不可勝計。

校勘記

〔一〕「進」下，原校：陶本有「軍」字。繆本同此本。諸本皆有「軍」字，此本獨脱，今補。

〔二〕史本及汪等四本原脱「金」字，何校已補。鈕本「兵」作「軍」。京、傅二本作「軍兵」，必衍一字。那珂曰：朮虎高琪，金史有傳。「拒」原作「與」，此本同於汪、陳、徐、何、王五本，當依趙、翁、鈕、潘、浙五本改。張、涵、京、傅、史五本誤「舉」。

〔三〕史本「勝」上有「乘」字。

〔四〕「至」下，原校：陶本、續綱目、續通鑑、類編俱有「古」字，下同。汪等四本、續編亦作「古北口」，大謬。王曰：此居庸北口，非古北口也。那珂説略同。居庸北口，今之八達嶺。參讀史方輿紀要卷一七北直八。按：居庸北口或北口之名，見金史卷一〇一抹撚盡忠傳、元史卷五世祖紀二中統四年七月乙酉及卷一一世祖紀八至元十七年五月辛丑朔紀事，卷八六百官志二、卷九九兵志兩記隆鎮衛項下，卷一五〇耶律阿海傳、卷一五一薛塔剌海傳，又見灤京雜咏卷上居庸關詩及注文，困學齋雜録撒舉送郭祐之詩，秋澗先生大全文集卷二三奉和寅甫學士九日迎鑾北口高韻、薩天錫集外詩贈來復上人詩、中州集卷八辛集魏道明佛巖寺，等等，夥矣，不可枚舉。

時金人塹山築塞〔一〕，悉力爲備，上留怯台、薄察等頓軍拒守〔二〕，遂引衆西行〔三〕，由紫荆口出焉〔四〕。金主聞之，遣大將奥敦將兵拒隘〔五〕，勿使及平地，比其至，我衆度關矣。乃命哲別率衆攻居庸南口〔六〕，出其不備，破之，進兵至北口，與怯台、薄察軍合。繼而又遣諸部精兵五千騎〔七〕，令怯台〔八〕、哈台〔九〕二將圍守中都〔一〇〕。上自率衆攻涿州〔一一〕，二十餘日拔之〔一二〕。

校勘記

〔一〕汪等四本「塞」誤「帥」，何改「寨」，王本同，仍譌。

〔二〕原校：元史、續綱目、續通鑑、類編俱作可忒、薄刹。王本脱「等」字，「軍」作「兵」。諸家均謂此怯台或太祖紀之可忒。乃朮赤台子怯台也。元史朮赤台傳：「兀魯兀台氏。……子怯台，材武過人，自太宗及世祖，歷事四朝，以勞封德清郡王，賜金印。」郝和尚拔都傳則稱之爲郡王迄忒，黑韃事略稱之爲紇忒郡王，凡以是焉。秘史第二百二節九十五功臣之一客台，無名氏皇氏墓誌之宗室克忒，亦其人焉。史集部族志那也勤兀魯兀忙兀合志，敘合闌真之戰，兀魯兀部首領乃 Kehtai 那顔，而非其父朮赤台；(參本書前文)受賜札阿紺孛之女 Abika-begi 者，亦屬其人。(朮赤台傳：誤受賜亦八哈别吉者，乃朮赤台，秘史第二百八節同此謬誤。)薄察，太祖紀之薄刹。史集帝紀作 Boča，云是弘吉剌部人，實誤。蓋怯台之弟也。按：貝烈津書作 Buǰa，部族志弘吉剌實不載其人。而那也勤兀魯兀忙兀合志及帝紀萬夫長、千夫長與成吉思汗的軍隊簡述「左翼」條，明言其人乃怯台之弟，書作 Buǰar 或 Bučar，兀魯兀部人。沈説：薄察，乃元史趙柔傳之行省八札也。顔按：傳文似本之馬祖常石田集卷一二趙世安先德碑。J. A. Boyle 英譯本史集，憲宗初年，左手軍下亦見薄察之名，未悉仍屬此人否？

〔三〕「引」原作「別」，依鈕、潘、浙三本改。趙、翁二本此處有闕文，餘本概誤「别」，史本改「率」，張校據翁方綱本於「别」上增「將」字，而王本從之，亦誤也。

〔四〕「由」字原闕，從諸本補。史本作紫荆關。史集帝紀曰 Si-king-kiu，即紫荆口，與舊本合。金、元二史敍其事，「關」、「口」並用，稱「口」者爲多。「焉」，潘本誤「馬」，浙、張本以下多誤「爲」。何、王本闕。顔按：楊守謙紫荆考謂戰處在五回嶺。

〔五〕奥敦，王本「敦」作「屯」。那珂説：即金史卷一二一章宗紀泰和六年五月辛卯唐州刺史吾古孫兀屯、卷一三衛紹王紀大安三年十月上京同知烏古孫兀屯、卷九八完顔匡傳右翼都統烏古孫兀屯及卷一〇一李英傳之烏古孫兀屯也。卷九九徒單鎰傳曰：「遣同知烏古孫兀屯將之，入衛中都。」王氏贊成彼説，且謂其人又見金史忠義傳。乃徐氏、張氏竟指作元史太祖紀太祖七年壬申秋率師增援西京之元帥左都監奥屯襄，殊誤。王本無「將兵」二字。

〔六〕史本「乃」上有「上」字。「命」，鈕本作「令」。趙、翁二本有闕文，張本誤「侖」。今南口，而北齊之幽州下口。見方輿紀要卷一〇北直一居庸。按，南口之名，又見金史卷一三二紇石烈執中傳、元史卷四〇順帝紀三後至元五年四月癸巳紀事以及金、元人行程録及詩文集等，兹不具録。

〔七〕「精」原作「積」。原校：續通鑑作「精」。

何、王二本「繼」作「既」。鈕、潘、浙三本「遣」作「選」。趙、翁二本有闕失。精兵須選，或是也。此本同於汪、陳、徐、何、王五本，餘本誤「還」。「諸」字上原有「詣」，「詣」因「諸」字而誤衍，當删。諸本皆作「精兵」，「積」顯譌。袁刊何本作「數」，亦舛。

〔八〕「令」，原校：續通鑑作「合」。諸本俱作「令」。惟蓮池何本作「會」。

〔九〕沈、王並謂哈台係秘史第二百二節九十五功臣中之合歹駙馬。顏按：元史卷一〇九諸公主表火魯公主，適哈答駙馬，亦其人焉。史集部族志弘吉剌作 Qatay-noyan。

〔一〇〕「圍」原作「固」。原校：續通鑑作「圍」。鈕、潘二本亦作「圍」，趙、翁二本有闕文。與何校合。王本從何校。此本同於涵、史二本及汪等四本，誤，餘本更誤「因」。

〔一一〕汪、陳、徐、何、王五本「衆」作「兵」。「涿州」原作「涿、易二州」，今據鈕、張、潘、浙、涵、京、傅、涉八本改。趙、翁二本有闕文。

〔一二〕「二十餘日」原作「即日」，此同於汪、陳、徐、何、王五本。今據鈕、潘、浙三本改。史本作「刻日」。趙、翁二本有闕文，張本誤「二卜命日」，傅、涉二本誤「二命日」，涵、京二本誤「命二日」，皆不成文理。蓋「卜」爲「十」之譌，而「命」爲「餘」之譌。後人再改「命」爲「即」、爲「刻」，删「二十」二字。考史集帝紀，亦謂帝自引兵攻Jo-jïu即涿州。二十日破之。J. A. Boyle英譯本史集察合台汗傳、拖雷汗紀亦言圍取涿州(Jo-jïu)。那珂引金史宣宗紀及元史木華黎傳，皆但言拔涿州，而不及易州。顔按：元史木華黎傳取材於國朝名臣事略。事略引張匡衍所撰行録云：「太祖經略山後諸州，皆平，自紫荆關領兵大入，攻涿州，州兵殊死戰，晝夜急攻四十餘日，拔之。又分兵自南而北，取居庸關。」敘事與舊本親征録合。余固疑「四十餘日」乃「二十餘日」之譌。惟元史卷一五三王檝傳與俗本親征録略符。傳言：「從大軍破紫荆關，取涿、易、保州、中山，軍次雄州。節度使孫吴堅守不下，檝入城喻以禍福，吴遂以城降。」此殆牽連後日之事以爲言，不足依據，以爲俗本張目也。

乃分軍爲三道〔一〕：大太子、二太子〔二〕、三太子爲右軍，循太行西南〔三〕，破保州、中山〔四〕、邢、洺〔五〕、磁、相、衛輝〔六〕、懷、孟等州〔七〕，棄真定〔八〕、威州，竟抵黄河〔九〕，大掠平陽、太原而還〔一〇〕；哈撒兒〔一一〕、安赤那顔〔一二〕、朱兒徹台〔一三〕、薄察爲左軍〔一四〕，沿東海〔一五〕，破灤、薊等城而還〔一六〕；上與四太子馭諸部軍〔一七〕，由中道進〔一八〕，破雄〔一九〕、莫〔二〇〕、河間〔二一〕、清〔二二〕、滄、景、獻〔二三〕、濟南、濱、棣、益都等城〔二四〕，棄東平、大名不攻，餘皆望風而拔〔二五〕，下令北還。又遣木華黎〔二六〕回攻密州〔二七〕，拔之。上至中都，亦來合〔二八〕。

校勘記

〔一〕史本「乃」上有「是秋」二字。太祖紀同。前已明著「癸酉秋」矣，所增者誤。

〔二〕潘本無「二太子」三字。

〔三〕「南」字原脱。原校：元史、續綱目、續通鑑作「而南」，類編作「而」。續編作「而」，史本及徐校並改「西」爲「而」。太祖紀本於史本，而何本乃從徐本，其實，徐校從太祖紀來。「南」字諸本不闕，今據補。王本亦姑從何本。

〔四〕中山府名，從諸本補。史本脱「山」字。

〔五〕原校：續通鑑作「洛」。史、汪、陳、徐四本亦誤「洛」。張、傅、涉三本誤「治」，涵、京二本再誤「冶」。此本同於鈕、潘二本及何校。趙、翁二本闕。王本同於何本。

〔六〕衛輝即衛州，中統元年陞衛輝路。此本與涵、京、史三本皆不誤。趙、翁二本闕。浙、鈕、張、潘、汪、陳、徐、何、王九本倒作「輝衛」，傅、涉二本再誤「揮衛」。J. A. Boyle英譯本史集察合台汗傳作Khuming。

〔七〕「盉」原作「益」。原校：元史、續綱目、續通鑑俱作「盉」。諸本皆作「盉」。益州與此諸州無干。

〔八〕徐本誤「真」爲「其」，何校並棄字而删之。京、傅、涉三本譌「真」爲「貞」。史集拖雷汗紀：取真定府（Jing-Din-Fu）者乃拖雷，爲一大城，蒙古名察罕八剌哈孫（Chaghan-Balghasun）者，真定後爲拖雷一家之封地。

〔九〕「竟」原脱。原校：陶本有「境」字。「境」乃「竟」字之譌，鈕、張、潘三本不誤，趙、翁二本闕。浙、涵、京、傅、涉、史、汪、陳、徐、何、王十一本亦作「境」，則錯屬上句矣。黄河，J. A. Boyle英譯本史集察合台汗傳作Qara-Mören。

〔一〇〕「太原」二字原脱，從繆、浙、鈕、張、潘、涵、京、傅、涉九本改。史本誤作太源。趙、翁二本闕。汪、陳二本脱「陽太」二字。徐、何二本并「平」、「原」二字而闕之。王本已補足。史本於太原下增澤、潞、遼、沁原誤「泌」、吉、隰六州之名，又增「拔汾、石、嵐、忻、代原誤「伐」、武等州」一句。太祖紀同。按，武州之破，已見上文。所增未實。史集察合台汗傳言：自黄河折還，攻掠平陽府(Pung-Yang-Fu)、太原府(Tai-Wang-Fu)及其屬縣。掠太原府者察合台也。

〔一一〕浙本脱「撒兒」二字。史本哈撒兒名上增「皇弟」二字。太祖紀同。

〔一二〕原校：「安赤」，陶本作「及斡律」。元史作「斡陳」。

潘、涵二本作按赤那顔。趙、翁二本闕。史本作斡陳那顔，同於元史太祖紀及王校。京、傳、涉三本誤「幹疎」，汪等四本誤「幹律」，「幹」爲「斡」之譌，而「律」與「疎」，又皆「陳」字之譌。史集帝紀、部族志弘吉刺俱作 Alči-noyan。它處或曰 Anči、Anču、Alǰi、Ilči，等等不一。即帝之妻弟，而本書戊寅年從木華黎南伐之弘吉刺部安赤那顔也。秘史第二百二、第二百二十六、第二百五十三各節稱阿勒赤，蒙韃備録曰按赤那邪，元史卷一五一杜豐傳曰皇舅按赤那延，卷一四九劉黑馬傳曰按真那延，卷一〇六后妃表及卷一〇九諸公主表曰魯忠武王按嗔那顔，卷一四九耶律留哥傳曰按陳那衍；卷一一四后妃傳又曰濟寧忠武王按陳，卷一一八成宗紀一元貞元年正月乙亥紀事曰「追封皇國舅按只那演爲濟寧王，謚忠武」，卷一五二王珍傳曰按只，卷一一八特薛禪傳曰濟寧忠武王按陳。乃卷二太宗紀八年七月紀事，既有按赤那顔矣，斡陳那顏之名，一似兩不相關者，以致特薛禪傳稱按陳二子：斡陳與納陳。不知所謂按陳子斡陳者，實與本書前出之赤駒駙馬相當焉。元史疏漏，此亦一端也。參伯希和關於聖武親征録的一段史文(*Sur un passage du Cheng-wou ts'in-tcheng lou*)，慶祝蔡元培先生六十五歲論文集。

〔三〕「徹」原作「怯」。原校：陶本作「拙赤」，元史作拙赤䚟。依繆、鈕、張三本改「怯」爲「徹」。趙、翁二本闕。潘、涵二本誤作「撤」。京、傳、涉三本誤「出赤得」，汪、陳、徐三本及張校翁方綱本誤「拙赤得赤得」，何校據徐氏改「拙赤䚟」，王本從之。以與元史太祖紀合，而太祖紀固同於史本也。原校引説郛本奪「䚟」或「得」字。洪鈞證補卷一下太祖后妃皇子公主考異引通鑑續編：太祖庶子有术兒徹歹，殆其人歟？又引史集，稱其人爲帝之幼子。該書記録帝諸后妃、諸皇子時，又言彼係乃蠻妃子所出。那珂全用洪氏之説。王氏亦引剌失德書，説與二家同。且引元史九五食貨三歲賜，有太祖第五子兀魯赤太子，「兀」疑「术」之譌。此又一説也。伯氏謂：剌失德殆有所牽混，實則其人乃怯台之父。亦即元史卷一二〇有傳之兀魯兀台氏术赤台也。詳前引伯氏論文。顏按：伯氏説是也。秘史第二百五十三節，記合撒兒領左手軍，沿海自北京大寧經女真之地，以討夫合訥(即蒲鮮，亦即蒲鮮萬奴)，然後泝浯剌(今北流松花江北段)、納浯(今嫩江)二江，再經討浯兒河(今洮兒河)回至大營。其受合撒兒節制者三人，一曰主兒扯歹，即此朱兒徹台；二曰阿勒赤，即前出之安赤那顔；三曰脱侖扯兒必，即下文乙亥年帥蒙古、契丹、漢軍南征之脱欒闍兒必。秘史復合前後諸事爲一事，竟似邈不可識者。元史卷一三三失里伯傳：「祖怯古里秃，從太祖經略西夏有功。又隸諸王术赤台，領寶兒赤。」卷一四七張柔傳稱「燕帥孛赤台數凌柔，柔不爲下」。又言其人暴死於燕。孛赤台似即术赤台，而术赤台又似朱兒徹台，乙亥、丙子南征之役，彼必在行間，故卒命燕京。

〔一四〕史本「察」作「刹」。太祖紀同。顔按：史集帝紀萬夫長、千夫長與成吉思汗的軍隊簡述「左翼」條記千户時與怯台同時受封之薄察(Būjir-noyan)千户。

〔一五〕王本奪「東」字。

〔一六〕此句原錯在「棄真定、威州」句下，繆本同錯簡。「灤」、「薊」原譌作「洙」、「沂」，張本譌「洆」、「列」，涵、傅二本誤「誅」、「泝」，史本及汪等四本誤「洙」、「沂」，王本同誤。何校：「金無洙州，疑『灤』字之譌。」以上數本，錯簡與此本同。又史本於「薄刹爲左軍」句下，複出「遵海而東，破薊州、平、灤、遼西諸州而還」兩句，太祖紀僅改「破」爲「取」，

「諸州」爲「諸郡」而已，皆當删削。今據潘本改。趙、翁二本闕，鈕本誤「湙」、「蘇」。史集帝紀亦但列 Qī-jīu 與 Lī-jīu 而已。Qī-jīu 即薊州，Lī-jīu 乃灤州之譌，痕跡顯然。

〔一七〕史本「四太子」下有拖雷名，且增「爲中軍」三字。

〔一八〕「進」，浙、張、傅、涉四本譌「近」。汪、陳、徐、何、王五本改「遂」，屬下句。史本闕。

〔一九〕「雄」原作「灤」。此本誤與汪、陳、徐、何四本同。當依鈕、潘、史三本改「雄」。趙、翁二本闕，張本誤「難」，涵、京、傅、涉、王五本作「深」，與何校相合。史本「雄」下增「霸」字。

〔二〇〕「莫」原作「漠」。徐、何二本再誤「漢」，當從餘本及何校改「莫」。史本「莫」下有「安」。

〔二一〕汪本重「間」字，徐本誤「問」，校改作「開」，何本移在益都之下，殊無道理。王校已删。

〔二二〕「清」原作「青」。當依史、汪、陳、徐、何、王六本改。但史本清州名滑州之下，濟州之上。

〔二三〕史本此下有深、祁、蠡、冀、恩、濮、開、滑、濟、泰安十州之名。太祖紀同。

〔二四〕「益都」原作「益相」。依鈕、潘、浙三本及何校改「相」爲「都」。趙、翁二本闕，張本誤「桐」，餘本並誤「相」字。史本此下有淄、濰、登、萊之名。「城」上有「州」字。太祖紀同。且於登、萊二州下，出有沂州之名，則所據親征録亦重「沿東海」句也。

〔二五〕「望風而拔」句上原有「攻」字。原校：陶本無「攻」字。「攻」爲衍文，諸本俱無，今删。史集拖雷汗紀稱中軍至於 Bī-jīu，不詳，或爲密州。

〔二六〕此本同繆、史、汪、陳、徐、何、王七本，餘本作木花里。

〔二七〕「回」原作「圍」。原校：陶本作「回」。繆本同此本。諸本皆作「回」，「圍」誤，當改。趙、翁二本闕，張本誤「四」。

〔二八〕原校：按三道兵所經地，元史及續綱目、續通鑑與此互有同異。王曰：此年事，剌失德書繫之猴年，元史太祖紀與此録同。

甲戌，上駐營於中都北王甸〔一〕。金丞相高琪與其主謀曰：「聞彼人馬疲病〔二〕，乘此決戰，可乎？」丞相完顏福興曰〔三〕：「不可〔四〕。我軍身在都城，家屬多居諸路〔五〕，其心向背未可知，戰敗必散；苟勝〔六〕，亦思妻子而去，祖宗社稷安危，在此舉矣，當熟思之。今莫若姑遣使議和〔七〕，待彼還軍〔八〕，更爲之計，如何？」金主然之。遣使求和，因獻衛紹王公主〔九〕，令福興來送〔一〇〕，上至野麻池而還〔一一〕。

校勘記

〔一〕「中都北王甸」原作「中都北壬辰」。中都，原校：續綱目、續通鑑作燕城。「辰」，原校：陶本作「甸」，元史作「北郊」。鈕、涵、京、傅、涉五本作「壬旬」，趙、翁二本闕「旬」字，潘本原作「壬旬」，校改「壬」爲「五」，不言所據。浙、張、汪、陳、徐、何、王七本作「壬甸」。顏按：「北壬甸」誤「北壬旬」，再誤「北壬辰」。史本與太祖紀作者以其不可通，則混言「北郊」而已。史集帝紀亦渾言中都境內。實作北王淀，考郝經郝文忠公陵川文集卷一〇居庸行曰：「北王淀里骨成山，官軍城上不敢望。」則謂此地。北壬甸者，北王甸之誤也。金史卷六世宗紀大定八年五月甲子曰：「北望淀大震、風、雨雹，廣十里，長六十里。」卷二三五行志記此事，亦稱北望淀。據卷二四地理志上，撫州倚郭柔遠縣下注稱得勝口，舊名北望淀，大定二十年更。元一統志卷一大都路：「按大都圖册：昌平縣北二十里有得勝口，按上都圖册野狐嶺下亦有得勝口。」張德輝紀行：「出得勝口，抵扼胡嶺。」扼胡嶺即野狐嶺。金文靖公前北征録：永樂八年二月二十五日，過萬全城北，入德勝口。是北王甸即北王淀，亦即北望淀，後改得勝口者。王曰：秘史作失剌客額兒，華言「黄甸」。

〔二〕「疲」原作「瘦」。原校：續綱目、續通鑑俱作「疲」。

　　繆、浙、鈕、張、潘、涵、京、傅、涉、王十本亦作「疲」。趙、翁二本有闕文。史、汪、陳、徐、何五本乃作「瘦」。前者是。

〔三〕原校：元史、續綱目、續通鑑俱作完顔承暉，福興更名也。下同。

　　按：承暉，鄭家之子。承暉，金史卷一〇一有傳。而鄭家則附於其父昂傳（卷六五）之後。宋史卷三二高宗紀九紹興三十一年七月、十月及卷三七〇李寶傳作鄭家奴。本名福興。宋史卷三八寧宗紀二嘉泰三年十月壬子作完顔奕。元史卷一五〇石抹明安傳誤作完顏復興。

〔四〕袁刊何本脱「不可」二字。王校謂説郛同闕，其實誤校。

〔五〕鈕本作「家居諸路」。趙、翁二本闕文。

〔六〕潘本作「苟戰」，當因上句而誤。

〔七〕潘本「若」作「如」。張本誤「居」字。汪、陳、徐、何、王五本無「姑」字。

〔八〕汪、陳二本「彼」下衍「若」字，徐、何二本誤「吉」。何校改「主」。王校删之是也。

〔九〕原校：續綱目作東海郡侯少女，續通鑑作故主永濟之女，實一人也。史本衛紹王下有「女」字。太祖紀。那珂引金史宣宗紀，所謂公主皇后是也。顏按：史集帝紀與宣宗紀同，曰 Kunju-hatun，而卷一〇六后妃表敘事尤詳盡。元史太祖紀及金史卷一一二完顏合達傳稱岐國公主。金史卷一一五崔立傳：「衛紹王太子從恪，其妹公主在北兵中。」公主，岐國公主也。國朝名臣事略引木華黎行録，繫金主請和獻女而太祖納之。在此年二月。

〔一〇〕張本「送」作「還」。鈕本同，且無「來」字。趙、翁二本闕文。

〔一一〕史集帝紀作 Ma-ǰï。秘史第二百四十八節稱莫州撫州山觜。那珂曰：莫州即麻池之異譯。顏按：伯氏秘史譯寫本，以 Moǰiu 爲 Moǰu 之譌，説與那珂同。考其地既與撫州相關，則屬於撫州可知。顏按：永樂大典本順天府志卷一一宛平縣人物門儲宥傳：「金貞祐二年，元兵壓境，宣宗遣使奉宗室女岐國公主以請和，宥實在行，見元太祖於桓州。」

夏四月〔一〕，金主南遷汴梁，留其太子守中都〔二〕，以丞相完顏福興，左相秦忠爲輔〔三〕。金主行距涿〔四〕，契丹軍在後，至良鄉，金主疑之〔五〕，欲奪其元給鎧馬還官〔六〕，契丹衆驚〔七〕，遂殺主帥素温而叛〔八〕，共推斫答〔九〕、比涉兒〔一〇〕、札剌兒爲帥〔一一〕，而還中都〔一二〕。福興聞變，遣軍阻盧溝〔一三〕，使勿得渡〔一四〕。斫答等使其裨將〔一五〕塔塔兒〔一六〕帥輕騎千人潛渡水，腹背擊守橋衆〔一七〕，大破之，盡奪衣甲、器械、牧馬之近都者〔一八〕。由是契丹軍勢漸振。

校勘記

〔一〕原校：金史、元史俱作「五月」。史本亦作「五月」，太祖紀同。

〔二〕「其」字原脱，繆本亦無，從諸本補。史本「太子」下有守忠名。太祖紀同。

〔三〕原校：元史、續綱目、續通鑑俱作抹撚盡忠。史本亦改抹撚盡忠，下同。何校同於舊校。繆校改「秦」爲「盡」，京、傅、涉三本誤爲「陳」。按：盡忠，時官尚書左丞，非左相。

〔四〕王本誤「距」爲「拒」。「金主行距涿」至「盡掠衣甲、器械、牧馬之近都者」，日下舊聞考卷九十二郊坰西二全引此句，且稱書名聖武親征記。

〔五〕「之」字原闕，從諸本及日下舊聞考卷九十二郊坰西二引聖武親征記補。

〔六〕「官」原作「營」。原校：續綱目作「官」，續通鑑作「宫」。繆、鈕二本、日下舊聞考引聖武親征記、續編及那珂校亦作「官」，趙、翁二本闕。今據改。此本同於浙、汪、陳、徐、何、王六本，餘本作「宫」，同誤。

〔七〕「衆」原作「軍」。原校：陶本作「衆」。繆本亦作「軍」，餘本無不作「衆」，今據改。袁刊何本脱「契丹」二字。王校已增。

〔八〕此本同於繆、汪、陳、徐、何、王六本及日下舊聞考引聖武親征記，張、涵二本作襄昆是也。史本誤「襄」爲「衮」。鈕、潘、京、傅、涉五本再誤「兖」。趙、翁二本闕。續編作索温。褭昆者，詳穩也。此以官號爲人名。前文亦剌合鮮昆或稱王子鮮昆、鮮昆按答，他書乃作亦剌哈詳穩。十三翼之戰，又有鮮昆那顔。詳穩，契丹官號，來源漢語之「相公」。史集塔什干本主帥名 Snk-ūneh，列寧格勒、東方所二本作 Skūneh，貝烈津書作 Snkqūneh，洪鈞譯鮮衮。素温之名，後來所改。王校亦曰「詳穩」之異譯。

〔九〕汪等四本「共」作「去」，屬上句。鈕本誤「其」，潘本同，校者已改。趙、翁二本闕。王校亦改「去」爲「共」。

〔一〇〕潘本誤「比」爲「北」。

〔一一〕鈕、傅二本「札」誤「礼」。浙本無札剌兒。

〔一二〕傅、京二本「而」上衍「之」字。元史太祖紀稱金乣軍斫答等，及續編卷二〇太祖皇帝九年五月謂「金主至良鄉，乣軍反奉斫答等爲帥」，及小注「至良鄉，命護衛乣軍」云云。是契丹軍者，乣軍也。又金史卷四四兵志敘及兵制門，並言：「宣宗南遷，乣軍潰去。」或曰乣軍雜人，召禍於外，以致金之亡。均言此事也。同書卷一〇一抹撚盡忠傳：「宣宗遷汴，與右丞相承暉守中都。承暉爲都元帥，盡忠復爲左副元帥。十月，進拜平章政事，監修國史，左副元帥如故。宣宗詔盡忠善撫乣軍，盡忠不察，殺乣軍數人。」兵志所言，正謂是也。考卷一〇六朮虎高琪傳：「大安三年，累官泰州刺史，以乣軍三千屯通玄門外。未幾，升縉山縣爲鎮州，以高琪爲防禦使，權元帥右都監，所部乣軍賞賚有差。」此屯通玄門之乣軍，即襄昆所帥之契丹軍。乣軍爲部族軍，而契丹人居多。秘史稱乣軍或乣人，曰主因亦而堅。第二百四十七、二百四十八節言：契丹的、女真的主因種人，爲勇猛的緊要的軍隊；第二百六十六節記分金國的契丹種的主因亦而堅與孛斡兒出、木合黎二人。第五十三節記塔塔兒主因亦而堅謀害俺巴孩合罕。等等。則塔塔兒亦在乣軍之數。詳參王國維元朝秘史之主因亦兒堅考，及本書前文「札阿紺孛居漢塞之間」句下注。斫答、比涉兒，並無考。札剌兒，本書後文戊寅年從木華黎南伐將領契丹軍之札剌兒也，又曰蕭札剌，或曰石抹乣札剌，等等。國朝名臣事略卷七王惲撰史天澤家傳：「太宗即位，公入覲。朝議方選三大元帥，分統漢地兵，上素聞公賢，以杖麾公及劉黑馬、蕭札剌居右，詔爲萬户。」元史卷一四九耶律秃花傳：「統萬户扎剌兒、劉黑馬、史天澤伐金。」蒙韃備録：燕京等處有紙蠟兒元帥、史元帥、劉元帥等甚衆，各有軍馬，並聽摩睺羅國王命令。史元帥謂天澤，劉元帥謂黑馬，摩睺羅國王即木華黎國王；所謂蕭札剌、萬户扎剌兒、紙蠟兒元帥，皆言此契丹將札剌兒也。其人，乃石抹孛迭兒之子。元史卷一五一石抹孛迭兒傳謂之糺查剌。卷九九兵志二宿衛門曰乣查剌，鎮戍門曰乣叱剌。卷五世祖紀二至元元年六月乙巳、八月己未並曰萬户石抹乣札剌。石抹姓即蕭姓，以其屬乣軍，故於名上冠以「糺」字，或「乣」字。「乣」爲「糺」之或體。金史卷一一七國用安傳復名之爲東平萬户查剌。説詳余著糺軍問題芻議一文。又元史卷一四九劉伯林傳：「歲己丑，太宗即位，始立三萬户，以黑馬爲首，重喜、史天澤次之。」顔按：此重喜，非塔不已兒之孫重喜，而爲蕭札剌。

〔三〕此本同於鈕、潘二本，趙、翁二本闕。餘本無「遣」字。史本「阻」作「於」。

〔四〕王本作「勿令得渡」。

〔五〕原校：「使其」，陶本作「遣」。

汪、陳、徐、何、王五本亦作「遣」。張本脱「等使」二字，潘本衹脱「等」字，涵本脱「斫」、「等」二字，「使」誤「及」，京、傅、涉三本脱「斫」字及「等使」二字，史本改此句爲「斫答裨將」。惟此本及鈕本不誤。趙、翁二本闕。

〔六〕史集帝紀言：斫答等兼併駐守當地而服屬金主之塔塔兒部人。録以塔塔兒爲裨將之名，殊誤。

〔七〕「腹」，原校：陶本作「復」。

此本同於張、潘、涵三本。趙、翁二本闕。餘本作「復」，史本無此字而「衆」上有「之」字。

〔一八〕「奪」字，此本同於史、汪、陳、徐、何、王六本，但史本下有「其」字，涵本作「掠」，鈕本作「摽」，趙、翁二本有闕文。則「掠」之訛文。潘本作「取」，張、京、傅、涉四本作「則」，傅本作「財」，則又皆「取」之訛文。「近都」原作「近橋」，此本同於汪、陳、徐、何、王五本，當依鈕、潘二本改「近都」，趙、翁二本有闕文。張本作「近相」。涵、京、傅、涉四本作「相迎」，並「近都」之誤文或倒訛。史本「器械」下有「及」字，「相迎」改「相近」。史集帝紀言：驅走中都境内金主之子及諸將之馬群與羊群。與盧溝橋圍無涉焉，「都」字是，據改。

先是耶律留哥以中國多故〔一〕，據有東京、咸平等郡〔二〕，自稱遼王。斫答、比涉兒等遣使詣上行營納款〔三〕。又求好于遼王，時遼王亦來降〔四〕，上命爲元帥，令居廣寧府〔五〕。金主之南遷也，以招討万奴爲咸平等路宣撫〔六〕。復移治於忽必阿蘭〔七〕，至是亦以衆來降，乃遣子鐵哥入質〔八〕；既而復叛，自稱東夏王〔九〕。

校勘記

〔一〕「耶」，原校：陶本作「那」。　張、涵、京、傅、汪、陳六本亦誤「那」，徐校已改。何、王二本從之。

〔二〕金咸平郡，今遼寧開原縣老城鎮。

〔三〕「行營」，此同汪、陳、徐、何、王五本，餘本作「行官」。趙、翁二本闕。王曰：元史太祖紀及耶律留哥傳，留哥來朝事在乙亥。顔按：金史卷一〇三紇石烈桓端傳、卷一一六蒲察官奴傳作移剌留哥，卷九三承裕傳稱契丹留可。

〔四〕鈕、史二本脱「時遼王」三字。趙、翁二本闕。

〔五〕留哥居廣寧，有金史卷一〇三完顔阿里不孫傳作證。金廣寧府，今遼寧北鎮縣。

〔六〕「万」原誤「也」，從王校改。萬奴叛金，事見金史卷一四宣宗紀上至寧三年三月庚午、十月壬子、卷一〇三奥屯襄傳、紇石烈桓端傳、完顔阿里不孫傳、完顔鐵哥傳、卷一〇九完顔素蘭傳、卷一一三完顔賽不傳、卷一二二梁持勝傳、卷一三

○阿魯真傳。元史卷一一九木華黎傳稱宣撫蒲鮮，以姓也；元史卷一四九耶律留哥傳、卷一五○石抹也先傳稱宣撫萬奴，以名也；金史卷一四宣宗紀上及卷一○三奥屯襄傳稱遼東路宣撫使蒲鮮萬奴，以咸平屬遼東也；元史卷一一九塔思傳稱咸平宣撫完顔萬奴，以賜姓也；卷一四九買奴傳稱女直萬奴，以民族也；卷一二一兀良合台傳：「歲癸巳，領兵從定宗征女真國，破萬奴於遼東。」女真國萬奴即女直萬奴。歸潛志卷五梁翰林詢誼傳作宗室萬奴；卷一二三艾貌傳稱阿奴，以音訛也。

〔七〕「復」原作「使」，此同繆本，鈕本作「後」，餘本作「復」，趙、翁二本仍有闕失。連下七字爲句，當是，今據改。京、傳二本無「必」字。王本遺「洛」字，作「阿必忽蘭」。按：此句疑有誤解處。

〔八〕京、傳二本鐵哥名下有「等」字。金史卷一二二温迪罕老兒傳：「蒲鮮萬奴攻上京，其子鐵哥生獲老兒。」太祖紀繫萬奴之降及鐵哥入質，在十一年丙子冬十月，並「鐵」改「帖」字。「入質」，王本作「入侍」。

〔九〕元史卷一四九耶律留哥傳名之曰東夏萬奴國者，以此。高麗史卷二二高宗世家五年十二月己亥及卷一○三趙冲傳稱東真萬奴，爾後東真國、東真之名頻見。東文選卷六一俞升旦回東夏國書：「高麗國王某，謹迴書于東夏國王殿下，承來示云，成吉思皇帝聖旨道與東夏國王準備親見來者。」第二通書云：「兩國自有疆界，貴國所領東真防卒，留於東真境内，不令寸步入我疆界。」池内宏説：高麗習稱東北界（咸鏡道方面）之女真人爲東女真，稱西北界（平安道方面）女真人爲西女真。回東夏國書之東真殆即東女真之略也，東真是他稱，而東夏國乃自稱也。高麗史卷一〇三金就礪傳稱萬奴皇帝。李齊賢益齋亂稿卷六贈謚威烈公金公行軍記：「當先遥禮蒙古皇帝。次則禮萬奴皇帝。萬奴者，蓋東真之主也。」元史太祖紀十年十月，「金宣撫蒲鮮萬奴據遼東，僭稱天王，國號大真，改元天泰」；十一年十月，「蒲鮮萬奴降，以其子帖哥入侍。既而復叛，僭稱東夏。」按卷一四九耶律留哥傳謂：「戊寅，留哥引蒙古、契丹軍及東夏國元帥胡土兵十萬，圍喊舍。」按：此胡土即伯德胡土，見金史卷一〇三完顔阿里不孫及卷一五宣宗紀中興定元年九月癸巳。遼史卷三三營衛志下部族下奚王府五部中有此伯德部。

乙亥五月〔一〕，金太子留福興、秦忠等守中都〔二〕，亦走汴梁〔三〕。

校勘記

〔一〕整理者按：此處似闕紀年，今補。按：元史太祖紀十年乙亥五月庚申曰：「金中都留守完顏福興仰藥死，抹撚盡忠棄城走，明安入守之。是月，避暑桓州涼涇。遣忽都忽等籍中都帑藏。」續編卷二〇太祖十年乙亥五月「蒙古入燕，立行中書省以守之」條記述陷中都事甚詳，小注云：「時太祖皇帝在桓州，聞燕陷，遣使勞明安等，而輦其府庫之實北去，於是金祖宗神御及諸妃嬪皆淪没焉。」又前正月條「金右副元帥蒲察七斤叛自通州，以其師降于蒙古」；録於下文始敘此事。十月條「蒙古三合侵金潼關，不克，遂自嵩山趨汴，金人敗之，乃還」及小注「太祖皇帝次魚兒濼」云云；十二月條「蒙古兵徇金大名府」及「蒙古殺張鯨，鯨弟致據錦州反」。諸條紀事皆與録合，疑此條繫乙亥年。

〔二〕史本復改秦忠爲盡忠。王本脱「等」字。

〔三〕原校：按太子走汴，金史、元史俱作七月事。

史本即作七月,與二史合。

上以契丹衆將來歸,遂命散只兀兒三木合拔都〔一〕領契丹先鋒將明安太保兄弟等爲鄉導〔二〕,引我軍合之,至則與斫答等併力圍中都〔三〕。金主以點檢慶壽〔四〕、元帥李英運糧〔五〕,分道還救中都〔六〕,人賫糧三斗〔七〕,英自負以勵衆〔八〕。慶壽至涿州旋風寨〔九〕,李英至霸州青戈〔一〇〕,皆爲我軍所獲。既絶其糧,中都人自相食,福興自毒死,秦忠亦委城走〔一一〕,明安太保入據之。遣使獻捷。

校勘記

〔一〕「木」,原校:元史作「模」。何本奪「三」字。鈕本「合」作「哈」。趙、翁二本闕。按:此猶言散只兀之三木合拔都。史集帝紀作散只兀部之三木合拔都是也。太祖紀此年六月下但稱三摸合,如原校所言;十一年丙子秋下,則曰撒里知兀䚟三摸合拔都魯。卷一五〇石抹明安傳、卷一五三王檝傳曰三合拔都。

〔二〕袁刊何本奪「領」字。王本奪「等」字。「先鋒將」，潘本作「先降將」，當是。蓋辛未年明安已降。元史卷一五一張榮傳曰金太保明安降。元史卷一一〇三公表引和林廣記亦稱太保明安，乃卷一五三王檝傳作太傅猛安。考卷一五〇石抹明安傳，太傅係克中都後所加。然太保之號，以私封或他人稱之耶？（按宋元人又多名强盗爲太保。）非金授也。猛安即明安，亦即猛安謀克之「猛安」，義爲「千」，謂千夫長而言。兄弟云者，並其兄阿海與弟秃花也。黑韃事略：言彼兄弟三人，並居十七頭項之數。

〔三〕潘本「至」下有「是」字。王本「併」作「並」，「併力」，見孫子行軍篇，言合力，協力也。京、傅、涉三本「圍」作「圖」，誤。

〔四〕那珂曰：宣宗遷汴，烏古論慶壽改右副點檢，閱月，遷左副點檢，見金史本傳。汪等四本「點檢」倒作「檢點」，王校沿其誤。

〔五〕英自御史中丞出任元帥。見金史卷一〇一李英傳及卷一〇八侯摯傳。

〔六〕徐本作「東都」，何校已改。

〔七〕「糧」字原闕，從諸本補。陳本奪「人」字，徐、何二本「人」在「賫糧」下。

〔八〕王本「勵」誤「礪」。

〔九〕那珂曰：石抹明安傳作涿州宣封寨。顔按：今涿縣城北十五里，挾河南而湖梁河北有地，名仙風坡，當是其處。見乾隆涿州志卷二鄉閭志。日下舊聞考卷一二九京畿涿州三引涿州志：仙風坡在州北十二里。元歐陽玄涿郡名賢碑記云：又州西北十五里宣封坡。據此，則仙風係傳訛，應從歐記作宣封爲是。

〔一〇〕青戈，鈕本作「青弋」。趙、翁二本闕。史本作「青戊」，史集帝紀稱其地 Sīng-bīī，貝烈津書寫作 Sīng-bī。「戊」字，似是。今霸縣城東三十里、三十一里、三十六里有田、王、楊、郝四家青口。見民國九年霸縣志卷一。如青口即青戈，則作「戈」者是矣。疑不能明，俟諸博聞多識者。顔按：資治通鑑卷二九四後周紀五顯德六年十一月辛亥：「唐人夜宴契丹使者於清風驛。」永樂大典本順天府志卷一二永清縣有青口及鄉社青口社，日下舊聞考卷一二〇京畿霸州二：「沙城堤，西至臨津固安縣界白廟，東抵清口永清縣界信安。」楊奂還山遺稿卷下有晚至青口之詩。

〔一一〕史本秦忠仍改盡忠。王本「委」作「棄」。

上時駐桓州〔一〕，遂命忽都忽那顔與雍古兒寶兒赤〔二〕、阿兒海哈撒兒三人檢視中都帑藏〔三〕。時金之留守哈答〔四〕、國六和等奉金幣爲拜見之禮〔五〕，雍古兒、哈撒兒受之，獨忽都忽拒不受〔六〕。方將哈答等並其物北來〔七〕，上問忽都忽曰〔八〕：「哈答等嘗與汝物乎？」〔九〕對曰：「有之，未敢受之。」〔一〇〕上問其故，對曰：「臣嘗與哈答言〔一一〕，『城未陷時〔一二〕，寸帛尺縷，皆金主之物；今既城陷，悉我君物矣〔一三〕。汝又安得竊我君物爲私意乎？』」〔一四〕上甚嘉之〔一五〕，以爲知大體而重責雍古兒〔一六〕、阿兒海哈撒兒等之不稱也〔一七〕。哈答因見其孫崇山而還〔一八〕。

校勘記

〔一〕「駐」下原衍「札」字。原校：陶本無「札」字。繆本同此本，各本均無「札」字。袁刊何本「時」誤「自」，王校已改。鈕本「桓」誤「行」。汪、陳、徐三本「州」誤「丹」。何校已改。王本從之。元史太祖紀稱桓州涼陘。金之桓州涼陘，遼之炭山涼陘，而元上都之地。復稱陘頭、陘山、冷陘、冷陘山。余别有路振乘軺録疏證一稿，詳述其地理。

〔二〕忽都忽那顔，即下文辛巳年征西域充先鋒及太宗甲午年主治漢民之忽都忽那顔或忽都忽也，帝之養子。詳史集部族志塔塔兒及帝紀，秘史第一百三十五節誤以爲月倫太后養子。雍古兒寶兒赤，即前文十三翼之戰之甕古兒。汪等四本「寶兒赤」，「兒」字誤「光」，王校已改。

〔三〕「哈」原作「答」。原校：陶本作「哈」。

繆本同此本，餘本皆是「哈」字。但此本下文不誤。前作阿兒海。它本「兒」作「里」。秘史曰：阿兒孩合撒兒，或但稱阿兒孩。

〔四〕「之」，鈕、張二本作「力」，趙、翁二本闕。當誤，餘本概無此字。哈答，史集帝紀作 Kada。塔什干本或作 Kdā。

〔五〕「國」原作「圍」。原校：陶本作「國」。

此本同繆、鈕二本，趙、翁二本闕。張本「國」下「和」上空闕，餘者皆作「國和」。余謂「圍」者「國」之譌，而「六和」者「奕」之誤也。史集帝紀作 Gūi。伊斯坦布爾、德黑蘭、巴黎、東方所四本及貝烈津書如是，而塔什干本作 Fūi。俄譯本作 Goi。王本脱「等」字。袁刊何本「幣」作「帑」。王校已改。金史卷一一八武仙傳有近侍局使完顔四和，不知是否此人？

〔六〕下「忽」字原脱，從諸本補。

〔七〕「方」字原脱，繆、史、汪、陳、徐、何、王七本同此亦無「方」字，依他本補。「等」原作「兒」，當誤，據諸本改。「並」，他本作「萃」。汪等四本無「等」、「萃」二字，王校已補。萃，聚也，亦通。

〔八〕下「忽」字原脱，繆本亦脱，亦從餘本補。

〔九〕「汝」，涵、京、傅、王四本作「尓」，繆本作「爾」，餘本作「你」。

〔一〇〕史本下句「之」字作「也」。

〔一一〕鈕、陳二本哈答名下有「等」字。

〔一二〕汪、陳二本誤「來城陷時」，後改「來」爲「未」，何本從之。

〔一三〕涵、京二本作「吾君」。

〔一四〕「又安」二字原闕，從諸本補。「私意」原誤「和意」，據繆、潘二本改。鈕、京、傅、涉四本又誤「和」爲「何」，趙、翁二本有闕文。王從何校改「私惠」，亦誤。按：私意，即所謂「掃花」也，詳王氏蒙古札記。

〔一五〕「嘉」原作「佳」，從繆、涵、京三本及何校改。史集帝紀正是「嘉許」。又，袁刊何本誤「甚」爲「正」，王校已改。

〔一六〕史本作「雍古兒赤」，又奪「寶兒」兩字。

〔一七〕「稱」字，繆、鈕、潘、史及此本不誤。趙、翁二本有闕文。餘本譌「珎」或「珍」。又袁刊何本奪「等之」二字。

〔一八〕「崇」，原校：陶本作「榮」。

汪等四本即係「榮」字，且倒「見其」爲「其見」。按：「見」，疑屬「獻」之譌，「榮」字或是。史集帝紀：哈答以其孫Čun-san爲禮呈獻於帝之後乃還。但塔什干本作Jūng-šāī，東方所本及貝烈津書則作Nkšāī。「而還」，鈕本作「南還」，趙、翁二本有闕文。亦或是也。

時金通州元帥七斤率衆來降〔一〕，惟張復〔二〕、張鑁柄〔三〕、衆哥〔四〕、也思瓦郎據守信安不下〔五〕。

校勘記

〔一〕那珂曰：七斤，姓蒲察氏。金、元二史七斤之降在乙亥正月。王校亦引金史卷一四宣宗紀上貞祐三年乙亥正月丁丑之文。按：四月乙巳紀事，亦言及七斤以右副元帥守通州之事。又：元史卷一六七張礎傳：「祖伯達，從忽都忽那顏略地燕、薊，金守蒲察其斤以城降。忽都忽承制以伯達爲通州節度判官，遂知通州。」（原作「其蒲察其斤」，新校本已校正。「其」者，「七」之音訛。）蒙韃備録：「又有女真人七金宰相」云云。「金」乃「斤」之音訛。蓋七斤降後，頗用事，故備録及之。

〔二〕沈曰：即高陽公張甫。顏按：國朝名臣事略卷一木華黎事略引張匡衍撰行録：戊寅年，「燕京行省石抹咸得不遣使來告曰：『今燕南信安賊張甫等』」云云。信安四面阻水，甫等恃巨浸以守孤城，功不可泯。金於霸州置信安軍，元光元年從甫之請，乃改鎮安府。咸得不，明安之子。其人又見宋子貞撰耶律楚材神道碑或元史卷一四六耶律楚材傳。

〔三〕「張」原作「來」。原校：陶本作「張」。

各本無不作「張」，今據改。「钁」字，涵、京二本誤「環」，王本誤從之。傳本作「鐶」，汪、陳、徐、何四本誤「鑊」。史集帝紀名其人曰 Jāng-kūkīng 可證。然末一k字乃 b 字之誤。沈氏疑其人即滄海公張進。進與甫同守信安。顏按：金末有兩張進，一稱滄海公，一稱易水公。與甫同守信安，且蒙賜完顏姓者，滄海公也。見金史卷一一八張甫傳。滄海公又稱北平公。此北平公張進之子榮實,元史卷一六六有傳。傳云:「霸州保定縣人。父進,金季封北平公,守信安城。壬辰歲,率所部兵民降,太宗命爲征行萬户。甲午,征河南,與金將國用安戰徐州,死焉。」同書卷一五二楊傑只哥傳,以信安張進之降,在己丑年,早於張榮實傳所記者三載。又卷一六五張禧傳:「父仁義,……及太宗下山東,仁義乃走信安。……守信安踰十年,度不能支,乃與主將舉城内附。」主將,必謂張甫、張進等也。金史卷一一七國用安傳:「北大將阿术魯聞安用據徐、宿、邳,大怒曰:『此三州我當攻取,安用何人,輒受降。』遣信安張進等率兵入徐,欲圖安用,奪其軍。安用懼,謀於德全,劫殺張進及海州元帥田福等數百人。」

〔四〕沈曰:即河間公移剌衆家奴,亦作中哥,與張甫皆在九公之列。顔按:遺山先生文集卷三六張柔勳德碑第二碑,便呼之曰河間公衆哥,又曰移剌衆哥,稱謂用字,與親征録同。

〔五〕鈕本「郎」作「即」。趙、翁二本闕。張、涵二本作「帥」,何本同此兩本,且改「瓦」爲「元」。徐本作「部」。史集帝紀稱其人曰 Asū-lng(Asū-ling),然與衆哥即 Jūnka 名相連結,乃謬誤耳。疑「瓦」是衍文。屠寄以爲楊壽之異譯。楊壽官總領提控,其名見金史卷一一八移剌衆家奴傳。

上駐軍魚兒濼〔一〕，命三木合拔都率蒙古軍萬騎〔二〕，由西夏抵京兆〔三〕，出潼關，破嵩、汝等郡，直趨汴梁，至杏花營〔四〕，大掠河南，回至陝州，適河冰合，遂渡而北〔五〕。

校勘記

〔一〕王說：即今達里泊，舉長春真人西遊記、張德輝紀行爲證，而輔以元史特薛禪傳及世祖紀一中統元年六月戊戌紀事爲說。顏按：首倡其說者沈垚也，見所撰落帆樓文集卷六西遊記金山以東釋。（此指連筠簃叢書本，吴興叢書本在卷六）又按：元史卷一四七史天祥傳：「丙子春，覲太祖於魚兒濼。」蓋乙亥秋迄丙子春，帝在魚兒濼過冬，而後還居臚駒河行宮，參之親征録，可互相發明焉。史集帝紀名此濼爲 Kūāū-ūl，列寧格勒、倫敦、德黑蘭三本作 Kūū-ūl，貝烈津書作 Kūāūl。讀法不明，譯者謂大約此處沿用一突厥語詞 Kül，即「湖」也。

〔二〕「合」，原校：續綱目、續通鑑作「哥」。繆本同作三木合，餘本及續編無「木」字。何校曰：史作三哥拔都。王曰：即前散只兀兒三木合拔都。「率」，各本作「帥」。「蒙古」下「軍」字原無，今據諸本補。王本訛爲「兵」。

〔三〕袁刊何本倒作「夏西」。「抵」，王本作「掠」。

〔四〕讀史方輿紀要卷四七河南二：杏花營在汴京城西二十里。大金國志卷二五宣宗皇帝下，貞祐三年十月，「大軍至杏花營，距汴京二十里，花帽軍擊敗之」。元史卷一四一察罕帖木兒傳，至正十九年，劉福通等陷汴梁，「察罕帖木兒自將鐵騎，屯杏花營。諸將環城而壘」。明史卷一二二韓林兒傳與此相合。以地瀕黄河，明成化十四年，河決於此。史本脱「花」字。

〔五〕「而北」，唯此本與徐校合。何本即依徐校。大金國志卷二五宣宗皇帝下：貞祐三年十月，「大軍復取潼關，自三門、析津乘河冰合，布灰，引兵而渡」。按：「析」乃「集」之譌。三門集津，黄河一渡口耳。金史卷一〇八胥鼎傳：「已而北兵果由三門集津北渡而去。」

金元帥邪答忽〔一〕、監軍斜烈以北京來降〔二〕。上遣脱欒闍兒必帥蒙古、契丹、漢軍南征〔三〕。降真定，破大名，至東平〔四〕，阻水不克，大掠而還，金人復取之〔五〕。

校勘記

〔一〕「邪」原作「那」，從沈校改。趙、翁二本闕文。鈕本譌「夘」，張本譌「勳」，餘本盡誤作「那」。邪答忽即寅答虎，名見元史太祖紀十年乙亥二月及木華黎傳、石抹也先傳。諸家説，無異辭。顏按：元史卷一四七史天祥傳乃作銀答忽。

〔二〕元史卷一一九木華黎傳：「乙亥，裨將蕭也先以計平定東京。進攻北京，金守將銀青率衆二十萬拒花道逆戰，敗之，斬首八萬餘級。城中食盡，契丹軍斬關來降，進軍逼之，其下殺銀青，推寅答虎爲帥，遂舉城降。」顏按：銀青，謂奧屯襄。金史卷一〇三奧屯襄傳：貞祐三年正月，「襄爲北京宣差提控完顏習烈所害。未幾，習烈復爲其下所殺。」習烈即此斜烈。金北京遺址爲今内蒙古寧城縣大明城。又稱城裡。

〔三〕「脱欒」原作「脱脱欒」，重「脱」字，今删。各本皆重此字。王曰：秘史作脱侖扯兒必，又作脱欒。那珂説同，且引元史卷一一九木華黎傳之作掇忽闌及卷一五〇石抹也先傳之作脱忽闌闍里必，卷一五一石抹孛迭兒傳之作奪忽闌闍里必爲據。顏按：其人爲伯八之父。元史卷一九三伯八傳：「祖明里也赤哥，嘗隸太祖帳下。……父脱倫闍里必，扈從太祖征西域，累立奇功。」明里也赤哥，即本書前文諫帝勿赴王可汗許親宴之蔑里也赤哥也。史集部族志兀里牙兀惕及帝紀屢見其人。然與親征録此節相應處，乃作 Tülun-bahadur。西夏降後，脱欒闍兒必以諾者官而監其國，並殺失都兒忽焉。參秘史第二百六十七節。國朝名臣事略卷一木華黎事略引東平王世家作奪忽闌徹里必，元史卷一五三王檝傳但稱闍里畢而已。闍里必，喝盞官也，至元譯語人事門以爲宰相。所謂諾者，所謂宰相，皆文飾之辭而已。顔按：藝林月刊第七十四期（民國二十五年二月）有遼「闍禮畢府分司都事印」。出土地不詳。潘本脱「帥」字。

〔四〕涵、京、傅三本脱「至」字。

〔五〕原校：按，三木合攻汴，續通鑑作十年乙亥事，元史、續綱目作十一年丙子事。此下復有：「乙亥，金右副元帥七斤以通州降。木華黎攻北京，金元帥寅答虎等以城降。金御史中丞李英帥援師援中都，戰于霸州，敗之。中都留守完顔福興仰藥死，抹燃盡忠棄城走，明安入守之。詔史天倪南征，取平州。木華黎遣賜顔按：「賜」乃「史」字之譌，繆荃孫有校語。進道等攻廣寧府，降之。是秋，取城邑凡八百六十有二。」計百零六字。原校：「按，此條館本無，據陶本增入。其事與元史、續綱目、續通鑑亦略同。但七斤之降，中都之破，諸書於上年不載，而此本及陶本皆有之。考金史，是年正月，七斤降元；二月，以慶壽、李英護饟中都；三月，李英軍遂潰；五月，中都失守，承暉死之。紀傳皆同。不知陶本何以複出上年，又加詳也。」顏按：涵、京、傅、汪、陳、徐、何各本皆同，但「帥援師」作「率師」，史天倪，「史」字誤「使」，史進道，「史」字誤「英」，誤「大」，誤「央」而已。史本則簡作「乙亥春正月，金右副元帥蒲察七斤以通州降，以七斤爲元帥。二月，木華黎攻北京，金元帥寅答虎等以城降。詔史天倪南征，取平州。木華黎遣使[史]進道等攻廣寧府，降之。是秋，[取]城邑凡八[百](十六)[六十]有二。」則又似節略太祖紀之文而成者也。今參取鄭、徐、何、王四家校語及趙、翁、鈕、張、潘五本刪除之。五本與四庫館本實同。

丙子，錦州帥張致以錦〔一〕、義〔二〕、廣寧等郡來降，俄而復叛，自號遼西王〔三〕，改元大漢〔四〕。上命木華黎以左軍討平之〔五〕。

校勘記

〔一〕「張致」原作「張智」。原校：陶本作張鯨，元史及續通鑑、類編作張致。按：致，鯨之弟也。此「智」字誤，「鯨」字亦非。史本作「致」，今據改。金史卷一四宣宗紀上貞祐四年六月壬辰、元史太祖紀十年四月、十一年紀事，卷一一九木華黎傳、卷一二〇吾也而傳、卷一四七史樞傳、史天祥傳、卷一四九移剌捏兒傳、王珣傳、卷一五〇石抹也先傳、何實傳、卷一九三李伯温傳九傳，亦並作張致。京、傳二本「智」誤「掠」，而汪等四本乃改「掠」爲「鯨」，王本同，其譌與原校引陶本相等。顔按：永樂大典本順天府志卷一二永清縣人物門史進道傳曰：「錦州叛將張致。」

〔二〕「義」，原校：陶本作「州」。京、傳、涉、汪、陳、王六本亦作「錦州」，徐、何二本衹一「錦」字，史本衹一

「州」字。

〔三〕原校：元史作漢興皇帝。

潘本「自號」下有「爲」字。與佛祖歷代通載卷二一所引者同。金史卷一四宣宗紀上貞祐四年六月壬辰則稱致爲遼西僞瀛王，或其初號也。

〔四〕原校：元史作興龍。

趙、翁二本闕「漢」字。按：金史卷一二一鄯陽傳、卷一三二紇石烈執中傳皆言：至寧元年八月二十五日，鄯陽、完顔石古乃聞亂，遽召大漢軍五百人赴難，與執中戰，不勝，皆死之。當是此部之人。

〔五〕此同史本及汪等四本，餘本作「木花里」。但涵、京二本「花」已作「華」。于欽齊乘卷四亭館上：「國王廟，舊城（益都府）北。王名木華里，招降李全，有德于青人，故立廟。」與二本同。袁刊何本「俄而復叛」至「討」字脱去。

丁丑，上遣大將速不台拔都以鐵裏車輪征滅里乞部〔一〕，與先遣征西前鋒脱忽察兒二千騎合〔二〕，至嶄河〔三〕，遇其長火都戰〔四〕，盡滅滅里乞還〔五〕。

校勘記

〔一〕速不台拔都，汪、陳、徐三本「拔」誤「援」，何校已改。張本「都」誤「相」。繆、鈕、潘、涵、史五本「里」作「兒」。趙、翁二本有殘闕。餘本同，「滅」又作「蔑」。

〔二〕「二」，原校：陶本作「三」。汪等四本亦作「三」字。何校據誤本以改辛未年譌文「二十」爲「三千」，殊無道理。史集帝紀是處仍曰：「兩千巡守」，與舊本合。又京本「前鋒」作「先鋒」。顔按：前鋒，探馬赤也。

〔三〕京、涵、傅三本「嶄」作「塹」，鈕本作「蕲」。趙、翁二本有闕文。潘、陳、史三本誤「蕲」。洪、王二家皆曰：秘史作垂河，今入伊塞克湖之楚河也。那珂復證以元史速不台傳即重出之雪不台傳之蟾河，傳文出王惲撰阿术家廟碑文。阿术，速不台之孫也。巴而术阿而忒的斤傳之襜河，而本書己巳年亦作嶄河。趙、翁、鈕、潘、史五本仍誤「蔪」。史集帝紀稱之爲蒙古地内之 Jm-mūrān。顔按：秘史第二百三十六節：「太祖又命速别額台追脱黑脱阿子忽秃、赤老温等，追至垂河。」云云。但史集部族志滅里乞稱忽秃（即下句之火都）在逃赴欽察時被殺，而赤剌温則在與成吉思汗作戰中被殺。姚燧牧庵集卷一〇延釐寺碑：「犍河之外，秦固内地」云云。犍河，蔪河異書耳。秦，謂秦王封地，此秦王，即安西王忙哥剌地。

〔四〕原校：陶本無「都」字。

「火」原作「大」，從鈕、潘二本改。趙、翁二本闕。「都」，張、涵、史三本誤「相」，京、傳二本誤「桐」，汪、陳、徐、何、王五本闕此字與「戰」字，遂與「火」之誤字「大」字相聯爲句矣。元史卷一二八土土哈傳云：「太祖征蔑里乞，其主火都奔欽察。」火都名與此同。傳文出虞集撰句容郡王世績碑，見道園學古録卷二三。元史卷一二一速不台傳作霍都，此是脱脱之弟火都也。秘史有誤。參前文闕奕壇之戰項下校語。

〔五〕「盡」字原脱。原校：陶本有「盡」字。

各本皆有「盡」字，今據補。涵、京二本無動詞「滅」。滅里乞，原作「滅乞里兒」。今改正如是。鈕、張、潘、涵四本誤「滅乞兒」，趙、翁二本闕。京、傳、汪、陳、徐五本誤「蔑乞兒」，史本誤「滅乞」，浙本、何本改「蔑兒乞」，王本從之。

是歲，吐麻部主帶都剌莎合兒既附而叛〔一〕。上命博羅桓那顏〔二〕、都魯伯二將討平之〔三〕。博羅桓那顏卒於彼〔四〕。

校勘記

〔一〕「莎」字原脱。原校：陶本有「莎」字。

「帶」下原有「到」字，因「都」而衍，今删。各本皆有「莎」字，今補。史本誤作「涉」。京、傅二本倒「合兒」爲「兒合」，而王本誤從之。其人，鈕本作帶都軻莎合兒，竟與列寧格勒本史集之稱 Tāitūkeh-sūkār 者相合。其它本史集包括部族志及本紀在内。則無不與俗本親征録合。秘史第二百四十節作歹都忽勒莎豁兒。趙、鈕二本闕。

〔二〕「桓」，原校：上作「渾」。浙、涵、京、傅、汪、陳、徐、何、王九本作「渾」。元史太祖紀作鉢魯完，本傳作博爾忽。參本録前文良將四人下及討帶兒兀孫軍。

〔三〕王曰：即秘史之朵兒伯朵黑申。顏按：元史太祖紀作朵魯伯，史集帝紀云 Durban-noyan。术外尼書敘追擊算端扎蘭丁者 TWRBAY，此人即朵兒伯朵黑申。

〔四〕袁刊何本脱「渾」字。即「桓」之異書。

戊寅〔一〕，封木華黎爲國王〔二〕，總率王孤部萬騎〔三〕、火失勒部千騎〔四〕、兀魯部四千騎〔五〕、忙兀部將木哥漢札千騎〔六〕、弘吉剌部安赤那顔三千騎〔七〕、亦乞剌部孛徒駙馬二千騎〔八〕、札剌兒部及帶孫等二千騎〔九〕，同北京諸部烏葉兒元帥〔一〇〕、秃花元帥所將漢兵〔一一〕，及札剌兒所將契丹兵〔一二〕，南伐金國〔一三〕。

校勘記

〔一〕史本作「戊寅秋八月」。太祖紀亦稱「秋八月」，但繫於十二年丁丑之下。

〔二〕原校：按，封木華黎，元史及續綱目、續通鑑、類編俱作十二年丁丑事。趙、翁、鈕、潘四本仍作木花里，張本作「木答里」。史本作：「以木華黎爲太師，封國王。」與太祖紀全同。木華黎封國王紀年之異，徐、何均有説，與鄭氏略同。顔按：元史卷八五百官志一、卷一一〇三公表及東平王世家無不以封國王在十二年丁丑。按，續編亦繫於太祖十二年丁丑，稱「蒙古以木華黎爲太師、魯國王」。

〔三〕汪、陳、徐三本「王孤」誤「玉孤」，何校已改。

〔四〕「失」，原校：陶本作「朱」。

鈕本「失」字錯在「勒」字下，餘本「失」誤「朱」。張本「勒」誤「勤」。此本同繆、趙、翁、浙四本。塔什干、列寧格勒、倫敦、德黑蘭及貝烈津書寫作 Kūsikūl，俄譯者譯作：「一千混成軍。」並注解爲：此詞顯見出自突厥語動詞之 Kuşmak(koşmak)，即「聯合」也。其説可從。

〔五〕何曰：史作兀魯兀。王曰：本書前作兀魯吾。

〔六〕木哥漢札，張本「木」字誤「本」，趙、翁、鈕三本「札」誤「礼」。其名下原衍一「木」字，今從衆本删。沈説：木哥即元史忙哥，畏答兒子，附傳尾。元史卷二太宗紀八年七月作蒙古寒札，次國王查剌温、茶合帶、鍛真之下，按赤那顔兄弟之上。王氏更補以秘史之蒙可哈勒札。顔按：秘史第二百〇二節蒙可爲一人，哈勒札又爲一人，殊誤。史集帝紀明言 Kuildar 即畏答兒之子 Munkeh-kalja(列寧格勒本作 Mungkā-kaljeh)後半微誤。元史卷一五三劉敏傳之漢察火兒赤，亦其人也。史本似誤據元史太祖紀改「總率」以下至此爲「將蒙古、糺、漢軍千騎」八字。然太祖紀之蒙古，謂兀魯、忙兀、弘吉剌、亦乞剌、札剌兒諸部，尚應包括王孤部及所謂「火失勒部」。而糺則札剌兒所將契丹兵，漢則爲烏葉兒、秃花兩帥所將漢兵也。太祖紀作：「將蒙古、糺、漢諸軍南征。」

〔七〕史本此句以下又與諸本同矣。京、傅二本脱「剌」字。王本「安」作「按」。陳本脱「那」字。

〔八〕上述京、傅二本「亦」誤「尔」。此二本及趙、翁、張、潘、汪、陳、徐各本「駙」誤「付」，何本已改正。王本無「駙馬」二字。

〔九〕王校：「及」字疑衍。史集二千以 Mūkali-goyon（即木華黎國王）之弟 Tāysūn（即帶孫）爲其首領之札剌兒人。部族志札剌亦兒：tāisūn，東方所本 tāsūn。所疑甚是。王又引蒙韃備録帶孫郡王爲證。那珂引元史木華黎傳，與王説略同。顔按：元史及元人碑録多作帶孫郡王，而元好問嚴實神道碑乃作戴孫。史集 Tāysūn、Dāysūn 互用。

〔一〇〕汪、陳、徐三本「烏」誤「鳥」，何校已改。鈕本誤「葉」爲「乘」，而潘本訛「蒹」。何曰：烏葉兒即吾也而，袁刊何本「而」誤「兒」。元史有傳。顔按：元史卷一五一石抹孛迭兒傳稱北京都元帥吾也兒。卷一四七史天倪傳、史天祥傳曰北京路都元帥或大帥烏野兒，卷一四九移剌捏兒傳稱大將烏也兒。國朝文類卷一一姚燧撰元帥烏野而封謚制稱故金紫光禄大夫、北京等路兵馬都元帥烏野而。永樂大典本順天府志卷一二永清縣人物門史秉直傳：「烏野兒守北京。」卷一二〇吾也而傳言珊竹氏亦即散只兀氏，然而史集則以爲契丹人。

〔一〕王曰：即耶律秃花，元史有傳。那珂説同。顔按：秃花後晉封太傅濮國公，故元史卷一四九劉柏林傳、卷一一〇三公表引和林廣記，曰太傅秃懷，或太傅耶律秃懷，蒙韃備録曰：兔花兒太傅國公。又按：史集帝紀曰：諸部蒙古人而外，尚有哈剌契丹（即契丹）與女真軍，其首領爲 Uyar-wanšai（他本或作 Uiōr-ūāng-sai）Tuqan-wanšai（他本或作 Tūān-ūāng-šai），列寧格勒、倫敦、伊斯坦布爾、巴黎四本作 Tūqan-～，貝烈津書作 Tūqāi-angšai，亦即本書烏葉兒與秃花二元帥也。而哈剌契丹與女真，則此漢兵之謂。趙、鈕、翁三本無「秃花元帥」四字，當屬脱文。

〔二〕趙、翁、鈕三本「札」誤「礼」。張、涵、京、傅四本及汪等四本誤「北」，史本誤「比」。王曰：即甲戌年契丹兵所推爲元帥之札剌兒也，因爲之訂正。顔按：此本、潘本作「札」，不誤。

〔三〕袁刊何本「南」譌「原」，王校已改。趙、翁、鈕三本無「國」字。

別遣大將哲別攻曲出律可汗〔一〕，至撒里桓地〔二〕，克之。

校勘記

〔一〕趙、鈕二本「大」誤「太」，京、傅二本「將」下衍「軍」字，王本並「大將」二字失之。「哲」下，翁本衍「及」字，史本奪下「別」字。曲出律，史本「曲」作「屈」。

〔二〕王引徐説：撒里桓，即今葉爾羌西八百里塞勒庫勒。顔按：星伯先生説，見西域水道記卷一羅布淖爾所受水上。又按：史集帝紀稱之爲 Sarkol 峽谷。通常指帕米爾東南部。但據另一記載，曲出律被殺於巴達哈傷（其都城爲今阿富汗所屬巴達克山境内之法伊札巴德）之維札兒河谷。實際即係自法伊札巴德向東延伸之設瓦大盆地中色勒庫勒湖附近某地。此可從馬可波羅遊記中得知梗概焉。見玉爾、考狄校注本一百六十九頁注釋五；閔宣化、伯希和譯注本第二册一百十三頁。又史集俄譯本一卷二册一百七十九頁及注文第七，又一百八十三頁。

先吐麻部叛〔一〕，上遣使徵兵於乞兒乞思部〔二〕，不從，亦叛〔三〕，遂命大太子往討之〔四〕，以不花爲前鋒〔五〕，追乞兒乞思〔六〕至亦馬兒河而還〔七〕。大太子領兵涉謙河水〔八〕，順下招降之，因克烏思〔九〕、憾哈納思〔一〇〕、帖良兀〔一一〕、克失的迷〔一二〕、火因亦而干諸部〔一三〕。

校勘記

〔一〕元史太祖紀作秃滿部。但太祖紀繫秃滿部之叛，在十二年丁丑，而討平之者，爲鉢魯完、朵魯伯。

〔二〕「使」字原脱，從史本補。潘、史二本脱下「乞」字。趙、翁二本「思」作「賜」，而汪等四本誤「兒」。袁刊何本則脱「乞思」二字，王本已補。

〔三〕京、傅二本脱「亦」字。汪、陳、徐、何、王五本「叛」下有「去」字。

〔四〕「往」下原衍「征」字。原校：陶本無「征」字。繆本同此本。諸本皆無「征」字，蓋「往」之複衍耳，今删。汪等四本「大太子」上有「先」字。袁刊何本又脱「大」字。王校已改補。

〔五〕翁本「不花」上衍「百」字。何曰：秘史兔兒年，成吉思汗命拙赤引右手軍去征林木百姓，令不合引路。不合，即此不花也。那珂、王氏説略同。按，東平王世家：孔温窟哇五子，次三木華黎，次四不花。蒙韃備録：没黑助（即木華黎）弟二人，長曰扶歌，但俗本訛「扶」爲「抹」。扶歌，即不花，Būqā。而史集帝紀闕殘术赤、不花征吐麻之事。

〔六〕原脱「乞兒乞」三字。諸本皆作「乞兒思」，王校補下「乞」字，兹從之。京、傅二本且誤「追」爲「遣」。

〔七〕「亦」原作「赤」。原校：陶本作「亦」。諸本皆作「亦」，是也。史本「兒」作「而」。部族志乞兒吉思謂之第八條河。V. Minorsky 英譯本 *Hudūd al-'Ālam*（世界疆域誌）之注釋頁二百八十五，謂是今鄂畢河。

〔八〕潘本作「謙水」，史本誤「謙水河」。王曰：元史地理志西北地附録作謙河，即唐書黠戛斯傳之劍河，今克穆河。顔按：突厥文毗伽可汗碑東面第二十六行、磨啜延碑第十九行、二十五行並作 Kem。元史土土哈傳曰欠河。（傳文本之虞集所撰句容郡王世績碑。）

〔九〕原校：陶本「烏」作「兒爲」二字。汪等四本亦作「兒爲」，並譌「因」爲「困」。王校已改。鈕本誤「烏」爲「鳥」。趙、翁二本闕。京本誤「思」爲「恩」。

〔一〇〕汪等四本奪「納」字。王校已補。

〔一一〕鈕本「兀」譌「元」。趙、翁二本闕。

〔一二〕「迷」原作「速」，從諸本改。陳本闕此字。王説：「秘史：烏思作兀兒速惕，憾哈納思作合卜合納思，帖良兀作田列克，克失的迷作客思的因。元史西北地附録：烏斯在謙河之北，撼合納在烏斯東。剌失德書云：顔按：詳洪鈞所譯注之貝烈津書。『謙河之東有兀兒速惕、帖良古惕、客思的迷三族，居拜喀勒湖之西，與斡亦剌惕、吉兒吉思爲鄰』云云。」顔按：帖良兀，秘史第二百七節作帖良古惕；客思的因，秘史第二百三十九節作客思的音。拜喀勒湖，即貝加爾湖。又按：元史卷六三地理志六西北地附録：「烏斯亦因水爲名，在吉利吉思東，謙河之北。其俗每歲六月上旬，刑白馬牛羊，灑馬湩，咸就烏斯沐漣以祭河神，謂其始祖所從出故也。撼合納猶言布囊也，蓋口小腹巨，地形類此，因以爲名。在烏斯東，謙河之源所從出也。其境上惟有二山口可出入，山水林樾，險阻爲甚。」云云。卷二七英宗紀一至治元年八月庚戌曰：「兀兒速、憨哈納思等部貧乏，户給牝馬二匹。」卷一六九劉哈剌八都魯傳云：「自此而北，乃顔故地曰阿八剌忽者，產魚，吾今立城，而以兀速、憨哈納思、乞里吉思三部人居之，名其城曰肇州。」此事復見卷五九地理志二遼陽行省肇州目下。永樂大典卷一萬九千四百十九引經世大典站赤四：至元二十八年九月二十日紀事，「月兒魯、孛羅觧、哈答暗伯奏：『奉聖旨，令中書省官定擬於乞里吉思以至外剌之地起立六站數内，乞里吉思（原誤「法」，今改正）、帖烈因秃、憨哈那思、外剌四處，各設一站，兀兒速設二站。每站各置騸馬三十四、牝馬一十四、羊五十口。合（原誤「令」，今改正）該價錢與之。』中書省欽遵，移文通政院、兵部施行。」元史卷一六世祖紀十三至元二十八年九月壬子曰：「立乞里吉（原誤「台」，今改正。）思至外剌等六驛。」紀本此而節略焉。凡此，並足以證「撼合納」下脱「思」字。史集部族志 Ūrāsūt、Tluqūt、Kūstmī 即烏思、帖良兀、克失的迷三部合爲一志，言彼等居於吉利吉思與謙謙州人之森林中。又言彼等之國土，在於吉利吉思人之彼方，約距一月里程。又按：烏思，似即突厥文闕特勤碑東南第十九、二十兩行，毗伽可汗碑東面第二十六行，與 Kïrkïz（即吉利吉思）爲鄰之 Az 人。馮承鈞説：元之帖良兀或帖良古、田列克，遼史之迭剌葛也。見所撰遼金元北邊部族考。（西域南海史地考證論著彙輯第一百五十九頁。）

〔一三〕汪、陳二本「因」譌「困」。「而」，趙、翁、鈕、張、潘、涵、京、傅、涉、史十本作「兒」。王校亦改「而」爲「兒」。「干」，張本誤「于」，京、傅二本誤「千」，史本誤「子」。王説：「火因亦兒干，秘史作槐因亦兒堅，義爲林木中百姓；謂以上四部皆林木中百姓，非別有火因亦兒干一部也。」顔按：火因亦兒干，實與史集部族志之森林兀良哈部相等同。言此部不屬於其他兀良哈，其獲此專門名號者，以爲彼等之居室在森林中也。彼等向無篷帳，亦無天幕，以獸皮爲衣，飼養山牛、山綿羊與類似山綿羊之草原巖羚以代替牛羊，並擠乳食用。遷徙時，馱載用山牛，而從未走出森林；停留處，則以白樺與其他樹皮，搭蓋敞棚與茅屋，且以是爲滿足。國内多山林，當年積雪，製作Jāne以追逐野獸，而以木橇運送獵獲物。云云。所謂Jāne，即西北地附録中之「木馬」也。王説誤。

己卯〔一〕，上總兵征西域〔二〕。

校勘記

〔一〕王說：乃丁卯，非己卯也。

〔二〕趙、翁、鈕三本「兵」作「軍」。袁刊何本漏此八字。王本已補。

庚辰，上至也兒的石河住夏〔一〕。

校勘記

〔一〕「兒」，原校：元史作「石」。「石」爲「兒」之誤，新校本已改。元史卷三憲宗紀二年夏又作葉兒的石河，詳前。「住夏」，史本改「駐蹕」，與元史太祖紀合。

秋，進兵，所過城皆克〔一〕，至斡脱羅兒城〔二〕，上留二太子、三太子攻守〔三〕，尋克之。

校勘記

〔一〕「過」，趙、翁、鈕三本作「遇」，當是。按續編曰：「至秋進兵，所過城皆下。」

〔二〕俗譯訛答剌。爲 Tarab 城中古時代之稱呼，遺址在錫爾河右岸，距阿利西（Areči）河口不遠，塔什干鐵路鐵木爾車站附近。「斡」字，此本及史本不誤，餘俱訛

「幹」。何校已指正。鈕本「兒」作「而」。趙、翁二本闕。涵、京二本誤「地」。史集帝紀，圍訛答剌城者察合台、窩闊台。

〔三〕潘本無「三太子」三字。趙、翁二本闕「攻」字。

辛巳，上與四太子進攻卜哈兒〔一〕、薛迷思干等城〔二〕，皆克之〔三〕。大太子又攻克養吉干〔四〕、八兒真等城〔五〕。

校勘記

〔一〕袁刊何本「進」誤「追」。王校已改。卜哈兒，俗譯不花剌或蒲華城。新唐書卷二二一下西域傳下：「安者，一曰布豁，又曰捕喝，元魏謂忸蜜者。」即此。位於扎拉弗桑河(Zarafšan)下游，今爲烏茲別克斯坦布哈拉州州城。張、涵二本「卜」誤「十」，京、傅、涉三本誤「北」。趙、翁二本「哈」誤「吉」。

〔二〕「迷」，徐、何底本作「述」，二氏已改正。「干」，趙、翁二本誤「于」，京、傅二本誤「千」。俗譯尋思干，新唐書卷二二一下西域傳下：「康者，一曰薩末鞬，亦曰颯秣建，元魏所謂悉萬斤者。」位於扎拉弗桑河中游，今爲烏茲別克斯坦撒馬爾罕州州城。

〔三〕史本此下有「與」字，當屬下文。

〔四〕王本無「攻」字。京、傅二本誤「干」爲「千」。俗譯訛跡刊。史集帝紀 Yn-kent，即「新城」也，其遺址即以 Jaugkeut 之名著稱於世，在錫爾河下游，卡扎林斯克（Kazalinsk）以南。

〔五〕史集帝紀 Barčanlykent，即此所譯八兒真城；又曰 Barčkend，此經世大典地理圖元史地理志西北地附録同。所譯之巴耳赤邗焉。該城亦在錫爾河下游，與養吉干近，然城址已不可復見矣。

夏〔一〕，上駐軍〔二〕於西域速里壇西域可汗之稱也〔三〕。避暑之地〔四〕，命忽都忽那顏爲前鋒〔五〕。

校勘記

〔一〕汪等四本作「是夏」。

〔二〕王本作「避暑」。

〔三〕「里」字，此本及繆、鈕、潘三本不誤，趙、翁二本闕。餘本譌「望」。史多譯「算端」，華言「王」也；譯「算彈」，華言「國主」也，見元史卷一四九郭寶玉傳、卷二一

○馬八兒等國傳。其它,卷三憲宗紀作「素丹」,卷一二二巴而朮阿而忒的斤傳作「鎖潭」,國朝文類卷五七宋子貞中書令耶律楚材神道碑作「梭里檀」,等等。此「速里壇」,其人謂 Ala-ad-din muxammed xorezmšax。原注:「西域可汗之稱也。」「稱」字,徐、何二本誤「林」,王校已改。

〔四〕原校:元史及類編作鐵門關,在撒馬兒[干]國碣石城西地。

顏按:太祖紀駐蹕鐵門關,金遣烏古孫仲端請和,繫於夏四月。史集帝紀稱避暑之地在薛迷思干境内。鐵門關,詳下文。

〔五〕原校:陶本無下「忽」字。

浙、史二本及汪等四本亦無下「忽」字。此本及鈕、史二本「都」字不誤。餘本譌「相」,趙、翁二本闕文。王校已增。

秋,分遣大太子〔一〕、二太子〔二〕、三太子率右軍攻玉龍傑赤城〔三〕。以軍集奏聞〔四〕,上有旨曰:「軍既集,可聽三太子節制也。」於是上進兵過鐵門關〔五〕。命四太子攻也里〔六〕、泥沙兀兒等城〔七〕。上親克迭兒密城〔八〕,又破班勒紇城〔九〕，圍守塔裏寒寨〔一〇〕。

校勘記

〔一〕潘本奪「遺」字。陳本奪「大」字。

〔二〕鈕本無此三字。趙、翁二本闕。袁刊何本亦無。王校亦曰尚脱「二太子」三字。

〔三〕「三太子」，史本無此三字。太祖紀：「皇子朮赤、察合台、窩闊台分攻玉龍傑赤等城，下之。」史本有脱落。「右軍」，鈕本譌「右」爲「又」，而張、涵二本作「左」。玉龍傑赤城，京、傅、汪三本「玉」誤「王」，何校已改，王本從之。史本此下有「下之」二字。與太祖紀同。史集帝紀曰：Gurganč，而蒙古人稱之爲 Ürgenč。前者可當本書之玉龍傑赤，而後者則秘史第二百五十八節之兀籠格赤也。花剌子模建都於此，今庫尼亞烏爾根奇（Kuniya-urgenč）所在之處。算端摩訶末之舊都。

〔四〕汪等四本「軍」誤「君」，何校已改。王本從之。

〔五〕乃指自卜哈兒薛迷思干到乞撒兒河谷（Xicar），Surxan 河谷與 Kafirui gan 河谷，商旅所經 Baysan 山中 Derbend 村 Derbend，關卡也。之一具有此名稱之峽谷而言。「鐵門」云云，傳聞之辭而已。如大唐西域記卷一鐵門所稱：「鐵門者，左右帶山，山極峭峻，雖有狹徑，加之險阻，兩傍石壁，其色如鐵。既設門扉，又以鐵鍋，多有鐵鈴，懸諸户扇，因其險固，遂以爲名。」布潤珠言：鐵門關，即伊犁北面，源出於賽里木湖的一條小山澗塔爾喀河（伊犁河右岸支流）出口處的塔爾喀隘。

〔六〕汪等四本無「命」字，王校已補。也里，此明人習稱之哈烈也。明史卷三三二哈烈傳：「哈烈，一名黑魯。」但又複出一黑婁傳。黑婁，亦黑魯或哈烈也。Herat或Heri，秘史第二百五十九節作亦魯，詳參布潤珠書。

〔七〕「沙」原作「河」。原校：陶本作「沙」。

張、涵二本「泥」誤「左」。京、傳、涉三本誤「卑」。「沙」字，諸本無譌「河」者。今伊朗東北之内沙布爾城。汪等四本玉龍傑赤城，「城」字以下至此年紀事了結，錯入甲戌年重責雍古兒、阿兒海哈撒兒等之不稱也。「之」字以上，何校已改。而此句之「等城」二字，重出者乃作「等處城」三字。王校删「處」字是也。

〔八〕「兒」，原校：續綱目、續通鑑俱作「里」。

潘本「密」作「蜜」。此經世大典地理圖之忒耳迷。元史地理志西北地附録同。元史卷一五一薛塔剌海傳之帖里麻，而漢時都密國，大唐西域記卷一曰呾蜜國，新唐書卷二二一下西域傳下：「怛滿，或曰怛没，東陀拔斯，南大食。」明史卷三三二西域傳四有迭里迷矣，又重出答兒密。在 Surxan。史集俄譯新本一卷二册八十、一百九十一、二百三、二百九、二百十六、二百十七、二百十八、二百二十七、二百五十七各頁。或以爲地名，或以爲阿姆河別稱。蓋此城瀕臨阿姆河，其垣壁之半，即建築於河上。故所云若是。

〔九〕「紇」，原校：續通鑑作「訖」。京、傅、史三本亦作「訖」，誤。俗譯巴里黑，即古大夏都城 Bactria，希臘古地志之 Zariaspa，景教碑之 Balh。那珂注引程鉅夫雪樓文集卷一八大元河東郡公伯德公神道碑銘：公諱伯德那，西域班勒紇人。但元史卷一三七察罕傳作：「西域板勒紇城人也。父伯德那。」在阿姆河南。

〔一〇〕「寒」字原脱。原校：續綱目、續通鑑俱有「寒」字。本書下同。趙、翁、鈕三本「塔」作「答」。下文同。汪等四本誤「哈」。王校已改。諸本「裏」作「里」，又無不奪「寒」字。何校已補。潘本誤「寨」爲「察」。文廷式及王氏皆謂：乃西北地附録之塔里干。按：此係 Murghab Talikan。準確地理不詳，約爲今 Maručak 即下文之馬魯察。東南木爾加布河上游 Kaurmax 舊堡所在處。該塔里寒寨曾以 Masrat-kux 即「勝利山」之名著稱於當時，極堅實，且兵多儲廣也，此在 Murghab 河流域。另一同名之塔里寒寨（Taliqān），則在呼羅珊。見俄譯本史集帝紀第一卷第二册頁二一九及注釋一。

冬，四太子又克馬魯察〔一〕、葉可馬盧〔二〕、昔剌思等城〔三〕，復進兵。

校勘記

〔一〕見上文。

〔二〕「盧」，原校：元史及類編俱作「魯」。

此言「大馬盧」，今之 Merv，而古之 Maru，或曰 Muru。後漢書卷八八西域傳：安息國，其東界木鹿城，號爲小安息。隋書卷八三西域傳、北史卷九七西域傳及魏書卷一〇二西域傳穆國。杜環經行記末禄國，舊唐書卷一九八西戎傳「有呼羅珊木鹿人」云云，新唐書卷二二一下西域傳下作木鹿。劉郁西使記馬蘭城，經世大典地理圖麻里兀，爲呼羅珊之首府。史集之 Maruchuq，撒兒班之軍駐扎地，早期阿拉伯地理學家以 Merv 爲 Merv shahidjan，而以此 Maruchuq 爲 Meval rud，以資區别，兩城均位於 Merv-rud 河上。

〔三〕昔剌思，原作「昔思剌」，倒誤，據諸本乙正。潘本脱「昔」字。即今捷詹河側之謝蠟赫斯（Serxa）。顔按：元史地理志西北地附録作撒剌哈歹。剌失德書：合兒班答率領軍至 Sarakhs，即此城。布潤珠言：馬魯（Merv）西北 Herirud 河上猶有此名之城市 Sarakhs。

壬午春，又克徒思〔一〕、匿察兀兒等城〔二〕。上以暑氣方隆，遣使招四太子速還，因經木剌夷國〔三〕，大掠之，渡搠搠闌河〔四〕，克野里等城〔五〕。上方攻塔里寒寨〔六〕，朝覲畢，并兵克之〔七〕。三太子克玉龍傑赤城〔八〕，大太子還營所〔九〕，寨破後，二太子、三太子始歸相覲〔一〇〕。

校勘記

〔一〕元史地理志西北地附録作途思，爲伊朗最古老的城市，現已不存。遺址在今霍拉桑即呼羅珊也。麥什赫德城(Meshhed)西北十七英里許。史集帝紀作Tūs，蒙古時期爲呼羅珊首府。

〔二〕清華王本倒「匿察」爲「察匿」。陳本脱「兀」字，前作泥沙兀兒。

〔三〕「夷」，王本作「奚」。木剌夷，即阿拉伯語之Mulhid(複數Malāhida)，本義爲「入歧途者」，後通常指亦思馬因派，又稱刺客派。劉郁西使記作木乃奚，著録其事跡。其根據地在里海南岸禡栘答而之阿剌模忒(Alamut)及不遠的可疾云(Qazvin)，傳佈區遠及忽希斯坦(Quhistan，在波斯語中義爲「山國」)、泥沙兀兒(Nišabur)、也里(Herat)、亦思法杭（Ispahan）、耶思德（Yezd）之間多山地區。

〔四〕涵、京、傅及袁刊何本、王本「闌」作「蘭」，袁刊何本且奪一「捌」字，王校已補。乃謂 Gerirud 河而言。

〔五〕「克」，原校：類編作「由」。「野」，原校：元史及類編俱作「也」。

按：「由」字誤。史本依前文改「也里」。

〔六〕趙、翁、鈕三本「塔」仍作「荅」。張、涵、京、傅、涉及汪等四本奪「寒」字。何校已補。

〔七〕趙、翁二本闕「兵」字。「克」，徐、何二本作「攻」。王本仍作「克」字。

〔八〕京、傅二本及汪等四本誤「玉」爲「王」。何校已改。

〔九〕潘本「營」作「宮」，誤。史集帝紀：拙赤自花剌子模之地，即玉龍傑赤城。去至己之老小營（Ūgrūqhā）。營所，謂此老小營，即朮赤之「奥魯」也。

〔一〇〕史本無「三太子」三字。汪等四本譌「始」爲「姑」，何、王二本皆已改正。「歸」，王本誤「來」。「相」，何校改「朝」。

是夏，避暑於塔里寒寨高原〔一〕。時西域速里壇札蘭丁遁去〔二〕，遂命哲別爲前鋒追之〔三〕，再遣速不台拔都爲繼〔四〕，又遣脱忽察兒殿其後〔五〕。哲別至滅里可汗城〔六〕，不犯而過，速不台拔都亦如之〔七〕；脱忽察兒至，與其外軍戰〔八〕，滅里可汗懼〔九〕，棄城走，忽都忽那顏聞知〔一〇〕，率兵追襲〔一一〕。時滅里可汗與札闌丁兵合〔一二〕，既戰〔一三〕，我不利。遂遣使以聞〔一四〕。上自塔里寒寨率精鋭親擊之〔一五〕，追及辛目連河〔一六〕，獲滅里可汗〔一七〕，屠其衆。札闌丁脱身入河〔一八〕，泳水而遁。遂遣八剌那顏將兵急追之〔一九〕，不獲，因大掠忻都人民之半而還〔二〇〕。

校勘記

〔一〕鈕本無「於」字。趙、翁二本闕。太祖紀亦無「於」字。袁刊何本誤「寒」爲「河」。那珂及王校均已改正。史集帝紀云塔里寒寨山前(Dar pustaxā)。

〔二〕汪、陳、徐三本「域」誤「城」，陳本並脱「里」字。史本「西域」下有「主」字。太祖紀同。「壇」，鈕、張二本作「檀」。趙、翁二本闕文。京、傅二本誤「域」，涵本脱。「札」，鈕本誤「礼」。趙、翁二本闕。此本同於袁刊何本，餘本「蘭」作「闌」。即

Jalal-ad-din manguberti。

〔三〕繆、涵、京、傅四本「前鋒」作「先鋒」，王本從之。

〔四〕京、傅二本「速」譌「連」。張本「拔都」譌「板相」。「繼」，鈕本誤「斷」。趙、翁二本闕。

〔五〕汪等四本「脱」下衍「兒」字，何校已删。

〔六〕浙、汪、陳、徐、何、王六本「滅」作「蔑」。滅里可汗城，謂馬盧城。滅里可汗即 Xan-melik，任馬盧總督(Bāli)，札蘭丁之岳父。

〔七〕張本此處亦譌「都」爲「相」。

〔八〕「外」下原衍一「城」字。原校：陶本無「城」字。繆本同衍。今據餘本删。據史集帝紀，外軍，指 Gur Garč或曰 Garčstan。乃在阿富汗西北木爾加布河上游一山區内。等城之兵也。

〔九〕浙、汪、陳、徐、何、王六本「滅」仍作「蔑」。陳本「懼」字以下至下文「與札蘭丁兵合」以上十九字闕。

〔一〇〕潘本脱「忽都」二字。張本「都」亦譌「相」。鈕、何、王三本「知」作「之」。趙、翁二本闕。

〔一一〕汪、徐二本「率」譌「素」，何校已改。浙、張、涵、京、傅、涉、史、汪、徐、何、王十一本「追」作「進」。

〔一二〕史本無「時」字。太祖紀亦無「時」字。浙、汪、徐、何、王五本「滅」作「蔑」。繆、涵、京、徐、何五本「闌」作「蘭」。「兵」字原脱，兹據鈕、潘二本補。趙、翁二本闕。

〔一三〕汪等四本「既」作「就」，王校從之，實誤。

〔一四〕潘本脱「使」字。浙本脱「以」字。

〔一五〕史本「塔」作「答」。但以上各句乃作「塔」。京本「寨」作「塞」。上文「圍守」句下，「避暑」句下作「塞」，而「方攻」句下則作「寨」。「精鋭」，此同汪、陳、徐、何、王五本，餘本作「精衛」。鈕本亦作「衛」，且上衍「微」字，「親」又誤「清」，「擊」又誤「繫」。張、史、汪、陳四本亦譌「擊」爲「繫」。趙、翁二本闕失。

〔一六〕此及繆本與李、沈二校合。趙、翁二本闕失。鈕、浙二本誤「辛因連」，張、涵、京、傅、涉、史六本誤「辛自連」，潘本誤「卒自連」，汪、陳、徐、何四本誤「辛自速」。何説：秘史曰申沐連、申河。王説：今印度河。

〔一七〕汪、陳、徐、何、王五本外，浙、涵、京、傅、涉五本「滅」亦作「蔑」。

〔一八〕鈕本「札」誤「禮」，傅本誤「礼」。「闌」，繆、涵、京、徐、何五本作「蘭」。「丁」，汪等四本誤「木」，何校已改。

〔一九〕張、涵、京、傅四本誤「八」爲「入」。陳本「追」誤「迫」。八剌，札剌兒部人，爲右翼軍一千夫長。

〔二〇〕忻都，原校：續綱目、續通鑑同，類編作「印度」，本書下亦有作「印度」者，蓋聲之誤也。張、潘、涵、京及汪等四本「掠」作「擄」，王本作「虜」。張、涵二本「忻都」誤「忻相」，京、傅及汪等四本誤「折相」，何校已改。史本誤「析都」。

癸未春，上兵循辛目連河而上〔一〕，命三太子循河而下〔二〕。至昔思丹城〔三〕，欲攻之，遣使來稟命，上曰：「隆暑將及，宜別遣將攻之。」

校勘記

〔一〕史本「兵」上有「率」字。「目」，趙、翁、鈕三本譌「因」，餘本譌「自」，汪等四本同，且誤「連」爲「速」。「上」原譌「止」，從張、涵、京三本及王校改。何改「止」爲「北」，非也。史集帝紀：帝沿辛目連而上。可證。

〔二〕汪等四本「下」譌「不」。何校不知「不」爲「下」之譌文，且誤置「至」字之下，故於「而」下妄增「南」字。王校均已訂正。

〔三〕「昔」原作「者」。原校：陶本作「昔」。繆本同作「者」，餘本及繆校皆是「昔」字，秘史第二百五十九節作昔思田，亦用「昔」字，今據改。昔思丹，今爲伊朗東部與阿富汗交界之一省。汪、徐二本「下」之譌字「不」，錯在「至」下，陳、何二本末倒置。參上句校語。

夏，上避暑於八魯灣川〔一〕，候八剌那顏〔二〕，因討近敵，悉平之。八剌那顏軍至，遂行，至可温寨〔三〕，三太子亦至。時上既定西域〔四〕，置達魯花赤於各城，監治之。

校勘記

〔一〕「灣」，原校：元史及類編作「彎」。八魯灣乃可不黑。今喀布爾。以上 Pyaujšir 河谷中之一城，爲赴哥疾寧今阿富汗加兹尼。與可不里途程之交叉點。漢書卷九六上西域傳上：大夏五翖侯，四曰肸頓翖侯，治薄茅城；五曰高附翖侯，治高附城。薄茅城即八魯灣，而可不里乃高附城。川，平川也。史集帝紀稱 Pirūān(pervan)，草原。

〔二〕翁本「八」誤「入」。史集部族志札剌亦兒：B(u)rāq 那顏。伊斯坦布爾本 Blā。

〔三〕涵、京、傅、涉四本「可」譌「河」。「寨」，鈕本譌「寒」，涵、京、傅三本譌「察」。史集帝紀曰 Kunaun-kurqan。

〔四〕袁刊何本、王本無「時」字。史本「西域」之下尚有「諸城」二字。太祖紀同。

甲申，旋師〔一〕，往東避暑〔二〕，且止且行。

校勘記

〔一〕史本作「班師」。太祖紀同。

〔二〕「往東」原譌作「住各」，從趙、翁、鈕、潘、浙五本改。但翁本「東」上衍「來」字。涵、京二本誤「住谷」，繆、張、傅三本及汪等四本誤「住各」，何校改「各」爲「冬」，而王校從之，不思即云「避暑」，豈得復言「住冬」，矛盾自見。史本改「復各」，亦無所據。蓋「往」譌「住」，而「東」爲「冬」，「各」、「谷」又「冬」之誤文也。

乙酉春〔一〕，上歸國。自出師〔二〕，凡七年〔三〕。

校勘記

〔一〕史本「春」下有「正月」二字。太祖紀同。

〔二〕何校於「出師」下意增「西域」二字，無可依據。

〔三〕何校於「凡」上意增「至此」二字，亦無據。王氏詳列五證，以明此録自庚辰至甲申，征西域諸戰皆後於事實一年。那珂説略同。劉師培撰元太祖西征年月考三篇，亦有所申述。（見左盦外集卷一一，劉申叔遺書本，第五十一册。）

是夏〔一〕，避暑。

校勘記

〔一〕鈕本「夏」誤「春」。

秋，復總兵征西夏〔一〕。

校勘記

〔一〕鈕本「征」作「往」。

丙戌春，至西夏〔一〕。一歲間盡克其城。時上年六十五〔二〕。

校勘記

〔一〕史本「至」上有「上」字。

〔二〕「五」原作「矣」。原校：按，「六十」下，當脱一「五」字。本書癸亥稱「上春秋四十二」，至此丙戌，當六十五矣。元史及續通鑑、類編於下年帝崩，皆曰壽六十六，與上正同。何校，説同鄭氏，且改「矣」爲「五」字。王本從之。今亦據改。諸本皆曰：「上年六十矣」。通載此年紀事，全鈔親征録，亦曰「上年六十矣」，是所據之本，亦有譌文。史本「時」在「上」字之下。

丁亥，滅其國以還〔一〕。

校勘記

〔一〕史本「滅」上有「上」字。通載：「西夏凡一十二主，始繼遷以太平興國壬午起兵夏臺，訖今寶慶丁亥國滅，共二百四十六年。」

太祖聖武皇帝昇遐之後，太宗皇帝即大位以前〔一〕，太上皇帝時爲太子〔二〕。

校勘記

〔一〕翁本無「大」字。

〔二〕原校：按，太上皇，太祖四子拖雷也，是時監國。對太祖而言，故曰太子；對憲宗、世祖而言，故曰太上皇。此書舊不載撰於何時，以此觀之，當在憲宗、世祖之代矣。

繆本同脱，餘本「皇」下均有「帝」字，當補。錢大昕跋是書，亦以爲至元以後所撰，故於睿宗有太上皇之稱。王校：元史太祖紀：戊子，皇子拖雷監國。

戊子，避暑於斡思罕〔一〕。金主遣使來朝。太宗皇帝與太上皇帝共議遣〔二〕掬力鑾復征西域〔三〕。

校勘記

〔一〕「斡」字，此本及趙、翁二本不誤。鈕、張、潘、涵四本誤「幹」，京、傅二本誤「輸」，史及汪等四本誤「輸」。

〔二〕「太上皇帝」，「帝」字原脱，依前例並據鈕本「太上皇」下補「帝」字。「議」字原闕，從諸本補。汪、陳、徐、何四本遺「遣」字。

〔三〕掬力鑾，「力」原作「方」。原校：陶本作「力」。繆本同此本。諸本並作「力」。王曰：秘史作綽兒馬罕。

秋，太宗皇帝自虎八〔一〕會於先太祖皇帝之大宮〔二〕。

校勘記

〔一〕原校：元史、續綱目、續通鑑、類編俱作霍博。

顔按：何校亦引元史太宗紀霍博之稱。史集窩闊台汗紀及朮外尼書，均言太宗即位前往 Emil 河及 Qobaq 河上已之廬帳内。又言二地屬太宗及其諸子後裔，又定宗廬帳亦在二地之間。參朮外尼書 Boyle 譯本上册四十三頁及史集第二卷 Boyle 譯本(即 *The Successors of Genghis Khan*)三十頁及十九頁注文第二十三條。以此知 Emil 河谷及 Qobaq 河谷爲太宗一系之封域。元史卷一八〇耶律希亮傳曰火孛之地。傳文蓋本之危素所撰耶律希亮神道碑。耶律希亮傳曰：中統二年，「至昌八里城。夏，踰馬納思河，抵葉密里城，乃定宗潛邸湯沐之邑也。……冬，至于火孛之地。」Emil 河，今稱額敏河；而 Qobaq 河，今名布克河，在額敏河之東。參伯希和蒙古與教廷，二百六、七頁。

〔二〕原校：按：此下太宗窩闊台事。

「大」原作「太」。趙、翁、鈕、張、涵、京六本「太宫」作「大宫」，史本改「行宫」。沈曰：「太」當爲「大」。大宫，大斡耳朵也。顔按：即薩里川哈老徒之行宫也。

己丑八月二十四日，諸王、駙馬、百官大會於怯禄連河曲雕阿蘭〔一〕，共册太宗皇帝登極。〔二〕

校勘記

〔一〕「大會」，趙、翁、鈕三本無「大」字。

「於怯禄連河」，趙、翁、鈕、張、潘、涵、京、傅、涉九本無此五字。浙、史及汪、陳、徐、何、王五本雖同此本，但無「於」字，而「禄」作「緑」。尚存舊貌。曲雕阿闌，浙、史、汪、陳、徐、何、王七本「闌」作「蘭」。元史太宗紀言：「諸王百官大會于怯緑連河曲雕阿蘭之地，以太祖遺詔即皇帝位于庫鐵烏阿剌里。」乃撮合此録及它書而成，不知「庫鐵烏」即「曲雕」，而「阿剌里」即「阿蘭」也。此言島，即曲雕島，必爲怯緑連河之一洲。元史憲宗紀：憲宗元年辛亥夏六月，東西方諸王、諸大將復大會于闊帖兀阿闌之地。闊帖兀阿闌者，亦此曲雕阿闌或庫鐵烏阿剌里也。秘史第一百三十六節闊朵額阿剌、第二百八十二節闊迭額阿剌。

〔二〕己丑八月二十四日諸皇族翼太宗登寶位，國朝名臣事略卷五中書耶律文正王事略引李微撰耶律楚材墓誌，與録可互發明。

太宗遂議征收金國〔一〕。助貧乏，置倉廩〔二〕，剏驛站〔三〕，河北先附漢民賦調〔四〕，命兀都撒罕主之〔五〕，西域賦調，命牙魯瓦赤主之〔六〕。

校勘記

〔一〕袁刊何本「收」譌「牧」，王校已改正。

〔二〕此本同於鈕、潘二本，趙、翁二本有闕文。餘本作「倉戍」。張本誤「戍」爲「成」。元史太宗紀亦言「倉廩」。史集窩闊台汗紀稱：定牲畜之賦，每百頭取其一；合罕降旨，每十塔哈兒（Taghar，折合 83.4 公斤）穀物取其一以給貧民。

〔三〕王本「剏」作「創」。「驛站」，張、潘二本作「站赤」。鈕本誤作「帖」，趙、翁二本有闕文。元史卷一〇一兵志四站赤：「元制站赤者，驛傳之譯名也。」按：元史卷一一四察必皇后傳，「站」字作「蘸」。站赤，即管理驛傳之人。引申而爲「驛站」之義。史集窩闊台汗紀：於境内立站，稱之曰「塔陽站」（Tayan yam）。蒙古語 jam，來源於突厥語

yam。參元史卷一五三劉敏傳：乙未年，「立驛傳」。南齊書卷五七魏虜傳之「咸真」。

〔四〕「河北」上原衍「命」字，繆本同，從鈕、張、潘三本删。史本改「又置」二字。趙、翁二本有闕文。「調」字原脱，從諸本補。

〔五〕原校：元史作耶律楚材。按：楚材傳，帝呼楚材曰：「吾圖撒合里」，猶言長髯人也。

史本即耶律楚材。元史卷九五食貨三歲賜門稱：曳剌中書兀圖撒罕里，卷一一五睿宗傳作吾圖撒合里，與本傳同。遺山先生文集卷一〇玉泉七律，尊之曰髯中令。湛然居士文集，謂他人名之爲髯郎（卷六戲秀玉、卷七和景賢四絶、卷一二贈高善長），已則自稱髯公（卷七和高麗使三首、卷一〇寄景公堂頭同參、卷一一用張道亨韻）、髯翁（卷一〇和董彦才東坡鐵杖詩、卷一三祭姪女淑卿文、卷一四遺龍崗鹿尾二絶、寄岳君索玉博山）、髯居士（卷一二和金城寶宫旭公禪師三絶），亦自命髯中書（卷一一和馮揚善韻）、美髯中書，而自述形容曰：「髭髯垂到腰間，眉毛儼然眼上。」（卷八自贊）與黑韃事略所記楚材「髭髯極黑，垂至膝，常綰作角子」之語合。

〔六〕原校：元史作麻合没的滑剌西迷。

即Maḥmūd yalavach(Ṣāḥib maḥmūd yalavach) mas'ūd Beg之父。滑剌西

迷，花剌子模異譯，言麻合没的，亦即牙魯瓦赤之本籍。其人復見元史卷三憲宗紀元年六月，作牙剌瓦赤；卷四世祖紀一壬子年及卷一五三劉敏傳、卷一五八姚樞傳則作牙魯瓦赤。太宗紀十三年十月紀事及卷一五九趙壁傳乃作牙老瓦赤。术外尼書亦記其事。牙魯瓦赤憲宗朝已老，故憲宗稱「耄者」（ebügen），誅反對者，彼有力焉。

是年，西域亦思八剌納城城主遣使來降〔一〕。又西域之西忻都及木剌夷國主躬來朝會〔二〕。

校勘記

〔一〕「亦」原作「赤」。原校：陶本、元史俱作「伊」。「納」下原衍「摠」字。原校：元史及類編俱無「摠」字。

浙、史二本及汪等四本作「伊」，餘本作「赤」，「赤」即「亦」之譌。王説，即前泥沙兀兒、匿察兀兒，秘史之亦薛不兒。布潤珠説：或即亦思法杭（Ispahan）。徐、何二本不重「城」字。

〔二〕何校：太祖紀作印度。印度即忻都也。此本及鈕、張、潘、涵不誤，餘本誤「都」爲「相」。京、傅、涉、史及汪等四本且誤「忻」爲「折」。木剌夷國，「木」字，此本及鈕本不誤，趙、翁二本有闕文。餘本誤「不」。王校：本紀作木羅夷。劉郁西使記作木乃奚。顔按：元史太宗紀木羅夷、卷三憲宗紀二年七月没里奚、卷一四九郭寶玉傳木乃兮。阿拉伯語 Molhid，義爲「邪惡的」、「外道」。乃伊斯蘭教正宗派對亦思馬因派的稱呼。馬可波羅稱名之爲「山老昔日習居之地」。

庚寅春，遣軍將攻守京兆〔一〕，金主以步騎五萬來援，敗還，其城尋拔〔二〕。

校勘記

〔一〕鈕本「軍將」作「將軍」，何本無「軍」字，袁刊何本同，並遺「守」字。王校並已補齊。

〔二〕史本「尋」作「遂」。元史太宗紀曰：「尋拔其城。」可證「遂」字之誤。

秋七月，上與太上皇親征金國〔一〕，發自闕群隘〔二〕，過川，由官山〔三〕、鐵門關〔四〕、平陽南下〔五〕，渡河攻鳳翔〔六〕。

校勘記

〔一〕張本脱「與」上「上」字。趙、翁二本「征」譌「往」。

〔二〕「群」原作「郡」。王曰：前太祖責王可汗書中有闕群隘。顔按：此「郡」字亦當爲「群」之誤。「隘」，京本譌「溢」，而徐、何二本譌「隰」。

〔三〕汪等四本「官」譌「宫」，何校已言明，而王校已改正。

〔四〕王曰：此鐵門關與西域之鐵門關，同名異地。元史卷一二〇札八兒火者傳：「授黄河以北鐵門以南天下都達魯花赤。」顔按：傳文前言曰：「金人恃居庸之塞，冶鐵錮關門，布鐵蒺藜百餘里，守以精鋭。」則此鐵門定屬居庸，無可異議。又薩都拉至順癸酉過居庸關有句：「關門鑄鐵半空倚。」請參閲上文「金人塹山築塞」及下文「避暑於官山」句下校語。新唐書卷三九地理志三：嬀州東南有居庸塞、鐵門關。

〔五〕元史卷一五〇李守賢傳：「庚寅，太宗南伐，道平陽。」

〔六〕元史卷一一九塔思傳：庚寅十一月，「帝攻鳳翔」。元史太宗紀繫於秋七月南伐下，與録同，非史實也。

辛卯春二月〔一〕，遂克鳳翔〔二〕。又克洛陽、河中數處城邑而還〔三〕。避暑于官山〔四〕，會諸王、百官，分三道征收金國。期於來年正月畢集南京〔五〕。

校勘記

〔一〕王本無「二月」二字。

〔二〕金史卷一七哀宗紀上：正大八年按：即元太宗辛卯年春正月，「大元兵圍鳳翔府。」四月丁巳朔，「大元兵平鳳翔府」。此録言二月克鳳翔，而金史卷一一二完顔合達傳、移剌蒲阿傳，言鳳翔之破在正月，並當以哀宗紀爲準的。

〔三〕「而」字原誤「回」，據涵、京、何、王四本改。趙、翁二本作「面」，亦「而」之譌，餘本都作「回」，潘本脱此字。

〔四〕原校：元史作九十九泉。

J. A. Boyle 英譯本史集窩闊台汗紀稱：駐夏地爲阿勒壇克列(Altan-Kere，Kere 義爲草原、草甸)，此金甸蓋即金蓮川。此官山或九十九泉，似非北魏太祖所觀而遼史地理志及金史地理志所言之官山與九十九泉。魏書卷二太祖紀：天賜三年八月丙辰，「西登武要北原，觀九十九泉，造石亭，遂之石漠」。武要，西漢屬定襄郡，東部都尉治所，約在今内蒙古卓資縣福生莊、旗下營一帶。遼史卷四一地理志五西京道豐州下有九十九泉，金史卷二四地理志上西京路大同府宣寧縣有官山。二志晚出，取材於元一統志。志云：官山在廢豐州東北一百五十里，上有九十九泉，流爲黑河。遺山先生文集卷三四西山行記：「甲辰夏五月八日，予以事當至崞縣。初約定襄李之和偕往，適幕府從事宣德劉惠之、平陽李幹臣還軍官山，過吾州，遂與同行。」明初設官山千户所，旋昇官山衛。明太祖實録卷五六、卷九八：洪武三年九月己丑，立官山等處軍民千户所；八年三月戊子，改官山衛指揮使司。英宗實録卷三八：正統三年正月辛卯，大同總兵官都督陳懷奏：「近者達賊三百餘人飲馬黄河。調都指揮僉事石亨、戴旺率兵追捕至豐州，得其蹤跡，我軍陳官山下。」卷四二：同年五月庚子，行在兵部右侍郎鄺埜等奏：「鎮守大同將軍石亨欲於官山設立界牌，令北虜往來使臣并來降者，停止於此。」卷四六：九月癸未，山西安東中屯衛百户周諒言：「故東勝州廢城，西瀕黄河，東接大同，南抵偏頭關，北連太山、榆陽等口，其中有赤兒山，東西坦平二百餘里，其外連亘官山等山，實胡虜出没往來必經之地。」卷四七：十月丙子又聞降虜言：「殘虜官音保亦死，其部下人馬有潛伏官山迤西者。」官山、九十九泉，又爲英宗被俘後經行之地。袁彬北征事蹟：正統十四年八月二十七日，到九十九箇海子，二十九日到黑河。九十九箇海子，即九十九泉。黑河，今大黑河。李實北使記：闕山東北失八兒禿。闕山，官山異書。失八兒禿，蒙古語，有泥淖也。楊銘正統臨戎録：本月二十六日轉到金山哨馬處。次日在金山。十一月十一日以後又行，營於八寶山、大青山、沈塔處。八寶山，今無考。大青山，即今大青山。而金山，疑亦官山別稱。沈塔則萬部華嚴塔，即今俗稱之白塔也。嘉慶大清一統志卷五四九察哈爾圖言：九十九泉泊，乃察哈爾鑲紅旗西北五十里，蒙古名伊倫伊孫泊。「伊倫伊孫」，蒙古語，九十九。而錢良擇出塞紀略謂：一山名和碩克，華言肺也；對面名諸勒克，華言心也；蓋皆狀山之形。山巔有九十九泉，伏流而下，匯爲長河，直達歸化城。按：二山實乃官山，長河謂大黑河，歸化城，即今呼和浩特也。錢説較勝。而爲水經注之牧牛山及其下之九十九泉也。見卷一三㶟水注引魏土地記，云：「沮陽城東八十里有牧牛山，下有九十九泉，即滄河之上源也。」沮陽，上谷所治，今懷來縣懷來鎮。牧牛山，太平御覽卷七〇地部三五引魏土地記，乃作駁牛山，云：「有一神牛駮身。」似以「駮」字爲是；然通鑑卷二九〇後周太祖廣順元年九月胡注引此，仍作「牧」，並引宋白曰：「九十九泉，在幽州西北一千餘里。」今延慶縣東永寧城西北十五里有獨山。嘉慶大清一統志卷三九宣化府二疑此即牧牛山。楊守敬曰：九十九泉，統名牧牛泉，而滄河，今名嬀河，出延慶縣東北。見所著水經注疏卷一三㶟水及水經注圖。但酈善長牽混魏太祖登武要而觀九十九泉之事與魏土地記牧牛山之九十九泉爲一，誤矣。九十九泉，後爲遼帝會議之所。通鑑卷二九〇後周太祖廣順元年九月：「北漢主遣招討使李存瓌將兵自團柏入寇。契丹欲引兵會之，與酋長議於九十九泉。諸部皆不欲南寇，契丹主强之。癸亥，行至新州之西火神淀，燕王述軋及偉王之子太寧王漚僧作亂，弒契丹主而立述軋。契丹主德光之子齊王述律逃入南山，諸部奉述律以攻述軋、漚僧，殺之，并其族黨。立述律爲帝，改元應曆。自火神淀入幽州，遣使告于北漢。」遼史卷五世宗紀，天祿五年九月，「庚申朔，自將南伐。壬戌，次歸化州祥古山。癸亥，祭讓國皇帝于行宫。群臣皆醉，察割反，帝遇弒，年三十四。」察割字歐辛，明王安端之子。歐辛即漚僧，封泰寧王，而明王安端即偉王。遼史卷一一二察割傳作詳古山。祥古山及火神淀均不可考。但新州即奉聖州，今河北涿鹿縣，歸化州即武州，今河北宣化市，二地並與牧牛山下之九十九泉接近，而與武要北原之九十九泉遥遠也。又遼史卷一九興宗紀二重熙十三年九月戊辰：「宋以親征夏國，遣余靖致贐禮。壬申，會大軍于九十九泉，以皇太弟重元、北院樞密使韓國王蕭惠將先鋒兵西征。」歐陽修居士集卷二三余靖神道碑：慶曆四年（亦即遼重熙十三年）」，「公從十餘騎，馳出居庸關，見虜於九十九泉」。正是此九十九泉，在牧牛山下，故必出居庸關而後到達。元史卷一一五睿宗傳辛卯春：「太宗還官山。」乃從親征録中來。又壬辰四月謂：「過中都，出北口，住夏于官山。」則又與太宗紀壬辰四月：「出居庸，避暑官山。」相照應矣。（卷一二一速不台傳，卷一五二唐慶傳略同，可互見。）此皆示人以官山距居庸或居庸北口甚邇之意。卷九九兵志二宿衛門：「大德六年二月，調蒙古侍衛等軍一萬人，往官山住夏。」官山住夏之蒙古侍衛，所以護上駕也。卷一七五李孟傳：「仁宗侍昭獻元聖皇后降居懷州，又如官山，孟常單騎以從。」此旁證也。卷三四文宗紀三：至順元年十月乙丑，樞密院臣言：「每歲大駕幸上都，發各衛軍士千五百人扈從，又發諸衛漢軍萬五千人駐山後，蒙古軍三千人駐官山，以守關梁。乞如舊數調遣，以俟來年。」上都遺址，在今多倫縣正藍旗五一牧場，駐軍燕山山後及嬀河上源之獨山，亦即此官山。拱衛陪都，把扼衝要，事所必需，理所當然；如官山乃遠至大同界外之豐州地。一旦有警，何由匡濟？此官山之必近上都，於理至明至顯。又黑韃事略云：「近而居庸關北，如官山、金蓮川等處，雖六月亦雪。」金蓮川，金舊名，即元上都所在之區，既與官山並稱，且皆在居庸關北，而氣候寒温，又復相同，可知亦與豐州之境無涉。李文田注黑韃事略：「案，此稱官山者，蓋即他日桓州之龍山，以前未有此名，元史太宗紀太宗四年四月避暑官山。」袁桷清容居士集卷一五己未開平第二集採摩姑：「官山摩姑天下無。」摩姑，今俗寫作蘑菇。此伯長氏扈從上都，道經官山所親見。其地理與豐州遼絶，尤所易見易曉者焉。

〔五〕「正月」二字原脱，用諸本補。

是年秋八月二十四日〔一〕，上至西京〔二〕，執事之人各執名位，兀都撒罕中書令〔三〕，粘合重山〔四〕右丞相〔五〕，鎮海左丞相〔六〕，自此始〔七〕。遣撒兒答火兒赤征高麗〔八〕，克四十餘城還。

校勘記

〔一〕潘本無「年」字。徐、何二本無「二」字。王校已補。

〔二〕汪等四本無「上」字。王校已補。

〔三〕張、涵、京、傅、涉及汪等四本「都」皆譌「相」。何校已改正。張本且譌「撒」爲「撤」，京本譌「兀」爲「互」。陳本譌「罕」爲「兀」。史本改耶律楚材，且於楚材名上增「以」字，名下增「爲」字。元史太宗紀同。

〔四〕「粘」原作「帖」。原校：元史及類編俱作「粘」。

鈕、張、潘三本但曰重山。趙、翁二本有闕文。餘本乃加粘合之姓。汪等四本且倒「合」、「重」二字，徐、張二本已明其誤，而王校改正。

〔五〕「右」，原校：元史及類編俱作「左」。

史本上有「爲」字，已改「右」爲「左」。元史太宗紀皆同。顔按：元史卷一五三劉敏傳稱中書左丞粘合重山。汪輝祖元史本證卷二〇粘合重山傳已校。

〔六〕「左」，原校：元史及類編俱作「右」。

史本上亦有「爲」字，改「左」爲「右」。元史太宗紀皆同。王校引許有壬鎮海神道碑：「始立中書省，尚左，公爲左丞相，繼尚右，改右相。」顔按，史集察合台汗傳曰：維其兒鎮海（Chinqai）。「維其兒」之義爲「丞相」。又曰鎮海乃畏兀兒大臣。J. A. Boyle英譯本史集蒙哥汗紀言：鎮海因黨附貴由，後來爲答失蠻哈只兒（Dānishmand Hājib）所處決。

〔七〕史本删「自此」，而以「始」字屬下讀。

〔八〕撒兒答，原校：元史作撒禮塔，陶本作「札塔」。下同。

繆、鈕、張、潘四本無「兒」字。趙、翁二本闕文。涵、京、傅、涉四本及繆校作「里」，浙、史二本誤「札」。與鄭校本同。汪等四本誤「哈」。王校已改。「答」，浙、涵、京、傅、涉、汪、陳、徐、何、王十本作「塔」。汪、陳、徐三本且譌「撒」爲「撤」。顏按：元史卷一四九耶律留哥傳作撒兒台，及王榮祖傳作撒里台，卷一二〇吾也而傳作撒里答或撒里答火兒赤，卷一五四洪福源傳作撒里答或撒禮塔，卷二太宗紀及卷二〇八高麗傳亦曰撒禮塔。按：高麗史卷二二高宗世家一戊寅五年十二月己亥朔：「蒙古元帥哈真及扎剌。」元史太祖紀十三年：「命哈真、札剌率師平之。」卷二〇八高麗傳太祖十四年九月作元帥合臣、副元帥劄剌。卷一三三塔出傳：「蒙古札剌兒氏。父札剌台，歷事太祖、憲宗。歲甲寅，奉旨伐高麗，命桑吉、忽剌出諸王並聽節制。其年，破高麗連城。」

冬十月初三日[一]，上攻河中府，十二月初八日克之[二]。時有西夏人速哥者[三]，來告黃河有白坡可度[四]，從其言[五]。

校勘記

〔一〕袁刊何本「十」譌「中」，王校已改。

〔二〕「二」字原闕，從諸本補。元史太宗紀及金史卷一七哀宗紀上並言十二月己未初八日，河中府破。按，「己未」即初八日。金史卷一一一內族訛可傳、卷一一四白華傳亦言，十二月河中府破。

〔三〕原校：續綱目、續通鑑俱作恤可。

趙、翁、鈕三本無「者」字。沈曰：速哥，史有傳。傳云，蒙古怯烈氏。顏按：元史卷一二四速哥傳：「世傳李唐外族。父懷都，事太祖，嘗從飲班朮尼河水。」既言蒙古怯烈氏，又言世傳李唐外族，則懷都、速哥父子爲久隸西夏籍之怯烈人可知矣。又卷一二九紐璘傳：憲宗七年丁巳、八年戊午年間有速哥隨紐璘征蜀地。又，中統初，「詔速哥分西川兵及陝西諸軍屬紐璘，鎮秦、鞏、唐兀之地」。彼速哥，亦即怯烈氏之速哥也。

〔四〕金史卷一七哀宗紀上曰：河清縣白坡，故卷一一一撒合輦傳曰：「北兵從河清徑渡。」在孟津縣西南五十里河清城之東。讀史方輿紀要卷四九河南四稱：「宋移治于白坡鎮，仍曰河清縣。金人移縣于河南岸，改曰孟津。」金史卷一一一烏林答胡土傳：

「正大九年正月戊子，北兵以河中一軍由洛陽東四十里白坡渡河。白坡，故河清縣，河有石底，歲旱，水不能尋丈。國初以三千騎由此路趨汴，是後縣廢爲鎮，宣宗南遷，河防上下千里，常以此路爲憂，每冬日命洛陽一軍戍之。河中破，有言此路可徒涉者，已而果然。」

〔五〕繆、史二本「從」上有「上」字。

壬辰春正月初六日〔一〕，大軍畢渡〔二〕，及獲漢船七百餘艘〔三〕。太上皇遣將貴由乃來報〔四〕：「某等軍兵已渡漢江。」〔五〕上亦遣使于太上皇，諭曰〔六〕：「汝等與敵連戰日久〔七〕，可來合戰。」上於正月十三日至鄭州〔八〕，守城馬提控者以城降〔九〕。太上皇既渡漢水，有金大將哈答麾下欽察者逃來〔一〇〕，告哈答伏兵於鄧西隘截等候〔一一〕。太上皇是夜會兵〔一二〕，明燭而進，哈答、移剌〔一三〕聞之〔一四〕，入鄧以避其鋒。太上皇正月十五日至鈞州〔一五〕，雪作〔一六〕。上遣大王口温不花〔一七〕、國王答思〔一八〕將兵畢至〔一九〕。十六日，雪又大作〔二〇〕。是日與哈答、移剌合戰於三峰山〔二一〕，大敗之，遂擒移剌。十七日，上至，行視戰所〔二二〕，佳之〔二三〕。二十一日〔二四〕，克鈞州〔二五〕，哈答匿於地穴，亦擒之〔二六〕。又克商州〔二七〕、虢州〔二八〕、嵩州、曹州〔二九〕、陝州、洛陽、潧州、武州、易州〔三〇〕、鄧州〔三一〕、潁州〔三二〕、壽州、睢州〔三三〕、榮州等皆來降〔三四〕。

校勘記

〔一〕史本誤「正月」爲「三月」。初六日丁亥，而上引金史烏林答胡土傳作戊子即初七日，哀宗紀繫在丙戌即初五日。元史卷一二二撒吉思卜華傳誤壬辰爲壬申（道光本已改正）。卷一一九塔察兒傳、卷一二〇曷思麥里傳、卷一五五史天澤傳及孛术魯翀菊潭集卷二謚襄懋忽神公神道碑等，作六日，並與此同。

〔二〕繆、王二本「軍」作「兵」。

〔三〕「及」，潘本作「及」，京、傳二本作「反」，顯誤。此金史烏林答胡土傳所謂「北兵既渡，奪河陰官舟以濟諸軍」者也。史集拖雷汗傳言：「拖雷取道吐蕃，經 Hulan-Degeleten（服紅襖者）。翌年，路途困苦已極，形成一圍獵圈。乃下至潼關（Tungqan Qahalqa），與金軍主力遇。……在無法渡處探得渡口，渡過黃河。」

〔四〕陳本「遺將」作「遺使」。徐、何二本無「乃」字。袁刊何本並「來」字遺之，王校已補，且說之曰：貴由乃，睿宗傳作夔曲涅，郭德海傳作魁欲那拔都，金史白撒傳作回古乃。而秘史第二百四十七節稱古亦古捏克把阿禿兒。元史卷一一九木華黎傳：「金京兆行省完顏合達擁兵二十萬固守，不下。乃分麾下兀胡乃、太不花兵六千屯守之。」顔按：兀胡乃，疑亦此貴由乃也。

〔五〕「某」原誤「集」，從鈕、潘、史三本改。趙、翁二本闕失。何本移「等」字於「軍兵」之下，而史本無「軍兵」二字。京、傳二本「江」誤「船」。

〔六〕何本無「諭」字。「曰」原作「自」，從涵、京、史及袁刊何本改。張本作「以」誤。史本「曰」下仍有「自」字，改屬下讀。

〔七〕徐本誤「連」爲「速」，何本闕。

〔八〕「日」字原脱，從諸本補。

〔九〕原校：元史及類編俱作馬伯堅。何説同。顔按：元史太宗紀謂伯堅是防城提控，而元史卷一二二撒吉思卜華傳曰鄭守馬伯堅，卷一五一王善傳曰州將馬伯堅。

〔一〇〕原校：元史及類編俱作合達。下同。何説同。顔按：合達，完顔氏，金史卷一一二有專傳。「逃來」，張、潘、涵、京、傅五本作「來逃」。史集窩闊台汗紀言：以 Qada Sengüm、Höbegedür 及其他一些異密爲首作戰。

〔一一〕京本「鄧」作「鄭」，誤。下文「入鄧以避其鋒」句，亦誤「鄭」。按元史卷一一五睿宗傳：「金大將合達設伏二十餘萬于鄧州之西，據隘待之。」可證焉。

〔一二〕張本「是夜」作「昏夜」。

〔一三〕原校：移剌，元史及續綱目、續通鑑、類編俱作移剌蒲阿。下同。

王校：蒲阿，金史有傳。顔按：秘史第二百五十一節，亦列、合答，亦一以舉姓，一以舉名。

〔一四〕「之」，原校：陶本作「知」。此本及鈕、潘二本亦作「之」，趙、翁二本闕文。餘本盡作「知」。

〔一五〕此本同於史、何、王三本，餘本「鈞」皆作「均」。徐校：「紀作鈞州。」何本本此，王本又同。

〔一六〕詳下文。

〔一七〕王曰：「元史宗室世系表：別里古台大王第三子口温不花大王。」顔按：元史卷一一七別里古台傳並同。卷一一五睿宗傳、卷一一九塔思傳、卷一二〇察罕傳、卷一四九耶律留哥傳及道園學古録卷一七高魯公神道碑（參元史卷一六九高觿傳）曰親王口温不花，卷一二三苫徹拔都兒傳、卷一五五史天澤傳、卷一六六蔡珍傳曰宗王口温不花，卷一二二按扎兒傳曰口温不花大王。國朝名臣事略卷一〇張德輝事略引行狀：德輝對世祖問：「今之典兵與宰民者，爲害孰甚？」公曰：「典兵者，軍無紀律，專事殘暴，所得不償其失，害固爲重。若司民者，頭會箕斂以毒天下，使祖宗之民如蹈水火，蠹亦非細。」王默然良久曰：「然則奈何？」公曰：「莫若更選族人之賢如今口温不花者，使主兵柄，勳舊如忽都虎者，使主民政，則天下皆受其賜矣。（參元史卷一六三張德輝傳。）事在丁未歲，即定宗二年。蓋其人久有令名於當世。故德輝所對如是。

〔一八〕王曰：元史卷一一九木華黎傳作塔思。顏按：事跡附乃祖木華黎後。塔思乃孛魯長子，又名查剌温。元史卷九五食貨志三歲賜門曰塔思火兒赤，以其爲護衛也；卷一二二撒吉思卜華傳、卷一五〇查剌附傳、卷一五一石抹孛迭兒傳曰國王塔思，卷一二三紹古兒傳曰國王答石，則襲祖與父「國王」之名號。

〔一九〕徐本譌「畢」爲「軍」，何本遂改此句爲「將軍兵至」。王校已回改。

〔二〇〕袁刊何本脱「大」字。元史卷一四九郭德海傳：「辛卯春正月，睿宗軍由洛陽來會于三峰山，金人溝地立軍圍之。睿宗令軍中祈雪，又燒羊胛骨，卜得吉兆，夜大雪，深三尺，溝中軍僵立，刀槊凍不能舉。」按：此「札答」（Jada）也。史集窩闊台汗紀言：拖雷令施行巫術，突厥語 Yai，蒙古語 Jada，爲此者乃康里人。詳上文闕亦壇之戰祭風迷雪之事。

〔二一〕原闕「合」字，依衆本補。顏按：秘史第二百五十一節言：亦列、合答、豁孛格秃兒率兵增援，以忽剌安迭格列軍人做頭鋒，把住潼關。而史集拖雷汗傳作 Hulan-Degeleten，即紅襖軍爲抵禦者。三峰山，「峰」原訛「鋒」，據諸本改。三峰山在河南禹縣西南二十里，以山有三峰故名，亦曰三封嶺。見讀史方輿紀要卷四七河南二。秋澗先生大全文集卷二六許昌道中望三封山：「大河失險已無金，不待鈞臺一雪深。」歸潛志卷六完顏平章合打傳亦言：「退保鈞臺。」合打，即合達。鈞臺，三峰別稱耳。雙溪醉隱集卷四有戰三封詩并序。參元史卷一一九塔思傳。迺賢金臺集卷一三峰山歌并序：「鈞州陽翟縣南有山曰三峰。昔我睿宗在邸，嘗統兵伐金，與其三將完顏合達、移剌蒲兀、完顏斜烈等鏖戰山下，敗其軍三十萬，而金亡矣。……至正五年嘉平第二日，予自郟城將上京師，道出陽翟，夜宿中書郎郭君彦通私館，感父老之言，而作歌。」歌後附張翥題記曰：「余比修國史，睹三峰之役。金師三十五萬來拒戰，我師不敵，軍于山之金溝，其軍數重圍三峰，而中夜大雪，金人戈戟弓矢凍纏莫能施，我師一鼓殲之。由是，金人膽落，不復戰矣。」

〔三〕原作「上行至，視戰所」，據鈕、潘二本乙正。趙、翁二本闕文。汪等四本無「至」字，史本雖同此本但「視」字在「戰所」下。元史卷一一五睿宗傳：「太宗尋至，按行戰地。」「按行戰地」，亦猶「行視戰所」也。

〔三〕史本「佳」上有「而」字，何本改「佳」爲「嘉」，繆本亦同。潘本誤「進」，張、涵、京、傅四本誤「住」。

〔二四〕「二十一日」原作「二月十一日」。「二月」下，原校：陶本有「二」字。按：「月」爲衍字。原校引説郛似有誤解，陳本作「二十二日」亦誤。元史太宗紀：「壬寅，攻鈞州，克之。」壬寅，二十一日也。

〔二五〕「鈞」字，此本及史、何、王三本外，仍作「均」。

〔二六〕金史卷一一二完顔合達傳亦言匿窟室中。然元史卷一四九郭德海傳則謂：「其帥完顔哈達、移剌蒲兀走匿浮圖上，德海命掘浮圖基，出其柱而焚之。」傳聞異辭。潘本無「亦」字，脱。前言擒移剌，故此曰哈答之擒，應有「亦」字。

〔二七〕「商」原作「昌」，當據元史太宗紀及王校改。

〔二八〕「虢」原作「滌」，亦當據元史太宗紀及王校改。史本作「號」，則「虢」之誤，極明顯。袁刊何本改「廓」，浙、京、傅三本作「漷」。均譌誤。

〔二九〕史本無二「州」字。元史太宗紀無「曹」有「汝」，是也。元史卷一五〇李守賢傳：壬辰二月，「時方會師圍汴，留守賢屯嵩、汝。」可與紀文相驗合。而曹州被兵，初在貞祐三年四月，見金史卷一二二馬驤傳；再克，在庚辰即興定四年，見元史卷一四八嚴實傳；三克，在癸未即元光二年，見元史卷一九三石珪傳，亦先此九年，至於汝州城之攻擊，始於天興元年至二年，見金史卷一二三姬汝作傳，即本録太祖乙亥年破嵩、汝之事。

〔三〇〕濬州、武州、易州，史本改三州名爲「許」、「陳」、「亳」。元史太宗紀同，但「許」下衍「鄭」字。按：濬州初陷在庚辰年即興定四年七月，見元史卷一四八嚴實傳；武州受兵於貞祐二年二月，見金史卷一二三楊沃衍傳及卷一二一九住傳；復破於興定三年八月，見金史卷一五宣宗紀中，而親征録太祖辛未即大安三年，亦有取武州之文；克易州，元史太祖紀繫於癸酉即貞祐元年，殊不可信，詳前文癸酉年太祖自率兵攻涿州項下，此言三州之底定。

〔三一〕「鄧」原作「鄭」，與元史太宗紀同。它本作「鄧」，是也。

〔三二〕「潁」原作「應」，當從史本及王校改。元史太宗紀同。考金應州屬西京路，其陷没在貞祐元年，見金史卷一二二吴僧哥傳。「應」者「潁」之音訛也。

〔三三〕「睢」原作「遂」，從史本及王校改。但史本既有睢州在壽州之下，又有遂州居諸州之末，不知「遂」爲「睢」之訛，元史太宗紀删之是也。

〔三四〕張、涵、京、傳、汪、陳、徐、何、王九本「滎」譌「禁」字。滎州初破，亦太祖時事。金史卷一六宣宗紀下元光元年十月乙未，「大元兵下滎州之胡壁堡及臨晉」。（卷二六地理志下河東南路，萬泉縣隸滎州，而萬泉有胡壁鎮。）國朝名臣事略引東平王世家：壬辰（即元光元年）冬十月，「過晉至絳，下金滎州、汾東諸堡邑，往往從風歸附」。史本無「榮」而有「永」。永州則亳州永城縣，興定五年十二月陞。又金史卷一一七徒單益都傳：「正大九年正月，行省事於徐州。時慶山奴撤東方之備入援，未至睢州，徐、邳義勝軍總領侯進、杜政、張興率本軍降大兵於永州。」又言：金軍救睢、永被俘老幼五千，還徐州。榮州、永州南北兩地，不容牽混。王説以「禁」爲「永」之音譌，未確。諸本無「皆」字，史本並「來降」二字失之。繆本無「來」字，作「皆降」。

三月，上至南京，令忽都忽攻之〔一〕。上與太上皇北渡河，避暑于官山〔二〕。速不台拔都〔三〕、忒木歹火兒赤〔四〕、貴由拔都〔五〕、塔察兒〔六〕等適與金戰〔七〕，金遣荊王守純之子曹王入質〔八〕，我軍遂退，留速不台拔都以兵三萬守鎮河南〔九〕。

校勘記

〔一〕史本忽都忽下有「等」字。張、涵以下各本誤「都」爲「相」。京、傳二本且並「令忽」兩字失之。

〔二〕元史卷一二二按扎兒傳、卷一一九塔思傳同此，作壬辰三月帝班師北還，而元史太宗紀及卷一一五睿宗傳，乃謂四月出居庸北口，避暑官山。顏按，卷一二〇曷思麥里傳：「帝由白坡渡黄河，會睿宗兵攻金將合達，敗之，回駐金蓮川。」J. A. Boyle英譯本史集窩闊台汗紀稱駐夏地爲Altan-Kere，義爲「草原」。蓋金蓮川也。

〔三〕繆、鈕、張、潘、涵及何本作速不歹拔都。趙、翁二本有闕文。京、傅二本脱落「歹」字，張、涵以下各本誤「都」爲「相」。

〔四〕「兒」字原闕。原校：陶本有「兒」字。下同。

汪等四本「忒」譌「惑」。「木」，史本誤「本」，蓮池何本誤「水」。「歹」，張、涵二本闕，史本作「台」。沈、伯二家説，元史卷九五食貨志三歲賜門之忒木台駙馬、黑韃事略軍馬將帥一項中之忒没鶻，即其人焉。或爲博爾术族人。顏按：金史卷一一六石盞女魯歡傳、承立傳、卷一一七粘哥荆山傳，但稱其人爲忒木鶻。又按：食貨志别有忒木台行省，其人乃奥魯赤之父，見元史一三一奥魯赤傳，菊潭集卷三河南淮北蒙古軍都萬户府增修公廨碑銘，有鐵木台麥烈，仕及憲宗朝。王校以秘史第二百七十八節之領散班帖木迭兒，當此忒木歹火兒赤，似誤。彼帖木迭兒，或即元史卷一二二唵木海傳唵木海子忒木台兒也。宋史卷四一二孟珙傳之忒没荷過出，必當録之忒木歹火兒赤。

〔五〕王説：即前出之貴由乃。此本及鈕、潘、史三本外，餘本無不誤「都」爲「相」字。

〔六〕「塔」，潘本作「答」，史本脱此字。元史卷一一九博爾忽傳：「塔察兒，一名倴盞，居官山。伯祖父博爾忽。」黑韃事略：塔察兒，今名倴盞。元史卷一二三阿朮魯傳、卷一五〇劉亨安傳作塔察兒；卷一二三苫徹拔都兒傳誤答答兒；金史卷一一一强伸傳、卷一二三姬汝作傳及元史卷一一五睿宗傳無「兒」字，作塔察；元史卷一五一邸琮傳、卷一五五史天澤傳作倴盞。宋史卷四一二孟珙傳作那顔倴盞；金史卷一二四蔡八兒傳、完顔絳山傳作奔盞；金史卷一一九烏古論鎬傳作嗩盞。名稱互不一致。

〔七〕「與」，原校：陶本作「遇」。
汪等四本此句祇作「適遇」二字。

〔八〕汪等四本作荆王守仁，陳本誤「守」爲「等」。餘者但作「兒」字，而「金」下當脱「主」字。守純，宣宗第二子，金史卷九三有傳。宣宗長子名守忠，而哀宗則第三子也。金史守仁傳：「長曰訛可，封肅國公，天興元年三月進封曹王，出質於軍前。」元史卷一一九塔察兒傳：「金主即以兄子曹王訛可爲質。」

〔九〕繆、鈕、張、潘四本「台」仍作「歹」。趙、翁二本有闕文。張、涵、京、傅四本「都」仍譌「相」。「守鎮」，袁刊何本、王本作「鎮守」。

秋七月，上遣唐慶使金〔一〕，促降〔二〕，因被殺〔三〕。

校勘記

〔一〕潘本「遣」亦作「使」。

〔二〕袁刊何本「促」訛「保」，王校已改。

〔三〕此本及繆、傅、袁刊何本外，餘本「殺」下有「之」字，當衍。

八月，金之〔一〕參政完顏思烈〔二〕、恒山公武仙將兵二十萬會于南京〔三〕，至鄭州西合戰〔四〕。是月〔五〕，高麗復叛〔六〕，再命撒兒答火兒赤征收〔七〕。

校勘記

〔一〕史本無「之」字。

〔二〕「思」原作「忠」。原校：元史及類編俱作思列。

此本同於汪等四本，「思」亦誤「忠」，鈕、張、潘、浙四本作完顔斜烈。趙、翁二本有闕文，餘本作完顔思烈。按：金史卷一八哀宗紀下天興二年九月庚戌、卷一一六蒲察官奴傳及卷一二四完顔絳山傳稱内族斜烈，元史卷一四九郭德海傳作完顔斜烈。金史卷一一一本傳稱：「内族思烈，南陽郡王襄之子也。……天興元年，汴京被圍，哀宗以思烈權參知政事，行省事于鄧州。」

〔三〕「于」，鈕、張、潘三本作「拔」，趙、翁二本有闕文。涵本作「援」，餘本作「救」。元史太宗紀亦爲「救」字。「援」字當是，「拔」字顯誤。

〔四〕史本此下有「敗之」二字。元史太宗紀曰：「諸軍與戰，敗之。」歸潛志卷一一王渥傳：「天興改元，從赤盞合喜提兵出援武仙鄭州西，遇北兵，大戰，歿于陣。」

〔五〕「月」原作「年」，當從史本改。元史卷二〇八高麗傳亦繫高麗之叛在八月，卷一五四洪福源傳及經世大典高麗紀事皆同。

〔六〕徐、何、王三本作「高麗王復叛」。

〔七〕前「兒」字，傅本誤作「礼」，京本誤「札」、史本誤「扎」。「答」，史本作「塔」，涵、京、傅三本誤「搭」。元史太宗紀祇作撒禮塔。「赤」，史本及汪等四本誤「亦」，袁刊何本、王本已改正。

九月，南京城中倉廩俱竭〔一〕，金主帥兵六萬北渡河〔二〕，欲復東平、新衛二城〔三〕，我軍逐北〔四〕，潰散尚千餘人〔五〕，復渡河南〔六〕。

校勘記

〔一〕史本「倉廩」作「倉庫」。

〔二〕趙、翁、鈕三本「帥」作「率」。

〔三〕宣宗遷汴，立河平軍於新衛。新衛在衛州宜村渡，而以胙城爲倚郭縣。參金史卷二五地理志中、卷一一三白撒傳、元史卷一二二撒吉思卜華傳、卷一五五史天澤傳、卷一四九郭侃傳及讀史方輿紀要卷四九河南四胙城縣新城項下。

〔四〕王本「軍」作「師」。

〔五〕汪等四本「尚」誤「向」，袁刊何本、王本已改正。

〔六〕袁刊何本「南」誤「北」，王校已改。

癸巳春正月二十三日，金主出南京，入歸德〔一〕，金人崔立遂殺留守南京參政二人〔二〕，開門詣速不台拔都降〔三〕。

校勘記

〔一〕二十三日乃崔立以汴京投降日，而金主出南京在十五日，入歸德在十六日。參元史太宗紀及金史卷一八哀宗紀下。

〔二〕史本作「金西面元帥崔立」。元史太宗紀同。王本遺崔立名。何本作「南京留守」。二人，謂參知政事完顏奴申及樞密副使完顏斜捻阿卜也。太宗紀作完顏習捏阿卜。

〔三〕原校：金史作碎不䚡，弘簡録作速不䚡。按崔立反，弘簡録作上年壬辰事。速不台，繆、鈕、張、潘四本「台」作「歹」。趙、翁二本有闕文。下同。張本「都」譌「相」，下同。

四月，速不台拔都至青城〔一〕，崔立又將金主母后、太子二人暨諸族人來獻〔二〕，遂入南京。

校勘記

〔一〕金史卷一一五崔立傳：速不䚟至青城，在正月壬申，即二十七日；而卷一八哀宗紀下以爲癸酉，即二十八日。青城有二，此在汴之南薰門外，本宋祭天之齋宫，又謂之南青城。見讀史方輿紀要卷四七河南二祥符縣青城條。

〔二〕按，母后，指宣宗皇后王氏、哀宗皇后徒單氏；太子二人，則荆王從恪與梁王守純也。見金史卷六四后妃傳、卷九三從恪傳、守純傳、卷一八哀宗紀下、卷一一五崔立傳及元史太宗紀。潘本「族人」作「宫人」。京、傳二本脱「暨諸族人」四字。

六月，金主出歸德府，入蔡〔一〕，塔察兒火兒赤統大軍圍守〔二〕。是月十日，遣人入城〔三〕，催降，弗應〔四〕，四面築城攻之〔五〕。

校勘記

〔一〕原校：按六月金主入蔡，金史與此同，續通鑑作六月事。

汪等四本誤「入蔡」爲「八察」，何校已改，且增「州」字，王本從之。史本祇誤「蔡」爲「察」。原校「六月」云云，疑傳寫有誤。

〔二〕史本「圍守」下有「之」字。

〔三〕史本「遣人」上有「上」字。「入城」，此本同汪等四本，餘本「入蔡」。

〔四〕「弗」，原校：陶本作「勿」。涵、京二本及汪等四本亦作「勿」。

〔五〕築城，即金史卷一八哀宗紀下天興二年九月辛亥及卷一二四蔡八兒傳之筑長壘，而卷一一九完顏仲德傳曰壕壘者。

八月，別遣按脱等抄籍漢民七十三萬有奇〔一〕。

校勘記

〔一〕沈曰：太宗紀作阿同葛。又曰王惲中堂紀事：「火赤達剌罕大名府民户伍百餘户，……次後斷事官按脱定下，與民一體當差。」顏按：元史卷一二三拜延八都魯傳：「癸丑，憲宗命與阿脱、總帥汪世顯（應改汪德臣）創立利州城。」阿脱，亦即按脱。涵、京、傳三本脱「有」字。史本誤「奇」爲「騎」。顏按：元史卷一二三闊闊不花傳：「歲丙申……括其民匠，得七十二萬户。」

十一月，南宋遣太尉孟珙等領兵五萬〔一〕，運糧三十萬石，至蔡來助，分兵南面攻之。金人舉海、沂、萊、濰等州來降〔二〕。

校勘記

〔一〕「五」，原校：續通鑑、類編作「三」。按，宋史卷四一二孟珙傳：「珙請以二萬人行，因命珙盡護諸將。」金史卷一八哀宗紀下天興二年十一月辛丑言：「宋遣其將江海、孟珙帥兵萬人。」

〔二〕浙、張、潘、涵、京、傳、汪、陳、徐、何、王十一本「海」在「萊」下「維」上。汪、陳、徐三本「濰」作「維」，何本原闕，張校增之，何校依元史太宗紀改「濰」是也。

甲午春正月十日〔一〕，塔察兒火兒赤急攻蔡〔二〕，城危逼，金主傳位於族人承麟〔三〕，遂縊焚而死〔四〕。我軍入蔡，獲承麟，殺之。金主遺骸南人争取而逃〔五〕。平金之事如此。

校勘記

〔一〕「十日」二字依衆本補，此本闕。李俊民莊靖集卷一聞蔡州破自注：「甲午年正月十日己酉。」金史卷一八哀宗紀下、卷二〇天文志、卷一一九完顏仲德傳、卷一二四完顏絳山傳亦無不言蔡州之破及傳位承麟在正月己酉。

〔二〕塔察兒火兒赤，潘本此處「塔」作「荅」。

〔三〕是時承麟爲守城東面元帥。

〔四〕史本「縊焚」上有「自」字。元史太宗紀：「遂自經而焚。」

〔五〕「骸」，原校：陶本作「體」。汪、陳、徐、何、王五本亦作「體」。齊東野語卷五端平入洛一則，云：「端平元年甲午，史嵩之子申，開荆湖閫，遂與孟珙合韃兵夾攻蔡城，獲亡金完顏守緒殘骸以歸。」

蓋哀宗縊死，而綘山承斜烈遺言，以蔽衾裹哀宗餘燼，瘞之汝水上。「骸」字是。按，迺賢金臺集卷一汝水自注云：「天兵與宋合攻蔡州，城既破。金右丞完顔仲德率將士六百人突圍，遁至汝水，回顧城中，煙焰漲天。仲德下馬，謂將士曰：『國已亡，余居宗室，且備位宰相，義固當死，諸公宜早降。』諸將大譟曰：『相公能死，我輩獨不能死耶！』六百人皆奮然赴水死。」史本「南人」作「南兵」，「而逃」作「以歸」。元史太宗紀：「宋兵取金主餘骨以歸。」

是年夏五月〔一〕，於答闌答八思始建行宮〔二〕，大會諸王百官〔三〕，宣布憲章〔四〕。

校勘記

〔一〕汪、陳、徐、何、王五本無「夏」字。史本「五月」下有「上」字。

〔二〕原校：元史作達蘭達葩。涵、徐、何、王四本「闌」作「蘭」。史本同於元史太宗紀。按，太宗紀是年秋下,復書「帝在八里里答闌答八思之地,議自將伐宋」云云。又定宗紀:「太宗崩,皇后臨朝,會諸王百官於答蘭答八思之地,遂議立帝。」元史卷一二〇察罕傳:「太宗即位,從略河南。北還清水答蘭答八之地。」金史卷一一一撒合輦傳:正大四年(元太祖二十二年)八月,「朝廷得清水之報,令有司罷防城及修城丁壯,凡軍需租調不急者權停。」清水之報,即元太祖之崩也。答蘭答八,即 Dalan-daba,而「思」爲複數詞,譯「七嶺」或「七隘」。參伯氏親征録譯注第二百四十四頁。顔按:J. A. Boyle 英譯本史集貴由汗紀言:馬年春月,左右翼諸宗王、異密各率其部屬集闊闊腦兀兒(Köke-Na'ur)立貴由爲汗。而定宗紀謂所會之地名答蘭答八思之地,此地太宗紀六年作八里里答闌答八思,察罕傳曰清水答蘭答八之地。「八里里」義不明,「清水」適與此青色之湖相應,史集窩闊台汗紀謂闊闊腦兀兒爲大汗秋狩之地,離和林四日程。蓋答闌答八思地近闊闊腦兀兒,故中外記名雖異而地實同也。憲宗紀曰顆顆腦兒,稱先一年會議之地在也只兒河(今伏爾加河)。

〔三〕「百」原譌「大」,從諸本改。元史太宗紀:「大會諸王百僚。」

〔四〕憲章具於元史太宗紀。卷九四食貨志二商税門,甲午年立徵收課税所事,又可補紀之不足。

是年〔一〕，群臣奏曰〔二〕：「南宋雖稱和好，反殺我使〔三〕，侵犯我邊〔四〕，奉揚天命，往征其辜！」又遣忽都忽主治漢民〔五〕，别遣塔海紺孛〔六〕征蜀〔七〕。

校勘記

〔一〕史本作「是時」。蓮池何本遺此二字。

〔二〕此同汪等四本，餘本「曰」作「言」。

〔三〕「反」，史本作「曾」。殺使在三年辛卯，使名搠不罕。王校引太宗紀，李校引雙溪醉隱集及睿宗傳，其説如此。顔按：雙溪醉隱集卷二凱歌樂詞序注，及所引理宗實録第八十三卷紹定四年辛卯紀事，又轉載理宗日曆第三百九十五卷，該年十月二十一日之下，其人又作速不罕。

〔四〕王曰：謂全子才襲汴、洛事。

〔五〕繆、張、涵、京、傅及汪等四本「都」譌「相」，何校已改，王本從之。

〔六〕「孛」，原校：元史作「卜」。翁本「塔」作「答」，翁本及趙、鈕二本「紺」作「甘」。史本與元史太宗紀同，改其名爲「達海紺卜」。元史卷一三五忽都傳作答海鉗卜，卷一四九劉黑馬傳作答海紺卜，卷一二三拜延八都魯傳作塔海甘卜，卷六五河渠志三白渠項及卷一五四鄭鼎傳作塔海紺不、卷一三二探馬赤傳、帖木兒不花傳、卷一三五塔海帖木兒傳及卷一四九耶律禿花傳作塔海紺卜，卷一五〇李守賢傳作太師塔海紺布，卷一二一按竺邇傳、卷一五〇郝和尚拔都傳、卷一七〇王利用傳及國朝名臣事略卷六總帥汪義武王事略引汪世顯神道碑、李庭寓庵集卷七奥屯世英碑祇作塔海，元史卷一六一楊文安傳稱達海。

〔七〕原校：按征蜀，續通鑑作七年乙未事。

顔按：征蜀事，元史鄭鼎傳敘於甲午，拜延八都魯傳、帖木兒不花傳、劉黑馬傳敘於乙未，郝和尚拔都傳敘於丙申，李守賢傳敘於丁酉，按竺邇傳敘於戊戌。

乙未春〔一〕，建和林城宫殿〔二〕。

校勘記

〔一〕汪、陳、徐、何、王五本無「春」字。

〔二〕史本改此句爲兩句：「築和林城，作萬安宫。」元史太宗紀同，惟易「築」爲「城」而已。按：和林城，因和林河爲名。太祖十五年建都於此，然城郭之築，萬安宫之作，則太宗七年事也。參元史卷五八地理志一嶺北等處行中書省統和寧路總管府條注文，卷九一百官志七嶺北等處行中書省項下，卷九八兵志一兵制門，卷一五三劉敏傳，傳本本於遺山先生文集卷二八大丞相劉氏先塋神道碑，元史卷一三三昔都兒傳，知服齋本親征録龍鳳鑣箋釋引雙溪醉隱集取和林城詩自注，何校引湛然居士集和林城建行宫上梁文，等等。顔按：耶律楚材湛然居士文集卷一三和林城建行宫上梁文、許有壬至正集卷四五敕賜興元閣碑：「太祖聖武皇帝之十五年，歲在庚辰，定都和林。太宗皇帝培植煦育，民物康阜，始建宫闕。」元史卷一五三劉敏傳：「乙未，城和林，建萬安宫。」與地理志同。史集窩闊台汗紀明言：在斡兒寒河（Orkhon）之東岸。伯希和説：Qara突厥語爲黑，而Qorum義爲團巖，謂以山脈名。參朮外尼書亦都護和畏吾兒地的起源注釋三。又元史卷一二二巴而术阿而忒的斤傳言：「先世居畏兀兒之地，有和林山。」湛然居士文集卷一四喜和林新居落成：「飽看和林一帶山。」據和林城建行宫上梁文，山在城南。歐陽玄高昌偰氏家傳和林河與地理志同。王士點禁扁丙卷扁第七，和林有萬安閣；至元辨僞録卷三，憲宗五年乙卯八月，鶻林（即和林）少林長老裕公與道士李志常辯論老子化胡經之僞於大内萬安閣下。大丞相劉氏先塋神道碑：「城和林，起萬安之閣。」凡乎此，皆證萬安閣即萬安宫也。王曰：和林，今額爾德尼昭。

夏，遣曲赤〔一〕、忽都伐宋〔二〕。忽都忽〔三〕籍到漢民一百一十一萬有奇〔四〕，遂分賜諸王城邑各有差〔五〕。

校勘記

〔一〕趙、翁、鈕三本誤「出曲」，餘本作「曲出」是也。王説：太宗紀曰皇子曲出，即太宗第三子闊出也。按：秘史第一百一十四節及元史卷一五五史天澤傳作曲出，與舊本合；元史卷一六五張禧傳作合丑，黑韃事略作闊除。「赤」字，後人所改。顔按：元史太宗紀七年、八年及卷一一九塔思傳曲出，卷一二〇察罕傳、卷一二二鐵邁赤傳、卷一二九阿剌罕傳、卷一三三脱歡傳及曹南王勳德碑作闊出，闊出、曲出即曲赤。史集窩闊台汗紀謂：其人極聰慧而有福運，帝希望以之爲繼承人。

〔二〕「忽都」下原衍「忽」字，當從趙、翁、鈕、潘、浙五本删，餘本同衍，且誤「都」爲「相」。何校已明其誤，而王校改「忽都都」，似亦未確。王説：此宗室世系表所謂睿宗次子忽覩都大王也。元史卷一二〇察罕傳、卷一三三脱歡傳曰皇子忽都秃、卷一二九阿剌罕傳本於虞集撰曹南王勳德碑。曰忽都秃太子。元史太宗紀七年：「皇子曲出及胡土虎伐宋。」此一事也。王説：太宗紀作胡土虎，乃誤以籍民户之忽都忽當之，其説至精。「伐宋」二字原脱，據王校補。

〔三〕此三字原闕，亦從王校補。王曰：此上年主治漢民之忽都忽。又一事也。録有脱誤。顔按：黑韃事略稱胡丞相，元史卷九五食貨志三歲賜門稱忽都虎官人，卷九八兵志一兵制門、卷一三五鐵哥术傳但曰忽都虎，卷一二一畏答兒傳曰忽都忽，卷一二二撒吉思卜華傳、卷一四六耶律楚材傳、卷一四九郭德海傳並曰大臣忽都虎，卷一五七劉秉忠傳曰忽都那演，卷九八兵志一兵制門曰斷事官忽都虎，卷一二三月里麻思傳曰斷事官忽都那顔，卷一七三崔彧傳曰忽都忽那顔。諸志、傳無不言其料民，亦籍户口之事。史集部族志塔塔兒言：其人享年八十二歲，死於阿里不哥叛亂時。生時與窩闊台諸子並坐，而高于蒙哥汗，決獄分明，其斷案原則，爲蒙古法之基礎。元史太宗紀太宗六年七月：「以胡土虎那顔爲中州斷事官。」故卷一二二鐵邁赤傳稱忽都〔秃〕行省，與八年括户之大臣忽覩虎同爲一人無疑。史集窩闊台汗紀言：闊出(Köchü)與拙赤哈撒兒(Jochi-qasar)子忽都忽(Qutuqa)前往被稱爲南家思的摩至那。此又一説也。按元史宗室世系表，搠只哈撒兒子三人，有脱忽大王(Toqu)。

〔四〕潘本「籍」作「送」。「一百」二字原脱，從諸本補。汪、陳二本奪「十」下「一」字；徐、何二本改「一百二十萬」，王校已改。元史太宗紀於五年癸巳秋八月，已有括户事，亦即録按脱籍民事，故於此處曰：「復括中州户口，得續户一百一十餘萬。」且移後一年，即丙申夏六月。陸友仁研北雜志卷下：「天下户口之數，太宗即位之八年夏，括户得一百一十一萬。」八年即丙申，與太宗紀同。但卷五八地理志敘，言：「(太宗)七年乙未，下詔籍民，自燕京、順天等三十六路，户八十七萬三千七百八十一，口四百七十五萬四千九百七十五。」卷九八兵志一兵制門：太宗八年七月詔書中，稱「斷事官忽都虎新籍民户三十七萬二千九百七十二人」。十三年八月諭令中，又謂：「忽都虎等元籍諸路民户一百萬四千六百五十六户，除逃户外，有七十二萬三千九百一十户。」余謂地理志太宗七年乙未籍户八十七萬三千七百八十一，應即親征録癸巳抄籍漢民七十三萬有奇之事，一記元額，一記逃亡外實有數而已。而兵志八年七月詔書，所言新籍之户三十七萬二千九百七十二人，以人稱者，録及太宗紀均失載。十三年八月諭令所言一百萬四千六百五十六户，即録此項紀事所言籍民一百一十一萬有奇。而太宗紀改作續得户一百一十餘萬者，撥除逃亡户計，實得者七十二萬三千九百一十户。以此分賜諸王功臣。顏按：李俊民莊靖集卷八澤州圖記：「貞祐甲戌二月初一日丙申，郡城失守，虐燄燎空，雉堞毀圮，室廬掃地，市井成墟，千里蕭條，闃其無人。後二十年，大兵渡河，甲午正月初十日己酉，蔡州城陷，金運遂絶。大朝始張官署吏。乙未，遣使詣諸路料民。本州司縣共得九百七十三户：司候司六十八户，晉城二百五十五，高平二百九十，陵州六十五，陽城一百四十八，端氏一百一十七，沁水三十。至壬寅，續括漏籍，通前實在一千八百十有三户，以鄉觀鄉，以國觀國，以天下觀天下，其可知也。」

又潘本「有奇」作「有餘」。

〔五〕「各」字原脱，據諸本補。佛祖歷代通載卷二一同於太宗紀，分封諸王城邑亦繫之丙申。

丙申〔一〕，大慶和林城宮〔二〕。

校勘記

〔一〕王本誤「丙辰」。

〔二〕徐、何二本誤「大」爲「入」，王校已改。元史太宗紀：「八年丙申春正月，諸王各治具來會宴。萬安宮落成。」城宮者，城萬安宮也。元史卷五八地理志一：「太宗乙未年，城和林，作萬安宮。」（志謂：和林城初建在太祖十五年。）禁扁丙卷扁第七，和林有萬安閣。至元辨僞録卷三，憲宗五年乙卯八月，少林長老裕公及全真道士李志常辯老子化胡經之僞於大内萬安閣。萬安閣，亦即萬安宮。雙溪醉隱集卷二取和林注文曰：「和林城，苾伽可汗之故地也。歲乙未，聖朝太宗皇帝城此，起萬安宮。」卷四侍宴萬安閣注文曰：「和林城萬安宮之閣名也。」亦謂：「太宗皇帝嘗號萬安宮爲蓮宮。」

冬十一月〔一〕，曲赤〔二〕、闊端等克西川〔三〕。

校勘記

〔一〕徐、何、王三本作「冬十二月」，誤。

〔二〕「曲赤」原作「赤曲」，倒誤，今乙正。史本無「曲赤」名而有「皇子」二字，元史太宗紀同。沈曰：即曲出。王曰：「元史宗室世系表：太宗皇帝六子，次二闊端太子，次三闊出太子。元史太宗紀八年丙申冬十月，闊端入成都，皇子曲出薨。此赤曲當作曲出，下又疑奪『薨』字。」

〔三〕「闊」字，此本及史本不誤，汪等四本誤「闕」，餘本誤「闞」。王曰：元史宗室世系表太宗次二子闊端太子。

丁酉夏四月，築掃隣城〔一〕。

校勘記

〔一〕李校引南村輟耕録，沈校引山居新語，掃隣，宫門外院官會集處，或曰宫門會集處也。顔按：元典章卷四〇刑部二刑獄門獄具類罪人毋得鞭背曰：「至元二十九年二月，中書省：據御史臺呈：河北河南道肅政廉訪司申：准懷孟路分司簽事趙朝列牒：據懷孟路録事司在城住坐人户劉阿韓口告：十月内，蒙河内縣差委男劉蹺前去萬善店營盤，搭蓋小薛大王掃里。有本路笑薛同知，因事於男劉蹺背上打訖一十七下身死等事。」云云。小薛大王，太宗第六子合丹大王之孫，掃里，即掃隣。又元史卷三六文宗紀五：至順三年三月丙申，「賑木憐、苦鹽濼、札哈、掃憐九驛之貧者凡四百五十二户。」（卷三四文宗紀三至順元年七月丙子：「賑木隣、扎里至苦鹽泊等九驛，每驛鈔五百錠。」札哈、扎里應是一地而必有一誤。）遼東志卷九外志海西東水陸城站名中，有所謂掃隣狗站。皆可以「會處集」解之。术外尼書稱 Qarshi-yi-Sūrī，按 Qarshi，突厥語借詞，義爲宫殿；蒙古語 Sa'urin，意爲居處。掃隣，詞義爲「居住」。

秋八月〔一〕，試漢儒〔二〕，選擢〔三〕，登〔四〕本貫參佐〔五〕。

校勘記

〔一〕王本無此三字。

〔二〕原校：「試」，陶本作「訪漢」字。傅及汪、陳、徐、何、王五本亦若彼。「漢」字原闕，今補。史本改「命賜漢儒」四字。

〔三〕「選」字原闕，依諸本補。

〔四〕「登」，原校：陶本作「除」。涵、浙、京、傅、汪、陳、徐、何、王九本「登」作「除」。史本此句改爲「中選者除」。

〔五〕「參佐」，原校：陶本作「職位」，元史作「議事官」。張、潘二本「參佐」譌「木位」。史本再改「議事官」。浙、涵、京、傅、何、王六本「參佐」上有「職位」二字。元史太宗紀八年八月：「命朮虎乃、劉中試諸路儒士，中選者除本貫議事官。」不知本貫參佐，謂隨所隸籍貫不同而爲參謀佐貳之官，亦即所謂議事官也。李俊民莊靖集卷八孟攀鱗家傳：「己亥，朝廷以近來文風不振，分三科，諸路選試精業儒人，監試劉中以贍於才學，皆優其等，充本府議事官，權宜之職也。」此元史卷八一選舉志一科目門：「令與各處長官同署公事」者。

戊戌夏〔一〕，築秃思忽城〔二〕。

校勘記

〔一〕「夏」字，此本及王本並闕，當從餘本補。

〔二〕原校：元史及類編俱作圖蘇湖城。

「忽」原作「兒」，此本同於史、汪、陳、徐、何、王六本，據趙、翁、鈕、張、潘五本改。王校引元史耶律希亮傳：「鑄生希亮於和林南之涼樓，曰秃忽思。」即「秃思忽」之誤倒。顏按：元史卷五八地理志一：「戊戌，營圖蘇胡迎駕殿。」史集窩闊台汗紀及軼事第十六作 Tuzghu-Balig，謂在距離哈剌和林兩程（parasangs）之處，所築爲一高大宮殿。軼事第十五及第十六曰：和林近地因極寒之故，無農業，然合罕在位之時，開始有些農業，某人種植蘿蔔，有少數成長。秃思忽八里之旁，植柳與杏，且多抽芽生枝。J. A. Boyle 注：源於突厥語之 Tuzghu，義爲「供給過往者之食物」；Balig，乃城也。據术外尼稱，其地在和林之東；元史地理志稱距和林三十餘里。

己亥[一]。

校勘記

[一] 惟潘本校者以硃筆補書「春，獵于揭揭察哈之澤」九字，史、浙二本作「己亥春，皇子闊端軍至西川」二句，餘本同此本，祇具干支而已。元史太宗紀：「(十年戊戌夏)，帝獵于揭揭察哈之澤。……十一年己亥春，復獵于揭揭察哈之澤。皇子闊端軍至自西川。」似潘本校者依據本紀前段文字，而史本則本之本紀後段文字，而親征録原本，於是年固空闕也。揭揭察哈之澤，元史卷三一明宗紀天曆二年三月戊午朔日紀事作潔堅察罕之地。在和林左近。顏按，史集窩闊台汗紀謂：離和林距其地一日程處建一宫殿，古昔爲阿甫剌昔牙卜(Afrāsiyāb)之鷹夫之地，名爲揭揭察哈(Gegen-Chaghan)。據元史卷五八地理志一：在和林北七十餘里。

庚子春正月，命暗都剌合蠻〔一〕主漢民財賦〔二〕。

校勘記

〔一〕「暗」，原校：元史、續綱目、續通鑑、類編俱作「奧」。「剌」原作「刻」。原校：元史、續綱目、續通鑑、類編、陶本俱作「剌」。陶本無「合」字。
趙、翁、鈕三本「都」譌「部」。「剌」字，繆本同誤「刻」，餘本皆不誤。汪等四本脱「合」字，王本已補。國朝文類卷五七宋子貞耶律楚材神道碑作奧都剌合蠻，元史卷一五七劉秉忠傳作奧魯合蠻，卷一五三劉敏傳作奧都剌。其人即Abd al-Rahmān。

〔二〕原校：按，奧都剌合蠻主財賦，續綱目、續通鑑俱作十一年乙亥事。

辛丑春，高麗王遣姪子入質〔一〕。

校勘記

〔一〕「姪」，原校：元史、續綱目、續通鑑俱作「族」。汪、陳、王三本作「子姪」，徐、何二本作「子弟」，史本「姪子」下有綧之名。「入質」原作「入貢」。按元史卷一六六王綧傳：「高麗王暾之猶子也。……以質子入朝。」卷一五四洪福源傳亦謂：「高麗族子王綧入質」。趙、翁、鈕、史四本即作「入質」。今據改。元史太宗紀十三年秋：「高麗國王王暾以族子綧入質。」J. A. Boyle英譯本史集窩闊台汗紀言：自高麗（Solanqa）之地取禿魯花（turqaq）與怯薛無數，遣致於合罕，其首領爲王綧（Ong Sun）。

冬十月〔一〕，命牙老瓦赤主管漢民〔二〕。

校勘記

〔一〕此三字原闕，據諸本補。

〔二〕「老」，原校：元史、續綱目、續通鑑俱作「剌」。袁刊何本自「戊戌夏」至此三年之紀事，全部脱落。史集察合台傳曰維其兒牙老瓦赤。據史集窩闊台汗紀軼事第四十八：合罕以漢地全境任撒希卜馬合木牙剌瓦赤管理……彼等征集所有各地之賦税，以輸合罕之國庫。

十一月初七日〔一〕，上至〔二〕地名月忒哥忽闌〔三〕，病〔四〕。次日崩，壽至五十六〔五〕。在位十三年〔六〕。

校勘記

〔一〕史本此下有「大獵」二字。元史太宗紀亦有之。

〔二〕汪等四本無「上至」二字，張、涵、京、傳、涉、王六本僅無「上」字，史本改爲「還至」。元史太宗紀同。

〔三〕原校：元史、續綱目、續通鑑、類編俱作鈋鐵鍏胡闌。「月」字原闕，據諸本補。汪等四本「忒」譌「惑」，「闌」誤「聞」，何校已明，王校改之。潘本「闌」作「蘭」。元史太宗紀實作鈋鐵鐞胡蘭山。卷三憲宗紀二年十月：「駐蹕月帖古忽闌之地。」亦即此也。

〔四〕史本作「歡飲，極夜乃罷」。元史太宗紀全同。

〔五〕何校據太宗紀删「至」字。京、傅二本皆誤「六」爲「止」，王校已改正。並云：黑韃事略：「今韃主兀窟解丙午生。」則辛丑年五十六。

〔六〕「十三」原作「一十二」。原校：「二」，應作「三」。「一」字，依趙、翁、鈕三本删，而「二」字當從史本及鄭氏並徐、何二校改作「三」。元史太宗紀：「在位十三年，壽五十有六。」顔按，史集窩闊台汗紀：即位於牛年，死於下一牛年，在位十三年。

原跋

右皇元聖武親征記一册，記元太祖、太宗兩朝事，舊不傳作於何人何時，以今書考之，其稱太祖四子拖雷，皆曰太上皇，可知其爲憲宗、世祖時所撰而當時史臣王鶚輩之筆也。

今歲仲夏，余友林君崇達、黄君時揚選拔入都。林君借録四庫館中，黄君南歸，舟抵閶門，得張氏藏陶南邨説郛稿數帙，中多宋、元雜史而是書㝉然在焉。二君歸，持示予。予閲二卷互有同異，因録一過，以館本爲正，參以陶本及金、元二史、蒙韃備録、宋元通鑑、續通鑑綱目、弘簡録、元史類編諸書；有可疑者，輒爲疏出。夫「烏」、「焉」、「帝」、「虎」譌訛已多，況方語不同，隨音立字，在當時已歧出若此，毋恠乎後之修史者一人而兩傳，一事而兩見也。

時乾隆戊戌〔一〕冬杪十有八日，注韓居士杰識。

校勘記

〔一〕顔按,即四十三年,公元一七七八年。

附録　聖武親征録題跋輯録

自來考辨敘記親征録者十數家，其成書或存或亡，其文或長或短，今皆附録卷尾，供人參考。

——公元一九七七年元月十九日，伯顔識。

（賈敬顔稿本綴言）

皇元聖武親征録一卷（四庫館臣）

兩淮鹽政採進本。不著撰人名氏。首載元太祖初起，及太宗時事。自金章宗泰和二年壬戌始紀甲子〔一〕，迄於辛丑，凡四十年。史載元世祖中統四年，參知政事、修國史王鶚請延訪太祖事蹟，付史館。此卷疑即當時人所撰上者。其書序述無法，詞頗蹇拙。又譯語譌異，往往失真，遂有不可盡解者。然以元史較之，所紀元初諸事實，大概本此書也。史言太祖滅國四十，而其名不具，是書亦不能悉載。知太祖時事，世祖時已不能詳，非盡宋濂、王禕之挂漏矣。

（四庫全書總目卷五二史部八雜史類存目一）

校勘記

〔一〕泰和二年，「二」原誤作「三」，今校改。

聖武親征録（錢大昕）

皇元聖武親征録一卷，紀太祖、太宗事，不著撰人姓名。其書載烈祖神元皇帝、太祖聖武皇帝謚。考元史，烈祖、太祖謚皆在世祖至元三年，則至元以後人所撰，故於睿宗有「太上皇」之稱。然紀太宗事而加「太上」之稱於其弟，所謂名不正而言不順者矣。所紀多開國時事，而於平金取夏頗略。元史察罕傳：「仁宗命譯脱必赤顔名曰聖武開天記。」其書今不傳，未識與此録有異同否？雖不如秘史之完善，而元初事迹亦可藉以考證。其譯語之異者，如王孤部即汪古也，博羅渾那顔即博爾忽也，闊拜即沈白也，暗都剌蠻即奥魯合剌合蠻也，兀相撒兀即吾圖撒合里也。耶律楚材賜名。

孔温窟哇子五人：忽魯虎兒、期里窟爾、木華黎、不花、帶孫。木華黎子孛魯。嗣國王。孛魯子七人：塔思、亦稱查剌温，嗣國王。速渾察、襲國王。霸突魯、伯亦難、野蔑乾、野卜乾、阿里乞失。霸突魯子四人：安童、定童、霸虎帶、和童。襲國王。安童子兀都台。兀都台一子，拜住。此世家所述世次也。予向據元明善東平忠憲王碑，稱霸都魯爲塔思第二子，疑元史木華黎傳以霸都魯爲孛魯子爲誤。今世家所載正與元史同。世家係拜住門客所編，又係進呈本，當必不誤矣。元明善既奉詔爲世家作序，當悉其昭穆之詳，而其撰安童碑，乃復與此牴牾何耶？黄溍撰鄆文忠王拜住碑，稱高祖孛魯，曾祖霸都魯，正與世家合。此書撰於延祐四年，云傳國者一百年，稱孤者十五世。今按木華黎之後襲國王者孛魯也、塔思也、速渾察也、忽林池也、速渾察子，見元史。和童也、忽速忽爾也、見元史乃蠻台傳，阿里乞失之子。朵羅觧也。中間尚有七人,今無可考矣。朵羅斛即忽速忽爾之子,天曆初從上都舉兵見殺,以脱脱之子朵兒只襲國王。後至元三年,以朵羅斛之弟乃蠻台襲,至正八年卒。(十駕齋養新録卷一三)

校正元聖武親征録序(張穆)

元聖武親征録,予始見於徐星伯太守處,相傳爲錢竹汀宫詹藏本輾轉鈔得者,繼又借得翁正三侍郎家藏本,予乃鈔存徐本而以翁本校之,點勘一過,其書久無讀者,收藏家付之鈔胥,聽其譌謬。如行荆棘中,時時牽衣絓肘,又如捫蘚讀斷碑,上下文義相綴屬者,可一二數,以屬友人觀之,不終簡輒棄去不顧。願船獨爲其難,取而詳校之,嘗自言一字一句有疑,十日思之不置,每隔旬餘,輒以校本見示,加箋證數十條,越數旬,又如之。其始就原本題記,行間眉上,字如蠅頭,蓋十得其五六。繼復黏綴稿草,鉛黄錯雜,迺十得其七八。近則補正益多,手自迻謄,一再讀之,令人開豁,較之原本,廓清之功,比於武事矣。昔太史公纂述,藏之名山,極鄭重也。而所望於後世者,惟好學深思心知其意之人。蓋天下文人多，學人少，不得學人，則著述之事幾乎息矣。如顧船之所爲，豈非史公之所願見而不可得者哉，固非徒是書資其考證也。

（肙齋詩文集卷三）

校正元聖武親征録自序（何秋濤）

自漢以來二千餘年，一統之天下，惟元最大。然讀史至元代，輒令人廢書而歎，則以記載之草略，敘述之譌舛，惟元史最甚。就元史之中，又以紀太祖開國事爲尤甚，嘗訝金華、義烏諸公，以文雄執史筆，何決裂疏脱若此，求其故而不得也。歲丁未，張丈石州見示鈔本聖武親征録一帙，謂予曰：「此書傳自竹汀、覃谿諸先生，輾轉鈔藏，而未遑讎校。余讀一過，知其中謬誤甚多，幾不可句讀，子能是正之否？」余受而讀之，淮别虛虎之文塞於目，佅離蔓衍之詞窒於口。取元史紀、傳、表、志及諸子、史、文集互證之，則方隅之顛倒，名氏之踳舛，年月日之參錯，觸處皆是，屢校而屢置之。旋復取讀，如剔蘚碣，如磨劍鏽，久之而稍得其端倪，又久之而洞見其癥結。蓋此録作於秘史之後，而流傳在於秘史之前，舛牾之故，厥有數端。

一則繙譯之初先誤。本蒙古之語，而用畏兀之文，更程邈之隸，音殊於緩言急言，字眩於二合三合，如折里麥，即元史之朮魯台，董哀即秘史之董帢，猶云二書各譯，兩不相謀。至於一按彈也，或稱按壇，或稱按灘；一者別也，或稱遮別，或稱哲別；斡亦剌之即猥剌；蔑里乞之即滅里乞；亦年可汗之即亦難赤可汗。一簡之中，前後歧互，以有定之音譯無定之字，遂使有徵之事溷於無徵之文。既已作法於涼，安怪傳言失指。其難讀一也。

一則傳寫之際易譌。徑涉榛蕪，奪誤麻起，聶坤變爲揑群，以音近也，揑群旋變爲「揑辟」，則字譌矣；太子變爲太石，以音轉也，太石俄變爲「太后」，則義失矣。等槖皋、柘皋之屢易，疑后輔、石輔之難分，甚至拔都悉譌「拔相」，孛徒復改「字徒」。歧又生歧，變本加厲。其難讀二也。

一則年月之牴牾多端。至元、中統以前未有年號，脱必赤顔之帙，但紀鼠、牛。積雪驚沙，創業本無記注，氈廬毳幕，槖筆寧有史官？迨客魯漣河之繕書，正斡歌歹汗之御宇。録名取聖武之謚，編成必至元以來，或差本紀數年，或與列傳殊異，加之人名錯雜，重譯未通，官號改更，巧秝不算。遂使本一事而前後複出，同一言而彼此乖違。其難讀三也。

一則輿地之荒渺過甚。斡蘭、土剌之川，水經詎載答蘭忽真之隘，地志未聞。考和林則據圭齋一言，詢魚濼則摭德輝片牘。以嶺北興王之地，漠南駐驛之庭，尚無可徵，矧於異域。而乃討土麻則北窮冰海，征算端則西極申河。鼈思沃壤，莫傳撒罕之書。蟾河遠行，莫訪尋罨之境。且也拙赤元子，封域難稽，阿母行省，疆畛中絶。篤實訪河源，而止及火敦；思本繪寰宇，而尚遺欽察。雖今開西域，地已隸於版圖。而夷考前徽，事靡傳於父老，較之漢討郅支，唐征大食，更爲汗漫，孰辨淆譌。其難讀四也。

兼此四難，爰滋衆惑，宋、王諸公，别白未能，汗青太迫，於秘史則熟視無覩，於兹帙則依樣葫蘆。累牘連篇，沿譌襲謬，貽誤後學，職此之由，吾故曰以此録視秘史，猶書家之臨摹也；以此録視元史，猶畫家之粉本也。至景濂、子充摭此録以作本紀，擅其名則如鈔胥之迻謄，而覈其實，則是謬種之流傳也。然校核此編，足以考訂群籍。不揣固陋，嫥力覃尋，因爲箋注姓名，移置甲乙，疏論異同，排比先後，雖不敢謂毫髮無憾，而較之舊本則面目迥殊。引證則寧詳無略，辨析則存是去非，彼此互參。事理胥得，寒暑屢易，繕録乃成。夫以明初修史，耳目較近，尚未能詳審考正，今之視昔，年逾五百，校訂之難，不啻倍蓰。加以學淺識陋，無所取材，非敢自居是正，聊以存諸簏衍，從此質彼通人，誨我不逮。其於元初掌故，藉可管窺，庶幾憤悱啟發之誼云爾。

道光己酉夏六月下浣，光澤何秋濤自序。

（袁刊何本校正元聖武親征録卷首）

校正元聖武親征録跋後（莊庚熙）

右光澤何願船先生校正元聖武親征録一卷。熙弱冠隨嚴君仕京都，得知先生與張石州先生皆以考據著稱，其校證乃於一字一音之末，心竊慕之，而無以自通也。歲己未，得親炙先生於邵武館。先生時方輯朔方備乘，未數月書成，進御，熙未獲覯。越二年，而先生作古矣。同治甲子，偶於張叔平比部齋中得先生所校元聖武親征録。蓋元親征録世無刊本，而先生之考正，又校勘家所不易覯，遂手録之。熙夙聞先生言元代史之舛謬不可備舉，而史所紀太祖開國譌雜尤多，即先生此書自序亦言之。録此帙以資讀史考證，亦以識私淑之意云爾。原本有平定張穆、旌德呂賢基兩序。今所存惟張序，張即石州先生。呂序無當於校正之義，殆可删也。

同治甲子二月，後學陽湖莊庚熙跋。

（袁刊何本校正元聖武親征録卷末）

校正元聖武親征録跋（姚士達）

元聖武親征録一卷。何願船比部校本，係黄先生彭年得之比部之子芳稱。谿是都下士大夫頗傳鈔，續有校勘刊誤者，順德李文田仲約、嘉興沈曾植子培、曾桐子封、萍鄉文廷式雲閣、花縣朱珩楚白。仲約别撰元秘史注，箋据繁博，尚未寫出定本。元史最難考者，地理志内西北地附録一卷，楚白、子培與吴縣洪鈞文卿爬梳剔抉，以滿、蒙、西域三合音，古今方言互證參考。推得十之四五，并求諸俄人、土耳其繙譯蒙古、天方之書，篳路椎輪，札記凌雜，頗與是録相發明。然於成吉思太祖倔起誓師行軍所嚮，移剌楚材卓帳之轄境，邱處機游歷所經之地，尚未盡斠，然明白了徹無疑，則以蒙古本無文字，譯音傳寫又多踳誤，故棼溷不可理也。此本乃鄣南分巡芳郭鈍叟以授下走，俾趣刻之。分巡又從俄行人蒐録和林唐、元碑數種文字，并鈔得雲閣學士所輯元經世大典兩巨册，擬附刻此録之後，又次第謀校刊，仲約侍郎秘史注以追紬元氏一代開國事實之足徵者，因江防猝猝，物力艱窘，未能果也。姑具記其緣起於此。

光緒甲午長夏，瓦羡村人姚士達謹跋。

（袁刊何本校正元聖武親征録卷末）

校正元親征録序（吕賢基）

何君願船，余畏友也，相晤於符離軍營，出元聖武親征録見示，蓋其所手鈔而校之者。丹黄爛然，俾斷爛古籍，復彰於世，其爲功於昔人甚厚。宋景濂元史舛誤最甚，校正此録，足證其得失，其爲功於正史尤不細。蓋嘗論之，史學以遼金元爲一家。自明代三百年，無能知者。國朝以來，錢詹事、程廷尉獨善其勝，專門名家。余所及見，則有若徐星伯、龔定庵、沈子敦、張石州諸君子。今願船紹絶緒而振興之，他人讀一字一句，舌撟不下，而願船歷歷言之，如燭照數計。且曰：「玆事猶測曆步算，然貴在精思，其始如邢劭之思誤書，亦是一適。久之則如文王嗜昌歜，屈到嗜芰，覺卷帙之中，有味外味。吾不能以語他人，他人亦不能我同也。」於戲！其若苦心孤詣，於今世豈易覯哉！抑又聞之，前事不忘後事之師，國朝拓西北地二萬餘里，皆元代故壤，明時未入版圖者，然則元之遺事，所宜譯考，願船留意於此，亦其講求經濟之一端，豈僅研精史學已哉。

癸丑四月二十七日，旌德吕賢基序於宿州行館。

（知服齋叢書本元親征録卷首，李文田、沈曾植校注本）

校正元親征録跋

光緒丁亥，始得此書鈔之，欲細校一過，殊無暇晷，隨手改正三數處。蓋亦有足以補石州、願船兩先生之罅漏者。然總以考證不易，忽忽置之。頃同邑龍伯鸞主事來都應京兆賦，欲乞沈子培刑曹校本刊之。沈校精細，迴出張、何之上，此書當遍行人間矣。一知半解，斷不及沈校之精確，或亦有各明一義者。姑并寄伯鸞，以俟採擇耳。

光緒癸巳九月朔日，漫記於後。李文田記。

（知服齋叢書本元親征録卷首，李文田、沈曾植校注本）

元聖武親征録考證（王之昌）

皇元聖武親征録一卷，無撰人名氏。紀録元太祖及太宗時事，就書中所署甲子計之，始於壬戌，當金章宗泰和二年，迄於辛丑，先後都四十年。考元史太祖紀，至元三年追謚烈祖神元皇帝，太祖追謚聖武皇帝，而神元、聖武之號已見是書，當爲至元以後人所作，其稱睿宗以「太上皇」，亦一明證。然紀太宗事，而以「太上皇」稱其弟，措詞尤無倫次，不止蹇拙已也。以「聖武親征」署其書，則於開國武功，尤宜條舉件繫，昭示後來。況有元起自朔方，力征經營，武功非無可言，平金取夏兩役，實爲肇基王迹攸關，而乃序述寥寥。史言太祖用兵如神，滅國四十，綜其數而未詳其名。則以異代追述前代事迹，容或無徵，作此書者，身值世祖之世，去元初會幾何時？滅國至四十之多，所謂奇勳偉績，自當傳播世人耳目間，既有意於撰著，何難訪求翔實，用備一朝文獻。録中於四十國名，未能悉數，則紀載殊多缺略矣。乙部家每謂秉筆者之潦草，無過於明人所爲元史二百十卷之書，兩次編纂，合計纔一年許。期限誠爲迫促，遂至帝紀補鈔吏牘，列傳全録碑志，其尤人所指目者，一人或一再立傳，而元勳反無姓名。揆厥舛錯之由，大要在修史諸人不諳翻譯，沿訛襲謬，無怪其然。嘗反覆是書，求其可以補正元史者誠希。然如所云王孤部，即汪古部；耶律楚材賜名吾圖撒合里，此則作兀相撒兀。外此若暗都剌蠻之即奧魯合剌合蠻，博羅渾那顏之即博爾忽，闊拜之即沈白，當時譯語異同，亦備治元史者考證之資。案元史察罕傳，元世撰有拖布赤顏一書，譯言聖武開天記，以紀開國武功。當修太祖實録時，廷臣請之而不肯出，迨修經世大典再請之，而仍不肯出，創造之事迹卒歸於無聞。迄今討論元事者，咸以秘史爲最完善，若西游記、西征記所紀雖止一時一地要皆目擊身經，可與元史相參驗。若此書者亦其次也。

（青學齋集卷二一）

皇元聖武親征録一卷（丁丙）

舊鈔本，汪魚亭藏書。

此書記金章宗泰和二年壬戌至辛丑凡四十年中元太祖及太宗親征之事〔一〕。史載中統四年，參知政事、修國史王鶚請延訪太祖事蹟，付史館。此即疑當時人撰進，故不著姓名也。雖序述無法，譯語譌異，然以元史較之，所紀事實未嘗不本之此書也。有「汪魚亭藏閲書」、「壹是堂讀書記」兩印。

校勘記

〔一〕泰和二年，「二」原誤作「三」，今校改。

（善本書室藏書志卷八史部五）

聖武親征録跋（繆荃孫）

右皇元聖武親征録，無卷數。光澤何先生願船取舊鈔本校以金、元二史、元秘史及金、元人傳記、文集，考形訂聲，經年緯月，削其重複，更其舛亂，補其奪字，删其衍文。張丈石州推其廓清之功，比於武事，誠非虚語。然亦尚有未盡者，如「是時别里古台那顔，掌上乞列思事，親摇上馬」。何云「摇」字疑誤。荃孫案，「摇」疑是「控」字。「大太子朮赤、二太子察合台、三太子窩闊台，太宗也」。荃孫案，「太宗也」三字是注，誤入正文。「詔史天倪南征取平州，木華黎遣大進道攻廣寧府，降之」。張丈校云：「本紀作『賜進道』。」荃孫案，「大進道」爲「史進道」之訛，「賜進道」，則音近而誤。進道，秉直之弟，天倪之從父，從木華黎攻廣寧府，均見進道神道碑。「七月，上遣唐慶使金保降」。荃孫案，「保降」是「催降」之誤，觀下文「遣人入城催降」可見。「乙亥，金右副元帥七斤，以通州降」，「木華黎攻北京，金元帥寅花麾等以城降」，「金御史中丞李英，帥師援中都，戰於霸州，敗之」，三事皆與下文複。荃孫案，下文即云：「金主以檢點慶壽、元帥李英運糧分道還救中都，齎糧人三斗。英自負以勵衆，慶壽至涿州旋風寨，李英至霸州青戈，皆爲我軍所獲」。與金李英傳、元本紀合。又云：「時金通州元帥七斤，率衆降，惟帳復，張鑊柄、衆哥也思元帥據守信安。」何校云未詳。荃孫案，「帳復」是「張甫」之訛，「張鑊柄」是「張進」之訛，「衆哥也思」是「衆家奴」之訛。金九公傳「張甫、張進、衆家奴據守信安不下」，正在是時。下又云：「金元帥那答忽、監軍斜烈以北京來降。」何校云：「北京」疑有誤。荃孫案，「寅花麾」，元太祖紀作寅答虎、烏古倫〔一〕，即那答忽也。願船不知三句爲衍文，而强爲之説，所以愈疑愈誤也。

校勘記

〔一〕寅答虎、烏古倫，原作「寅古答論虎」，今據元史卷一太祖紀改。

（繆荃孫文集卷七，張廷銀、朱玉麒主編，鳳凰出版社，二〇一四年）

皇元聖武親征録校注一卷（沈曾植）

案原書不知撰人名，或曰出自察罕。公校注遺書目未載，予見之日本那珂通世博士成吉斯汗録中，尋得見公聖武親征録校本跋，知已毁於拳匪之亂。跋云：

某始爲蒙古地理學，在光緒乙亥、丙子之間，始得張氏蒙古遊牧記單本、沈氏落颿樓文稿，以校鄂刻皇輿圖、李氏八排圖，稍稍識東三省、内外蒙古、新疆、西藏山水脈絡。家貧苦無書，無師友請問，獨以二先生所稱述爲指南。秘史刻在連筠簃叢書中，時賈十二兩，非寒儒所能購讀。一日，以京蚨四千得單印本於廠肆，挾之歸，如得奇珍，嚴寒挑燈，夜漏盡，不覺也。庚辰會試，第五策問北徼事，罄所知答焉。卷不足，則删節前四篇以容之。日下稷，消場而後交卷。歸家自喜曰：「此其中式乎！」長沙王益吾先生、會稽朱肯甫先生分校闈中，榜發語人曰：「闈中以沈、李經策冠場，常熟尚書尤重沈卷爲通人。顧李蒓客負盛名，而沈無知者。」某君曰：「嘉興沈氏，其小湖侍郎裔乎？」尚書於謁見時特加獎借。而兩先生之言傳諸學者，蒓老相見，亦虚心推挹。於是於此學稍稍自信。而此書乃轉展傳鈔得之，於是乃知元史本紀所從來，知作此書人曾見秘史，而修元史人未曾見秘史也，互相印證，識語眉上，所得滋多。爽秋爲洪文卿侍郎搜訪元地理書叚余，鈔本傳録，遂並眉端識語録以去。侍郎後自歐洲歸，先訪予研究元史諸疑誤、前賢未定者，舉予校語。余請曰：「單文孤證，得無鑿空譏乎？」侍郎笑曰：「金楷理謂所考皆至確。」金楷理者，英博士而充使館翻譯，地理、歷史學號最精，助侍郎譯述拉施特、多桑、貝勒津諸書者也。李仲約侍郎自粤反都，亦折節下交相諏問，顧予於此書所未瞭者，先生亦引以爲憾，而無他本校之。蓋先生所據亦何氏校本，與此本同出一源也。間屬友人訪諸日本，亦無他本，遽案，日本有排印本，不知尚有他本不。廢然太息。丙申歲，李侍郎卒。丁酉，予丁太夫人艱，銜恤南歸。及庚子，而抄本及積年所搜集諸書留在京邸者並燼於拳焰，斬然衰絰，玆業遂廢，於今二十年矣。丁巳冬，書賈以明抄雲麓漫鈔來，僞書也，實殘本説郛之改名，而中有聖武親征録，取與此刻本校，則異同滋夥。研討浹旬，其可以佐庀今本者，悉剌入之。雖未敢遽稱塙詁，較之張、何所見者，則勝之已。

據此可見公蒙古地理學致力之始末及本書大概云，洪文卿曾有録本，則此書或尚在人間也，丁巳校本已刻入知服齋叢書中。

（王蘧常編沈寐叟年譜附著述目，商務印書館，一九七七年）

校正增注元親征録

明治三十三年五月，履行清兩湖書院助教陳毅氏前約，用了很早以前贈給先生的何、李、沈三氏合校的元親征録。不久便在史學會里議論起該書的翻印，先生於是更進一步親自加以增注使之爲完璧，想作爲同會叢書之一把它付印出版。從那以後，勤奮工作兩年左右，大體上完成了工作，本書就是這樣寫成的。可是在這之前，内藤湖南氏新收到了由清儒文廷式所寄贈的蒙文元朝秘史，爲了先生特别影印了一部給東京高等師範學校，時爲三十四年十二月。先生於是讀了這本書，發現向來所流行的明譯秘史的不少誤脱，毅然決然地親自按照全書譯文傾注無比精力終於完成的，這就是有名的成吉思汗實録。先生在生前親自對編者説：秘史新譯即將成功，我增注元親征録所引秘史之文，全部根據這個新譯不得不進行改正，因此而被深藏篋底已久，期於他日能够成爲集大成之作。而史學會停止翻印工作，應是其未能問世的緣故。然而新譯秘史完成之後，不久先生易簀，未能完成本書改定工作，實在是學界的一大憾事。想到我們從成吉思汗實録卷首序文中看到先生精深的學風，從巧妙的譯文中可以得知稀有的文才和超人的精力。就因未能聆聽先生關於蒙古史研究的細目而遺憾。現在看本書的增注，博引旁征，能汲取諸家之長處，捨棄短處，論證明晰，有所謂快刀斬亂麻之氣概。成吉思汗的偉業在這本書里幾乎都收盡，可以説先生的高論卓説都收在本書里。於是，雖然本書是先生的未定稿，但爲了這門學問特意公開。如果作爲本書的讀者，常常缺乏參照成吉思汗實録的準備，但先生並不深責我們的此舉。就印刷之際，記一言申述本書付印出版的宗旨，同時説明本書作成的由來。云爾。

編者識

附言：本書稿本，經謄寫，到馬上付印出版準備就緒了，可是往往有應該接續而異行的地方，但現在不可知那是什麽緣故，於是保存原形不敢私自改變。原文都是句讀，此外加以訓點，在人名右邊是單線，地名左邊是單線，對部族名左邊加以複線。但爲了印刷簡便起見，省略訓讀點，又删去了幾乎所有旁線，只是保留了連續的名詞，對此加以黑點，以此分明一名或數名，句讀點仍然都按原本。

編者又識

（故那珂博士功績紀念會編校正增注元親征録，大日本圖書株式會社。原爲日文，譯者不詳。）

皇元聖武親征録一卷（王國維）

一九二六年抄本。

此本出汪魚亭家鈔本，舊藏丁氏善本書室，今在江南圖書館。丙寅春日，移書景寫得之。因以江安傅氏所藏明弘治鈔説郭本比勘一過。清明後二日，觀翁記於京師西郊之近春園。

（北京圖書館善本組輯觀堂題跋選録經史部分，文獻第九輯，書目文獻出版社，一九八三年十月）

校正元聖武親征録一卷（王國維）〔二〕

清何秋濤校正，清光緒小漚巢刻本。

乙丑十月，用蒙文秘史補校一過。觀堂。

元史察罕傳：仁宗命譯脱必察顔名曰聖武開天記，及紀年纂要、太宗平金始末等書，俱付史館。考明文淵閣書目六有聖武開天記一部、一本，闕，疑即此書也。閣本至萬曆間已亡，内閣藏書目録已不載此書。錢、翁兩家之本，不知出於何所。數年前，在東軒老人座中見坊賈攜明人所鈔宋元雜史、小説數十種，題爲雲麓漫鈔者，中有親征録一種，老人曾手校於此本上。今明鈔本不識歸何處，而老人手校本亦不得見。明鈔足以是正此本之處必多，不知何時再得遇之。次日又記。

又案：後詢之傅沅叔，知東軒老人曾借沅叔所藏明抄説郛本校，非雲麓漫鈔本也。前跋失之記誤，復正於此。

蒙古語「脱卜察顔」，義爲總綱，此書體例頗似之。秘史蒙文標題亦有「脱察安」之目。然察罕所譯，以聖武開天名書，似係此書。至虞伯生修經世大典時，謂以國書脱卜察顔增修太祖以來事蹟，則似指秘史，因此書既有察罕譯本，又曾宣副史館，殊與塔失海牙所云「非可令外人傳者」不合。然則此録及秘史均有「脱卜察顔」之名，而此録特爲公佈之脱卜察顔歟？觀翁又記。

丙寅新正三日，從傅沅叔借明弘治鈔説郛本校勘一過。觀翁。

上燈日，在天津復借武進陶氏萬曆抄説郛本校數字。

（北京圖書館善本組輯觀堂題跋選録經史部分）

聖武親征録校注序（王國維）

聖武親征録一書，乾隆間修四庫書時，以其序述無法，詞頗蹇澀，譯語互異，未著於録，僅存其目於史部雜史類中。錢竹汀先生始表章其書，爲之跋尾。道光以後，學者頗治遼金元三史及西北地理，此書亦漸重於世。張石洲、何願船二先生始爲之校勘，而何氏治之尤勤。其歿後，稿本流傳京師。光緒朝士，若順德李仲約侍郎、萍鄉文道希學士、嘉興沈子培先生遞有增益。歲在甲午，桐廬袁重黎太常刊之於蕪湖，是爲此書有刊本之始。顧張、何二家所據本，雖云出竹汀先生家，然輾轉傳鈔，謬誤百出。石洲僅得翁覃谿學士家藏本一校之，無大懸絶也。余前在海上，於嘉興沈先生座上見其所校説郛本親征録，爲明弘治舊鈔，與何本異同甚多。先生晚歲不甚談元史事，然於説郛本猶鄭重手校。未幾，先生歸道山，其校本遂不可見。比來京師，膠州柯鳳孫學士爲余言，元太祖初起時之十三翼，今本親征録不具，説郛本獨多一翼，乃益夢想説郛本。旋知其本藏江安傅君沅叔所。乙丑季冬，乃從沅叔借校。沅叔並言，尚有萬曆抄説郛本在武進陶氏。丙寅正月赴天津，復從陶氏假之，其佳處與傳本略同。又江南圖書館有汪魚亭家鈔本，亦移書影鈔得之。合三本互校，知汪本與何氏祖本同出一源，而字句較勝，奪誤亦較少。說郛本尤勝，實爲今日最古最備之本。因思具録其異同，爲校記以餉學者。顧是書有今本之誤，有明鈔本之誤，有原本之誤，三者非一一理董，猶未易遽讀也。幸而此書之祖禰之秘史，與其兄弟之拉施特書、其子姓之元史及當時文獻尚可參驗，因復取以比勘，存其異同，並略疏其事實，爲校注一卷。

昔吴縣洪文卿侍郎譯拉施特書，並爲秘史及此録作注，而遺稿不傳，其說略見元史譯文證補中。武進屠敬山撰蒙兀兒史記，於是録探索尤勤。近復有仁和丁益甫考證地理，亦非無一二可采。兹復剟取其説，其有瑕纇，間加辨正，雖不敢視爲定本，然視何氏校本，則差可讀矣。當有元成宗之世，西域人拉施特撰蒙古全史，其太祖紀一種，除所載宗室世系及西域戰事詳於此録外，餘大都與此録符同，故學者多謂此録出於蒙古脱卜赤顔。往讀元史察罕傳，言「仁宗命譯脱必赤顔名曰聖武開天記，及紀年纂要、太宗平金始末等書，俱付史館」云云。案明修元史，其太祖、太宗二紀，大半取材此録。而明文淵閣書目乃有聖武開天記而無聖武親征録，頗疑親征録即開天記。顧開天記譯於仁宗時，而此録之成確在世祖之世。今本癸亥年王孤部下有原注云：「今愛不花駙馬丞相，白達達是也。」考閻復高唐忠獻王碑及元史阿剌兀思剔吉忽里傳，愛不花當中統之初已總軍事，又其子闊里吉思，成宗即位封高唐王，則愛不花之卒必在世祖時，而此録成時，愛不花尚存，則非察罕所譯之開天記明矣。又此録雖冠以「聖武」之名，實兼備英文之事。且太祖事止記歲名，而太宗事則詳及月日，蓋所取材本自不同。疑太祖朝事出脱卜赤顔，與開天記同源，太宗朝事則别取平金始末等書以益之。且作者於蒙古文字未能深造，證以秘史，踳駁不一而足，故仁宗朝復令察罕重譯。今拉施特書倖存，而察罕書不傳，殊令人有遺憾已。

丙寅二月清明日，海寧王國維。

（謝維揚，房鑫亮主編王國維全集第十一卷，浙江教育出版社，二〇一〇年）

校勘記

〔一〕鈐「王國維」、「静安」印，書眉校批極多。（引自傅增湘藏園群書校勘跋識録、王菡整理，中華書局，二〇一二年，附録第八四二頁）

西夏書校補
大金弔伐録校補
大金國志校證
聖武親征録（新校本）
元朝名臣事略
國初群雄事略
明本紀校注
皇明通紀
明季北略
明季南略
小腆紀年附考
小腆紀傳
廿二史劄記校證

中國史學基本典籍叢刊　書目

穆天子傳匯校集釋
國語集解
吴越春秋輯校彙考
越絶書校釋
西漢年紀
兩漢紀
漢官六種
東觀漢記校注
校補襄陽耆舊記（附南雍州記）
十六國春秋輯補
洛陽伽藍記校箋
建康實録
荆楚歲時記
貞觀政要集校（修訂本）
唐六典
蠻書校注
十國春秋
皇朝編年綱目備要
皇宋十朝綱要校正
隆平集校證
宋史全文
宋太宗皇帝實録校注
金石録校證
靖康稗史箋證
中興遺史輯校
鄂國金佗稡編續編校注
皇宋中興兩朝聖政輯校
續宋中興編年資治通鑑
續編兩朝綱目備要
宋季三朝政要箋證
宋代官箴書五種
契丹國志

人名地名索引

B

C

D

F

G

H

J

K

L

M

N

P

Q

R

S

T

W

X

Y

Z